全国高职高专财会专业规划教材

财务会计

主　编　汪　静
副主编　马广烁　刘　琳

人民邮电出版社
北　京

图书在版编目（CIP）数据

财务会计 / 汪静主编. —北京：人民邮电出版社，2010.8（2012.1 重印）
（全国高职高专财会专业规划教材）
ISBN 978-7-115-23410-0

I. ①财… II. ①汪… III. ①财务会计—高等学校：技术学校—教材 IV. ①F234.4

中国版本图书馆CIP数据核字（2010）第126514号

内容提要

本书从高职高专教育人才培养模式特点出发，针对财会专业及经管专业人才培养目标，结合当前社会经济发展的特点，全面介绍了会计核算中的货币资金、交易性金融资产、应收账款、存货、长期股权投资、固定资产、无形资产、流动负债、非流动负债、所有者权益、利润等项目内容，同时还详细介绍了财务报告的相关内容。书中各项内容都结合案例进行分析，所涉及的单据均为实际生活中的真实单据与凭证。通过对该课程的学习，学生能够真实掌握工作实践中所需的各项知识与技能。

作为高职高专会计专业基础课教材，本书适用于高职高专会计专业以及经管专业的师生使用，同时也适合相关从业人员使用。

全国高职高专财会专业规划教材

财务会计

◆ 主　　编 汪　静
◆ 副 主 编 马广烁　刘　琳
　责任编辑 李宝琳
◆ 人民邮电出版社出版发行　　北京市崇文区夕照寺街14号
　邮编 100061　　电子邮件 315@ptpress.com.cn
　网址 http://www.ptpress.com.cn
　北京隆昌伟业印刷有限公司印刷
◆ 开本：787 × 1092 1/16
　印张：19.5　　2010 年 8 月第 1 版
　字数：300千字　　2012 年 1 月北京第 2 次印刷

ISBN 978-7-115-23410-0

定　价：35.00元

读者服务热线：（010）67129879　印装质量热线：（010）67129223

反盗版热线：(010)67171154

丛书编委会名单

总　序

随着我国经济的迅速发展，各行业对财会人员的需求日益增加，同时对财会从业人员的素质以及技能水平的要求也越来越高。如何培养出更多的能适应当前工作需要的财会人员，无疑是当前高等职业教育所面临的挑战。

我国高职高专教育经过三年的示范性改革，取得了丰硕的成果，在此过程中，授课教师和相关人员不断总结教学与实践经验，逐渐形成了对当前高职高专职业人才培养模式的共识，即以培养高素质的应用型、技能型人才为主要任务。同样，作为重要的教学载体，高职高专教材也面临着相应的改革。

正是在这样的背景下，人民邮电出版社组织众多教学一线的教师与专家，围绕“以能力为本位，以应用为主旨”的指导思想，及时地打造出了这套体现教学改革理念的“全国高职高专财会专业规划教材”。其鲜明的特色和科学、合理的体例结构，得到了众多专家的一致肯定和一线教学老师的认可。

首先，本套教材打破了传统高职高专教材沿用学科课程的模式。

以往的传统教材沿用学科课程的模式，强调某一门学科体系的系统性和完整性，在教材的编排上主要按理论知识的逻辑结构来编排，即应用“从基础理论知识到理论知识的应用，再进一步拓展”的三段式课程排列顺序。这种课程模式更适合知识导向型学生而非工作技能型学生，从而也明显不能适应目前我国高等职业教育对技能型人才培养的需求和趋势。

新形势下的高等职业教育应以培养高素质的应用型、技能型人才为己任，以为社会和企业输送职业技能型人才为目的。高等职业教育培养出来的人才应该能够熟练运用在校所学的职业技能，具备解决实际工作中的各种问题的能力。因此，高等职业教育必须打破学科课程的束缚，兼顾学生就业的针对性与学生发展的适应性，建立起符合应用型、技能型人才培养需要的行动导向课程模式，并将这一模式很好地运用到日常教学设计以及教材编写中。本套教材的编写充分体现了这一新的高职教育理念——根据行动导向课程模式要求组织教材内容，按工作过程次序搭建教材框架，最大程度地满足高职教育培养高素质应用型、技能型人才的需要（见图示）。

其次，本套教材的结构与体例模式经过精心设计，与高职高专教学培养应用型、技能型人才目标充分对接。

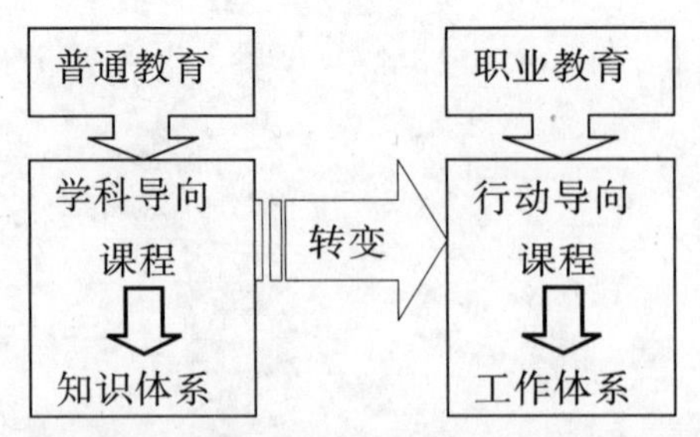

从学科导向课程向行动导向课程转变示意图

在具体的教材编写过程中，每位参与编写的老师和专家均按照“以具体化工作任务的需要确定能力培养目标、选取章节内容、设定课程实训任务”的思路，搭建以“是什么、为什么、做什么、怎么做”的教材体例框架，明确“让学生‘做什么’（学生要做的具体工作）和教学生‘怎么做’（学生完成该项工作任务所要学会的方法、策略与技巧）”这一中心思想，选择“是什么”、“为什么”等为教学核心内容，真正在教学过程中实现了“以教师为引导、以学生为主体（即以学生动手做为主，教师讲为辅），循序渐进地提高学生的职业应用技能”的教学培养目标。

为了增加本套教材的可用性、可读性，巩固教学内容，保证教学质量，本套教材按能力点出现的先后顺序排列内容，在语言上力求精炼、简洁，尽量避免高深化、学术化的表达方式，让学生看了能懂、学了会做。每章最后都附有丰富的课后习题与实训任务，学生可以通过实训进一步掌握目标技能。

另外，本套教材结合高职教育的特点，在编写过程中充分考虑到不断完善学生的知识体系和技能体系这一教学目标，同时开发和编写了三个子系列——“财会专业基础课系列”、“财会专业基本技能系列”和“财会专业岗位技能实训系列”，为教学一线的教师提供了“从基础知识到专业技能，再到顶岗实习”的立体化教学完全解决方案。

本套教材的编委会成员均为全国各地高职高专院校财会专业教学一线的老师，他们兼有丰富的实践经验和教学经验，知识体系全面，了解实际教学中最需要什么样的教材，本套教材由他们来编写十分恰当。

希望本套教材的出版可以为高职高专财会专业教学工作增添几分特色，为促进财会人员的培养尽一分绵薄之力。

东北财经大学职业学院院长　于洪平
2010 年 5 月

前 言

财务会计的主要目标是为使用者提供有关企业的财务状况、经营成果以及现金流量等方面的会计信息。投资人、债权人及企业管理者的相关决策都离不开财务会计提供的信息，因此，财务会计一直是会计专业知识结构中的主体组成部分，是会计专业中一门必修的核心课程。本书按照高职高专院校会计人才的培养要求，将会计理论与实务紧密结合，并依据国家最新颁布的相关法规制度的规定进行编写。

本书的主要特点表现在以下几个方面。

第一，内容新颖。本书以2007年1月1日施行的《企业会计准则》为主要依据，结合2008年1月1日起施行的《中华人民共和国企业所得税法》和2009年1月1日起施行的《中华人民共和国增值税暂行条例》进行编写，内容与时俱进。

第二，业务仿真。书中常见的经济业务中附有大量的仿真原始凭证，图文并茂，内容通俗易懂。

第三，理论与实践相结合。本书不仅介绍了财务会计的基本概念、基本原理和经常性业务的处理方法，还相应添加了会计工作的扩展知识和国内外财务案例，增加了本书的实用性。

本书适用于高等职业院校、高等专科院校、成人高校以及其他院校经济管理类专业学生使用，也可作为在职人员岗位培训、自学进修和岗位职称考试的教学用书。

本书作者均为教学和科研一线的"双师型"教师，具有丰富的教学和实践经验。本书由石家庄信息工程职业学院汪静担任主编，马广烁、刘琳担任副主编，王华、王丽莉、张永欣、王夏静、贾晨虹、何晓玲参与了本书的编写。具体分工如下：第一章、第六章由汪静编写；第二章、第八章由王华编写；第三章、第五章、第七章由马广烁编写；第四章、第九章由王丽莉编写；第十章、第十一章、第十二章、第十三章由刘琳编写；第十四章由汪静、张永欣、王夏静编写。汪静对全书进行总纂、修改和定稿。本书所附原始单据由贾晨虹（河北建投能源投资股份有限公司财务管理部）、何晓玲（石家庄买啊网络科技有限公司）负责指导。

本书在编写过程中查阅了大量资料，在此对相关人员表示衷心的感谢。由于编者的理论水平和实践经验有限，书中难免有错漏之处，恳请广大读者批评指正，以便再版时修正完善。

目 录

第一章　总论

学习目标与要求

通过对本章的学习，了解财务会计的概念和作用；明确财务会计目标；理解财务会计信息质量要求及其在会计核算中所起的作用；掌握会计要素的分类及其确认条件；熟悉各种会计计量属性。

第一节　财务会计概述

一、会计的产生和发展

会计作为一项记录、计算和考核收支的工作，在公元前1000年左右就出现了。会计源于人类的生产实践，并且伴随着人类社会生产的发展而不断发展、完善。人类进行生产活动，必然要关心自己的生产成果，并力求以尽可能少的投入取得尽可能多的产出。因此，人类在进行生产活动的同时，还需要对生产成果和生产耗费进行记录、计量、计算，并对取得的成果与耗费进行比较、分析，据以总结经验、改进方法、提高效率，正是因此才产生了会计。

1494年卢卡·帕乔利在《算术、几何、比与比例概要》（又称《数学大全》）中系统地阐述了复式记账的基本原理，该书成为最早出版的论述15世纪复式簿记发展的总结性文献，并有力地推动了西式簿记的传播和发展。

20世纪，随着社会经济的发展，企业的所有权与控制权相分离，企业管理越来越专业化，这对会计提出了更高的要求，即会计不仅要记账、算账、报账、提供经济信息，还要能审查账目、查错防弊，并且能对财务信息作出科学的解释。20世纪50年代以后，企业规模越做越大，对企业内部管理的要求越来越高。企业管理层为了加强对企业经济活动的控制，对会计的职能提出了新的要求，即会计不仅要进行事后的核算、分析和检查，更要利用已有的信息进行各种预测、决策及控制活动。因此，在会计基础上，又分离出了管理会计，它与财务会计成为会计的两大分支。

虽然财务会计与管理会计的侧重点有所不同，但两者都是为实现企业内部的经营管理目标、满足外部相关利益者的要求而服务的。并且，随着信息技术与网络技术的迅猛发展，现代技术在会计中的应用也日益广泛，这会使财务会计与管理会计进一步融合，并在企业管理系统中发挥重要作用，能更好地为企业管理服务。

二、财务会计的概念与作用

财务会计作为现代会计的一个分支，是以会计准则为主要依据，运用确认、计量、记录和报告等专门的程序与方法对会计主体的经济活动进行加工及处理，着重向使用者提供财务信息的一种经济管理活动。

财务会计的作用，主要包括以下几个方面。

第一，有助于提供对决策有用的信息。

财务会计可以提供企业的财务状况、经营成果和现金流量方面的信息。企业决策者正是利用这些信息，对企业内外进行全方位分析，正确制定企业生产与销售、资金投入与退出等经营决策，使企业在市场上掌握主动、占得先机，并提高经济效益。另外，投资人利用这些信息可以了解企业的财务状况和获利能力；债权人利用这些信息可以了解企业的偿债能力、企业所处行业的基本情况及其在同行业中所处的地位等，从而对股权投资或债权投资风险作出判断。

第二，有助于企业加强经营管理。

财务会计可以为企业管理者提供采购、生产、销售等各个环节的信息资料，有助于企业管理者掌握本企业内部的生产经营情况，并对这些情况作出分析、判断，从而合理利用资源，加强财务、成本、资金、人才、质量等各方面的管理工作，提高企业的经济效益和市场竞争能力。

第三，有助于政府的宏观管理。

会计信息记录了企业的经营状况、经营成果，分析这些信息就可以了解企业今后的发展趋势及获利能力，归纳出企业所处的整个行业的发展状况，为整个宏观经济管理提供重要依据，并且可以促进社会经济资源的合理配置，提高社会经济资源的使用效率，在一定程度上维护市场经济的运行秩序。

三、财务会计目标

财务会计目标又称为财务报告目标。作为会计理论体系的重要组成部分，它既是连接外部会计环境与会计系统的关键，也是构建会计体系的向导。纵观会计理论界对财务会计目标的研究，归纳起来主要有两大观点，即“受托责任观”和“决策有用观”。

在“受托责任观”看来，会计的目标就是以适当的方式提供会计信息，反映受托人的责任履行情况，即会计应向委托人报告受托人的经营活动及其成果，要求其为会计信息使用者提供会计主体在经营管理过程中履行受托责任的情况，提供在过去一段时间里企业财务状况和经营业绩的信息，以判断管理当局的经营是否有效。从这一目标出发，“受托责任观”在信息的提供方面侧重于过去，只确认已经发生的经济事项，强调信息的可靠性。

“决策有用观”认为，会计的目标就是向会计信息使用者提供对其决策有用的信息。即会计应当为现在的和潜在的投资者、信贷者和其他信息使用者提供有利于其合理作出投资和信贷决策及其他决策的信息。从这一目标出发，“决策有用观”在会计信息提供方面，不仅确认实际已发生的经济事项，还要提供那些虽然尚未发生但对企业已有影响的经济信息，以满足使用者决策的需要。它强调信息的相关性。

确定我国财务会计的目标，既要充分借鉴其他国家的经验，更要立足我国的经济环境。2006年我国制定的《企业会计准则——基本准则》(以下简称《基本准则》)中规定：我国财务会计报告的目标是向财务会计报告使用者提供与企业财务状况、经营成果和现金流量等有关的会计信息，反映企业管理层受托责任履行情况，有助于财务会计报告使用者作出经济决策。

第二节　会计信息质量要求

会计信息质量要求是对企业财务报告中所提供的会计信息质量的基本要求，是使财务报告中所提供会计信息对投资者等使用者决策有用应具备的基本特征。根据《会计基本准则》的规定，它包括可靠性、相关性、可理解性、可比性、实质重于形式、重要性、谨慎性和及时性等要求。

一、可靠性

企业应当以实际发生的交易或者事项为依据进行确认、计量和报告，如实反映符合确认和计量要求的各项会计要素，保证会计信息真实可靠、内容完整。

企业在进行会计核算时，应当以客观事实为依据，如实地反映会计信息，不得虚构误导信息使用者；企业提供的会计信息要保证其内容完整，对信息使用者决策有用的信息都应充分披露。

二、相关性

企业提供的会计信息应当与财务会计报告使用者的经济决策需要相关，有助于财务会计报告使用者对企业过去、现在或者未来的情况作出评价或者预测。

企业没有必要向使用者提供与之无关的信息，而应当尽可能为其提供各种有用的信息，以帮助决策者预测未来事项的可能结果，改善当前的决策；或者为决策者证实过去的决策，将过去决策的结果反馈给决策者，使之坚持或修正原来的决策。

三、可理解性

企业提供的会计信息应当清晰明了，便于财务会计报告使用者理解和利用。

企业编制财务报告、提供会计信息的目的在于使用，而要使使用者有效使用会计信息，就应当能让其了解会计信息的内涵，弄懂会计信息的内容，这就要求财务报告所提供的会计信息应当清晰明了、易于理解。如果决策者不理解企业所提供的会计信息，即使提供的信息既可靠又相关，也不会有用。

四、可比性

企业提供的会计信息应当具有可比性。同一企业不同时期发生的相同或者相似的交易或者事项，应当采用一致的会计政策，不得随意变更。确需变更的，应当在附注中说明。不同企业发生的相同或者相似的交易或者事项，应当采用规定的会计政策，确保会计信息口径一致、相互可比。

这一原则包括两层含义：同一企业不同时期可比，即纵向可比；不同企业相同会计期间可比，即横向可比。

可比性要求同一企业不同时期发生的相同或者相似的交易或者事项，应当采用一致的会计政策，不得随意变更。例如，企业对固定资产计提折旧方法一经选用便不得随意变更。但是，并非表明企业就不得变更会计政策，如变更后可以提供更可靠、更相关的会计信息，则可以变更会计政策，但应当在附注中予以说明。

对于不同企业在同一会计期间发生的相同或者相似的交易或者事项，应当采用统一规定的会计政策，确保会计信息口径一致、企业之间相互可比。

五、实质重于形式

企业应当按照交易或者事项的经济实质进行确认、计量和报告，不应仅以交易或者事项的法律形式为依据。

在会计实务中，交易或事项的法律形式并不总能完全真实地反映其实质内容，所以企业进行会计核算时，应当以经济实质为依据，而不能仅依据外在的表现形式。例如，以融资租赁方式租入的资产虽然从法律形式来讲企业并不拥有其所有权，但是由于租赁合同中规定的租赁期相当长，接近于该资产的使用寿命；并且在租赁期内承租企业有权控制该项资产并从中受益，因此，从其经济实质来看，以融资租赁方式租入的资产应视为企业的资产。

六、重要性

企业提供的会计信息应当反映与企业财务状况、经营成果和现金流量有关的所有重要交易或者事项。

信息是否重要，主要依靠会计人员的职业判断。当某项会计信息被遗漏或错误地表达时，可能会影响使用者根据财务信息所采取的经济决策，则该信息就具有重要性。对于重要的会计信息，就需要严格按照会计原则和会计程序单独、详细、重点地进行核算和报告。如果某项会计信息是不重要的，企业可以对不重要的会计事项进行简化核算、合并反映。

七、谨慎性

企业对交易或者事项进行确认、计量和报告应当保持应有的谨慎，不应高估资产或者收益、低估负债或者费用。

在市场经济环境下，企业在生产经营过程中存在很多不确定的因素和风险。企业应当充分预计可能发生的负债、费用或损失，尽量少计或不计可能的资产和收益，以免反映的会计信息引起使用者的盲目乐观。企业应当运用谨慎的职业判断和稳妥的会计方法进行会计核算，既不高估资产或者收益，也不低估负债或者费用。

八、及时性

企业对于已经发生的交易或者事项，应当及时进行确认、计量和报告，不得提前或者延后。

任何信息的价值都有其时间性，且在某种程序上信息越及时其价值越高。不及时的信息其有用性大打折扣，甚至毫无用处。所以在会计核算过程中，要及时收集、处理、传递会计信息，以满足会计信息使用者的决策需要。

第三节 会计要素及其确认

会计要素是根据交易或者事项的经济特征所确定的财务会计对象所作的基本分类。《基本准则》规定，会计要素按照其性质分为资产、负债、所有者权益、收入、费用和利润，其中，资产、负债和所有者权益要素侧重于反映企业的财务状况；收入、费用和利润要素侧重于反映企业的经营成果。

一、资产

（一）资产的定义

资产是指企业过去的交易或者事项形成的、由企业拥有或者控制的、预期会给企业带来经济利益的资源。它具有以下三个特征。

1. 资产应为企业拥有或者控制的资源

资产作为一项资源，应当由企业拥有或者控制，这具体是指企业享有某项资源的所有权，或者即使某项资源不为企业所拥有，也是企业所能控制的。企业享有资产的所有权，通常表明企业能够排他性地从中获取经济利益。有些资产虽然不为企业所拥有，但企业控制了这些资产，企业同样能够排他性地从中获取经济利益，所以也属于企业的资产。例如，以融资租赁方式租入的资产，尽管企业并不拥有其所有权，但是企业控制了该资产的使用及其所带来的经济利益，所以应当将其作为企业资产予以核算。

2. 资产预期会给企业带来经济利益

资产预期会给企业带来经济利益，是指资产直接或者间接导致现金和现金等价物流入企业的潜力。资产之所以成为资产，就在于其能够为企业带来经济利益。如果某项目不能给企业带来经济利益，那么就不能将其确认为企业的资产。前期已经确认为资产的项目，如果不能再为企业带来经济利益，也不能再确认为企业的资产。例如，企业某台旧机器由于生产效率低下，被一台新机器所代替，并不再使用，则这台旧机器已不能为企业带来经济利益，那么就不能将其确认为企业的资产。

3. 资产是由企业过去的交易或者事项形成的

资产应当由企业过去的交易或者事项所形成，换句话说，只有过去发生的交易或者事项才能形成资产，企业预期在未来发生的交易或者事项不能形成资产。例如，企业计划明年3月份购入一辆运输车，购买行为尚未发生，则不符合资产的定义，因此不能将其确认为企业的一项资产。

（二）资产的确认条件

将一项资源确认为资产，需要符合资产的定义，同时还应满足以下两个条件。

1. 与该资源有关的经济利益很可能流入企业

如果根据编制财务报表时所取得的证据，与资源有关的经济利益很可能流入企业，那么就应当将其作为资产予以确认；反之，不能确认为资产。

2. 该资源的成本或者价值能够可靠地计量

可计量性是所有会计要素确认的重要前提，资产的确认也是如此。只有当有关资源的成本或者价值能够可靠地计量时，资产才能予以确认。

（三）资产的分类

资产按其流动性的强弱，可以分为流动资产和非流动资产。流动资产通常包括货币资金、交易性金融资产、应收票据、应收账款、预付款项、应收利息、应收股利、其他应收款、存货和一年内到期的非流动资产等。流动资产以外的资产应当归类为非流动资产，并应按其性质分类列示，如长期股权投资、固定资产、在建工程、无形资产和商誉等。

二、负债

（一）负债的定义

负债是指企业过去的交易或者事项形成的、预期会导致经济利益流出企业的现时义务。它具有以下三个特征。

1. 负债是企业承担的现时义务

现时义务是指企业在现行条件下已承担的义务。未来发生的交易或者事项形成的义务，不属于现时义务，不应当确认为负债。例如，甲企业从乙企业购入材料10万元，款项尚未支付，则甲企业形成应付账款10万元就是企业承担的现时义务，属于甲企业的负债。

2. 负债预期会导致经济利益流出企业

企业在将来以转移资产、提供劳务或负债转为资本等形式清偿负债时，会引起未来经济利益流出企业。例如，甲企业开出10万元的转账支票支付前述未付材料款时，导致经济利益流出企业。

3. 负债是由企业过去的交易或者事项形成的

负债应当由企业过去的交易或者事项所形成，换句话说，只有过去发生的交易或者事项才能形成负债，企业不能根据预期在未来发生的交易或者事项形成负债。例如，企业经过商讨，制订了在明年购入运输车辆时从银行贷款30万元的计划，该计划就不属于过去的交易或事项，不能形成企业的负债。

（二）负债的确认条件

将一项现时义务确认为负债，需要符合负债的定义，同时还应当满足以下两个条件。

1. 与该义务有关的经济利益很可能流出企业

如果有确凿证据表明，与现时义务有关的经济利益很可能流出企业，就应当将其作为负债予以确认；反之，就不符合负债的确认条件，不应将其作为负债予以确认。

2. 未来流出的经济利益的金额能够可靠地计量

负债的确认在考虑经济利益流出企业的同时，对于未来流出的经济利益的金额应当能够可靠计量。

（三）负债的分类

负债按其偿付期限的长短，可以分为流动负债和非流动负债。流动负债项目通常包括短期借款、应付票据、应付账款、预收款项、应付职工薪酬、应交税费、应付利息、应付股利、其他应付款和一年内到期的非流动负债等。流动负债以外的负债应当归类为非流动负债，并应按其性质分类列示，如长期借款、应付债券和长期应付款等。

三、所有者权益

（一）所有者权益的定义

所有者权益是指企业资产扣除负债后由所有者享有的剩余权益。公司的所有者权益又称为股东权益。所有者权益是所有者对企业资产的剩余索取权，它是企业资产中扣除债权人权益后应由所有者享有的部分。

所有者权益的来源包括所有者投入的资本、直接计入所有者权益的利得和损失、留存收益等，通常由实收资本（或股本）、资本公积、盈余公积和未分配利润构成。

（二）所有者权益的确认条件

所有者权益是企业资产总额中扣除债权人权益后的净额，因此，所有者权益的确认、计量主要取决于资产和负债的确认和计量。例如，企业接受投资时，当增加一项资产的同时，也应相应增加所有者权益。

四、收入

（一）收入的定义

收入是指企业在日常活动中形成的、会导致所有者权益增加的、与所有者投入资本无关的经济利益的总流入。它具有以下三个特征。

1. 收入是企业在日常活动中形成的

日常活动是指企业为完成其经营目标所从事的经常性活动以及与之相关的活动。例如，商业企业销售商品、工业企业制造并销售产品、安装公司提供安装服务、商业银行对外贷款等，均属于企业的日常活动。但有些活动不是经常发生的，但因与日常活动有关，也属于收入。例如，企业出售原材料也属于收入。非日常活动所形成的经济利益的流入不能确认为收入，而应当计入利得。例如，处置固定资产属于非日常活动，所形成的净收益就不应确认为收入，而应当确认为利得。

2. 收入会导致所有者权益的增加

企业取得收入可能表现为资产的增加，如增加银行存款、形成应收账款等；也可能表现为负债的减少，如减少预收账款；或者表现为二者的组合，如部分增加银行存款、部分减少预收账款。总之，根据会计等式，收入最终会导致所有者权益的增加。

3. 收入是与所有者投入资本无关的经济利益的总流入

所有者投入资本也会使企业经济利益流入，但增加的是所有者权益，不能增加收入。例如，甲企业接受某人投入的资本100万元，增加的是企业的所有者权益而不是收入。

（二）收入的确认条件

企业收入的来源渠道多种多样，不同收入来源的特征有所不同，其收入确认条件也往往存在一些差别，相关内容可参考本书第十二章。

五、费用

（一）费用的定义

费用是指企业在日常活动中发生的、会导致所有者权益减少的、与向所有者分配利润无关的经济利益的总流出。它具有以下三个特征。

1. 费用是企业在日常活动中形成的

日常活动的界定与收入中涉及的日常活动的界定是一致的。因日常活动所产生的费用通常包括营业成本、管理费用、销售费用等。有些活动虽然不是经常发生，但因与日常活动有关，所以也属于费用。例如，企业因出售原材料结转的成本也属于费用。企业非日常活动所形成的经济利益的流出不能确认为费用，而应当计入损失。例如，处置固定资产所形成的净损失就不应确认为费用，而应当确认为损失。

2. 费用会导致所有者权益的减少

企业发生的费用可能表现为资产的减少，如减少银行存款、减少存货等；也可能表现为负债的增加，如增加借款的利息；或者表现为二者的组合，如购买材料支付部分银行存款，同时承担部分债务。总之，根据会计等式，费用最终会导致所有者权益的减少。

3. 费用是与向所有者分配利润无关的经济利益的总流出

商业企业从事商品采购活动、工业企业从事材料的采购活动等都会发生经济利益的流出，属于费用。企业向所有者分配利润虽然也会导致经济利益的流出，但该经济利益的流出属于投资者投资回报的分配，将直接减少所有者权益，所以不应确认为费用。

（二）费用的确认条件

费用的确认除了应当符合定义外，还必须满足具体的条件。相关内容可参考本书第十二章。

六、利润

（一）利润的定义

利润是指企业在一定会计期间的经营成果。利润包括收入减去费用后的净额、直接计入当期利润的利得和损失等。直接计入当期利润的利得和损失，是指应当计入当期损益、最终会引起所有者权益发生增减变动的、与所有者投入资本或者向所有者分配利润无关的利得或者损失。

（二）利润的确认条件

利润反映收入减去费用、利得减去损失后的净额。利润的确认主要依赖于收入和费用以及利得和损失的确认，其金额的确定也主要取决于收入、费用、利得及损失金额的计量。

第四节　会计计量

一、会计计量属性

会计计量是为了将符合确认条件的会计要素登记入账并列报于财务报表而确定其金额的过程。计量属性是指所予计量的某一要素的特性方面，如材料的重量、楼房的面积等。从会计角度而言，计量属性反映的是会计要素金额的确定基础，主要包括历史成本、重置成本、可变现净值、现值和公允价值等。

（一）历史成本

历史成本，又称为实际成本，就是取得或制造某项财产物资时所实际支付的现金或其他等价物。在历史成本计量下，资产按照其购置时支付的现金或者现金等价物的金额，或者按照购置资产时所付出的对价的公允价值计量。负债按照因承担现时义务而实际收到的款项或者资产的金额，或者承担现时义务的合同金额，或者按照日常活动中为偿还负债预期需要支付的现金或者现金等价物的金额计量。

（二）重置成本

重置成本又称现行成本，是指按照当前市场条件，重新取得同样一项资产所需支付的现金或现金等价物金额。在重置成本计量下，资产按照现在购买相同或者相似资产所需支付的现金或者现金等价物的金额计量。负债按照现在偿付该项债务所需支付的现金或者现金等价物的金额计量。在实务中，重置成本多应用于盘盈固定资产的计量等。

（三）可变现净值

可变现净值，是指在正常生产经营过程中，以资产预计售价减去进一步加工成本和预计销售费用以及相关税费后的净值。在可变现净值计量下，资产按照其正常对外销售所能收到的现金或者现金等价物的金额扣减该资产至完工时估计将要发生的成本、估计的销售费用以及相关税费后的金额计量。可变现净值通常应用于存货资产减值情况下的后续计量。

（四）现值

现值是指对未来现金流量以恰当的折现率进行折现后的价值，是考虑货币时间价值的一种计量属性。在现值计量下，资产按照预计从其持续使用和最终处置中所取得的未来净现金流入量的折现金额计量；负债按照预计期限内需要偿还的未来净现金流出量的折现金额计量。

（五）公允价值

公允价值是指在公平交易中，熟悉情况的交易双方自愿进行资产交换或者债务清偿的金额。在公允价值计量下，资产和负债按照在公平交易中熟悉情况的交易双方自愿进行资产交换或者债务清偿的金额计量。

在各种会计要素计量属性中，历史成本通常反映的是资产或者负债过去的价值，而重置成本、可变现净值、现值以及公允价值通常反映的是资产或者负债的现时成本或者现时价值，是与历史成本相对应的计量属性。公允价值相对于历史成本而言，具有很强的时间概念，也就是说，历史成本就是当时交易的公允价值。随着时间的推移，公允价值不断地变为历史成本，即面向过去的公允价值是历史成本，面向现在与未来的就是人们所说的公允价值。在应用公允价值时，当相关资产或者负债不存在活跃市场的报价或者不存在同类或者类似资产的活跃市场报价时，需要采用估值技术来确定相关资产或者负债的公允价值时，公允价值就是以现值为基础确定的。

二、计量属性的应用原则

《企业会计准则——基本准则》规定，企业在对会计要素进行计量时，一般应当以历史成本作为会计计量基础。如果采用重置成本、可变现净值、现值、公允价值进行计量的，应当保证所确定的会计要素金额能够取得并可靠计量。

从计量属性角度看，公允价值在某种程度上代表着财务会计的发展方向。对可以取得公允价值的资产采用公允价值计价是采用国际会计准则的美国以及多数市场经济国家的普遍做法。随着知识经济的发展，金融、保险、房地产及劳务市场等的逐步开放，大量外国资本涌入我国，中国企业所面临的国内、国际竞争日趋激烈；在经济业务与创新业务飞速发展之际，产生了数量众多、特征各异的衍生金融工具，如期货、期权、远期合约、互换等，这使得企业在计量某些资产和负债的价值时，需要考虑其潜在的风险和蕴藏的不确定性。由于公允价值能动态地记录和反映企业的真实价值，并且具有比历史成本更高的相关性特征，因此，《企业会计准则——基本准则》明确地将公允价值作为会计计量属性之一，并在具体会计准则中不同程度地运用了这一计量属性。例如，在长期股权投资、金融工具的确认和计量、金融资产转移等准则中，都运用了公允价值。

知识扩展

一般企业如何建账

新建单位或者原有单位在年度开始时，会计人员均应根据核算工作的需要设置应用账簿，这就是我们平常所说的“建账”。一般情况下，一个企业至少应该设置四册账：

现金日记账、银行存款日记账、总分类账、活页明细账。

一、建账的基本程序

第一步：按照需用的各种账簿的格式要求，预备各种账页，并将活页的账页用账夹装订成册。

第二步：在账簿的“启用表”上，写明单位名称、账簿名称、册数、编号、起止页数、启用日期以及记账人员和会计主管人员姓名，并加盖名章和单位公章。记账人员或会计主管人员在本年度调动工作时，应注明交接日期、接办人员和监交人员姓名，并由交接双方签名或盖章，以明确经济责任。

第三步：按照会计科目表的顺序、名称，在总账账页上建立总账账户；并根据总账账户明细核算的要求，在各个所属明细账户上建立二、三级等明细账户。原有单位在年度开始建立各级账户的同时，应将上年账户余额结转过来。

第四步：启用订本式账簿，应从第一页起到最后一页止顺序编写号码，不得跳页、缺号；使用活页式账簿，应按账户顺序编本户页次号码。各账户编列号码后，应填“账户目录”，将账户名称页次登入目录内，并粘贴索引纸（账户标签），写明账户名称，以利检索。

二、现金日记账和银行存款日记账的建账原则

（一）账页的格式一般采用三栏式，即借方、贷方和余额三栏

如果收付款凭证数量较多，为了简化记账手续，也可以采用多栏式账页。

（二）日记账的外表形式必须采用订本式

财政部《会计基础工作规范》第五十七条规定：“现金日记账和银行存款日记账必须采用订本式账簿。不得用银行对账单或者其他方法代替日记账。”这样可以保证现金和银行存款账簿资料的安全、完整。

三、明细账的建账原则

（一）明细科目的名称应根据统一会计制度的规定和企业管理的需要设置

企业在建账时应按照会计制度的规定设置明细科目的名称，对于没有明确规定的，建账时应按照会计制度规定的方法和原则，以及企业管理的需要设置明细科目。

一般企业需设置的明细账有交易性金融资产（根据投资种类和对象设置）、应收账款（根据客户名称设置）、其他应收款（根据应收部门、个人、项目来设置）、持有至到期投资或长期股权投资（根据投资对象或根据面值、溢价、折价、相关费用设置）、固定资产（根据固定资产的类型设置，另外对于固定资产明细账账页每年可不必更换新的账页）、短期借款（根据短期借款的种类或对象设置）、应付账款（根据应付账款对象设置）、其他应付款（根据应付的内容设置）、应付职工薪酬（根据应付部门、构成内容设置）、应交税费（根据税费的种类设置）、销售费用、管理费用、财务费用（均按照费用的构成设置）。另外，企业可根据自身的需要增减明细账的设置。

（二）根据财产物资管理的需要选择明细账的格式

（三）明细账的外表形式一般采用活页式

这样可便于账页的重新排列和记账人员的分工，但是活页账的账页容易散失和被随意抽换。因此，使用时应顺序编号并装订成册，注意妥善保管。

四、总账的建账原则

（一）企业可根据业务量的多少购买一本或几本总分类账

（二）根据企业涉及的业务和涉及的会计科目设置总账

原则上讲，只要是企业涉及的会计科目就要有相应的总账账簿（账页）与之对应。会计人员应估计每一种业务的业务量大小，将每一种业务用口取纸分开，例如，总账账页从第1页到第10页登记现金业务，则要在目录中写“现金……1~10”，并且在总账账页的第1页贴上口取纸，口取纸上写“现金”；第11页到20页为银行存款业务，则在目录中写“银行存款……11~20”，并且在总账账页的第11页贴上写有“银行存款”的口取纸。依此类推，总账就建好了。

五、备查账建账的原则

（一）备查账应根据统一会计制度的规定和企业管理的需要设置

例如，由本企业暂时使用或代为保管的财产物资，应设相应的备查账簿，此外，还应设有租入固定资产登记簿、受托加工材料登记簿等；对于会计制度规定必须设置备查簿的科目有“应收票据”、“应付票据”等，则必须按照会计制度的规定设置备查账簿。

（二）备查账的格式由企业自行确定

备查账没有固定的格式，与其他账簿之间也不存在严密的勾稽关系，其格式可由企业根据内部管理的需要自行确定。

大厦如何倾倒

——安然公司案例分析[1]

美国安然公司成立于1985年，由美国休斯敦天然气公司和北方内陆天然气（InterNorth）公司合并而成。成立时公司只有121亿美元的资产，而后不断扩张，并逐步开始虚夸收入和利润，到2000年，公司的年收入达到1 000亿美元，超过1999年年收入的一倍。按其市值，安然公司成为世界第六大能源公司。但就是这样一个企业在2001年12月2日向纽约破产法院申请破产保护，成为美国有史以来最大的一起公司破产案。安然破产的起因是10月17日安然公司公布季度财务报告，其利润由2000年的1 000亿美元突降到亏损6.38亿美元。随后，《华尔街日报》一篇文章披露安然公司利用合伙公司

1 资料来源：

① 新华网. 安然公司虚报利润近6亿美元，安达信会计师事务所涉嫌纵容违规操作. http://news.xinhuanet.com/fortune/2002-02/11/content_276766.htm.

② 新华网. 安然之谜. http://www.cctv.com/special/363/3/32648.html.

隐瞒巨额债务。10月22日，美国证券交易委员会介入安然事件调查。11月8日，安然公司被迫承认做了假账：自1997年以来，安然虚报盈利共计近6亿美元。接着，标准普尔将安然公司的债券调低评级至“垃圾”级，并且将其从代表美国经济的标准普尔500种股票中剔除；穆迪公司也将安然公司的信用等级调至最低。11月28日，安然股价跌破1美元，日跌幅超过75%。

12月8日，安然的29名高级行政人员被以纽约为基地的联合银行起诉，索赔250亿美元。指控缘由是明知公司的前景欠佳却趁机出售数以百万的股票。这其中包括公司主席和总裁肯·莱以及得克萨斯州参议员格兰姆及其妻子。

安然为何在这么短的时期内就破产呢？这还要从20世纪90年代后半期说起，安然为了扩张，在全球超过40个国家和地区开展投资等业务，但投资效果并不理想，例如，它在印度的能源项目上的投资就损失了几十亿美元，在宽频电信项目上的投资亏损也达4亿美元以上。为保持其高速增长和实现其庞大的扩张计划，安然必须获得大量低成本资金；要做到这一点，安然必须在信用评级机构（特别是穆迪和标准普尔）那里获得较高的信用评级；为了维持较高的信用评级，安然的资产负债表上一般不能有过多的债务。但是，在业务高速扩张和大量投资带来债务增加之后，安然不仅没有着手调整扩张计划和消化债务，却将努力焦点转向了账目游戏。安然依靠众多关联企业与集团子母公司之间隐藏着的多种复杂的合同关系，在与关联公司的内部交易中，不断隐藏债务与损失，达到隐蔽债务、避税以及人为操纵利润的目的，掩盖其财务方面的问题，使其信用状况表面上看起来良好，从而能够不断地获得贷款，管理层则从中非法获利。但是随着美国经济陷入衰退，安然严重的财务问题便暴露出来，最后不得不向法院申请破产保护。

讨论题：

1. 分析安然公司破产的原因。

2. 安然事件对我们有哪些启示？

3. 如何防止企业会计信息造假？

分析思路：

1. 我们可以看出，安然崩溃的直接原因主要是由于其通过一系列方式操纵财务报表，欺骗投资者，用以维持其高增长。当投资者发现这些财务黑洞和欺诈行为后，致使这一大厦轰然崩塌。造假终究帮不了安然。

2. 安然事件会引起我们对公司治理、财务报告制度、注册会计师行业管理体制、注册会计师独立性等诸多问题的思考。

本事件说明，不管是否有完善的市场机制，还是有严格的监管机构，企业有时为了达到自己的某些目的，总会出现某些“安然公司”。所以，在我国除了要加强市场约束机制和加大行政监管力度外，还要着重对违法违规企业及责任人进行处罚，从而对违法违规行为产生威慑作用。

3. 一是加强监管，建立诚信信息公布与开放制度；二是用法律体系来约束违法违规的行为，加大惩罚力度；三是完善公司管理人员的赔偿制度等。

能力训练

一、单项选择题

1. 企业提供的会计信息应有助于财务会计报告使用者对企业过去、现在或者未来的情况作出评价或者预测，这体现了会计信息质量要求中的（　）要求。

A. 相关性　B. 可靠性　C. 可理解性　D. 可比性

2. 以下各项业务，适用会计核算可比性要求的是（　）。

A. 公司对融资租入固定资产视为自有资产核算

B. 因欠款企业的现金周转出现严重困难，公司在年末提高了坏账百分比

C. 公司根据经济利益预期实现方式将折旧方式由平均年限法改为双倍余额递减法

D. 因下年度经营需要大量资金，公司将股利分配的形式由现金股利改为股票股利

3. 企业将融资租入固定资产按自有固定资产的折旧方法计提折旧，遵循的是（　）要求。

A. 谨慎性　B. 实质重于形式　C. 可比性　D. 重要性

4. 甲企业2010年1月购入了一批原材料，会计人员在3月才入账，该事项违背的会计信息质量要求是（　）要求。

A. 相关性　B. 客观性　C. 及时性　D. 谨慎性

5. 对于次要的会计事项，在不影响会计信息真实性和不至于误导财务会计报告使用者作出正确判断的前提下，作适当简化处理，符合会计核算的（　）原则。

A. 实质重于形式　B. 重要性　C. 可比性　D. 谨慎性

6. 下列项目中，符合资产定义的是（　）。

A. 购入的某项专利权　B. 经营租入的设备

C. 待处理的财产损失　D. 计划购买的某项设备

7. 下列选项关于资产的叙述不正确的是（　）。

A. 是过去的交易或事项形成的　B. 由企业拥有或控制

C. 预期会给企业带来经济利益　D. 导致所有者权益增加的

8. 下列各项中，不属于反映企业财务状况的会计要素的是（　）。

A. 所有者权益　B. 负债　C. 利润　D. 资产

9. 根据负债的基本特征判断，下列不是负债的是（　）。

A. 应付账款　B. 预收账款　C. 其他应付款　D. 预付账款

10. 下列各项中，不属于企业收入要素范围的是（　）。

A. 销售商品收入　B. 出租无形资产收入

C. 债券投资取得的利息收入　D. 接受现金捐赠收入

11. 资产按照预计从其持续使用和最终处置中所产生的未来净现金流入量的折现金额计量，其会计计量属性是（　）。

A. 历史成本　B. 可变现净值　C. 现值　D. 公允价值

12. 下列不属于流动资产的是（　）。

A. 预收账款　B. 预付账款　C. 应收账款　D. 交易性金融资产

13. 依据企业会计准则的规定，下列有关收入和利得的表述中，正确的是（　）。

A. 收入源于日常活动，利得也可能源于日常活动

B. 收入会影响利润，利得也一定会影响利润

C. 收入源于日常活动，利得源于非日常活动

D. 收入会导致所有者权益的增加，利得不一定会导致所有者权益的增加

14. 下列各项中，企业能够确认为资产的有（　）。

A. 将要融资租入的设备

B. 经营租入的生产线

C. 已收到发票，但尚未到达企业的原材料

D. 由于技术更新，不再有使用价值的专利技术

二、多项选择题

1. 下列各项中属于我国财务报告目标的有（　）。

A. 向财务报告使用者提供决策有用的信息

B. 反映企业管理层受托责任的履行情况

C. 与同行业信息作比较

D. 客观地反映企业的财务和经营状况

2. 根据“可靠性”要求企业会计核算应当做到（　）。

A. 满足会计信息使用者决策的需要　B. 以实际发生的交易事项为依据

C. 如实反映交易事项的真实情况　D. 保证企业会计信息的完整

3. 下列对可比性要求说法正确的有（　）。

A. 企业对于已经发生的交易或者事项，应当及时进行会计确认、计量和报告，不得提前或者延后

B. 同一企业不同时期发生的相同或者相似的交易或者事项，应当采用一致的会计政策，不得随意变更

C. 不同企业发生的相同或者相似的交易或者事项，应当采用规定的会计政策，确保会计信息口径一致、相互可比

D. 企业提供的会计信息应当清晰明了，便于财务报告使用者理解和使用

4. 下列各项中，体现会计核算的谨慎性要求的有（　）。

A. 对原材料采用计划成本法核算

B. 采用双倍余额递减法对固定资产计提折旧

C. 期末对固定资产计提减值准备

D. 期末对存货计提跌价准备

5. 下列各项中，符合收入定义的是（　）。

A. 出租无形资产租金收入　B. 出售无形资产净收益

C. 出售固定资产净收益　　　D. 出售材料收入

6. 下列各项属于资产必须具备的基本特征有（　）。

A. 预期会给企业带来经济利益　　B. 被企业拥有或控制

C. 由过去的交易或事项形成　　D. 会导致所有者权益的增加

7. 下列各项中企业能够确认为资产的有（　）。

A. 盘亏的存货　　B. 经营租赁方式租入的设备

C. 经营租赁方式租出的设备　　D. 预付的购货款

8. 收入是日常活动中发生的，它可以表现为（　）。

A. 资产的减少或负债的增加　　B. 资产的增加或负债的减少

C. 所有者权益的增加或负债的减少　　D. 所有者权益的增加和资产的增加

三、判断题

1. 同一事项在某一企业具有重要性，肯定在另一企业也具有重要性。（　）
2. 谨慎性要求企业尽可能低估资产、少计收入。（　）
3. 企业过去交易或事项形成的、预期会导致经济利益流出企业的现时义务就是负债。（　）
4. 因设备更新，没有使用价值的机器设备仍属于企业的资产。（　）
5. 企业对融资租入的固定资产虽不拥有所有权，但能对其进行控制，根据实质重于形式的原则，将其作为本企业的固定资产核算。（　）
6. 收入减去费用后的净额就是利润。（　）

第二章　货币资金

学习目标与要求

通过对本章的学习，了解货币资金的管理制度；熟悉银行结算方式的种类、适用范围和程序；掌握库存现金、银行存款、其他货币资金收支业务的核算方法；掌握库存现金清查、银行存款对账的处理方法。

货币资金是指企业生产过程中处于货币形态的资产，包括库存现金、银行存款和其他货币资金。

货币资金既是资本运动的起点，又是资本运动的终点。由于货币资金具有高度的流动性和风险控制性，单位在组织会计核算的过程中，加强货币资金的控制与核算，对于保障单位资产安全完整、提高资金周转速度和使用效益具有重要意义。

第一节　库存现金

库存现金是指存放于企业财会部门、由出纳人员经管的货币。库存现金是企业流动性最强的一种货币性资产，保证库存现金的安全并加强库存现金的管理是企业的一项重要工作。为此，企业应依照《现金管理暂行条例》等相关制度的规定对库存现金进行管理。

一、现金管理规定

（一）现金的使用范围

按照国务院颁布的《现金管理暂行条例》规定，开户单位可以在下列范围内使用现金。

（1）职工工资、津贴。

（2）个人劳务报酬。

（3）根据国家规定颁发给个人的科学技术、文化艺术、体育等各种奖金。

（4）各种劳保、福利费用以及国家规定的对个人的其他支出。

（5）向个人收购农副产品和其他物资的价款。

（6）出差人员必须随身携带的差旅费。

（7）结算起点以下的零星支出。

（8）中国人民银行确定需要支付现金的其他支出。

（二）库存现金的限额

库存现金限额是指国家规定由开户银行给各单位核定一个保留现金的最高额度。核定原则是：既要保证企业日常零星现金支付的合理需要，又要尽量减少现金的使用。库存现金限额由开户银行和开户单位根据具体情况商定，一般情况下，按照单位3~5天日常零星开支所需现金确定。边远地区和交通不便地区的开户单位，其库存现金限额的核定天数可以适当放宽，但最多不得超过15天的日常零星开支的需要量。

（三）现金的日常收支管理

现金的日常收支管理规定主要有以下几条。

（1）开户单位不得从本单位的现金收入中直接支付，即不得“坐支”现金。需要支付现金时，可以从本单位的库存现金限额中支付或从开户银行提取。因特殊情况需要坐支现金的，应当事先报经开户银行审查批准，由开户银行核定坐支范围和限额。开户单位当日的现金收入应于当日送存银行，如果送存有困难，由开户银行确定送存时间。

（2）不准用不符合会计制度的凭证顶替库存现金，即不得“白条抵库”。所谓白条，是指行为人开具或索取的不符合会计制度规定的非正式单据。例如，以收据代替正规发票或者直接“打白条”。

（3）从开户银行提取现金，应当写明用途，由本单位财会部门负责人签字盖章，经开户银行审核后，予以支付现金。

（4）不准谎报用途套取现金；不准保留账外公款，即不得设置“小金库”。

（5）因采购地点不确定、交通不便、抢险救灾以及其他特殊情况，办理转账结算不够方便，必须使用现金的开户单位，要向开户银行提出书面申请，由本单位财会部门负责人签字盖章，开户银行审查批准后，予以支付现金。

二、库存现金的核算

为了总括反映库存现金的收、付变动和结存情况，企业应设置“库存现金”总分类账户。该账户借方登记库存现金的增加数，贷方登记库存现金的减少数，期末余额在借方，反映企业库存现金的实有数。同时，企业还应当设置“库存现金日记账”，由出纳人员按照库存现金收支业务发生的先后顺序，根据审核无误的收付款凭证，逐日逐笔进行顺序登记，并逐日结出余额，做到日清月结、账款相符。月末，应将“库存现金日记账”余额与“库存现金”总分类账余额进行核对，保证账账相符。

当企业发生库存现金收入业务时，应借记“库存现金”科目，贷记有关科目；当企业发生库存现金支出业务时，贷记“库存现金”科目，借记有关科目。

【例2-1】东方有限责任公司2010年3月份发生下列库存现金收付业务。

（1）3月5日，签发现金支票从银行提取现金2 000元备用。依据现金支票存根（表2-1），做如下账务处理：

借：库存现金　　　　2 000

　　贷：银行存款　　　　2 000

表2-1 现金支票存根

中国工商银行 现金支票存根 No.123567
科目：______
对方科目：______
签发日期：2010年3月5日
收款人：东方有限责任公司
金额：¥2 000.00
用途：备用
备注：
单位主管　　会计
复核　　记账

（2）3月16日，将当日销售零星废旧物资收到的现金4 000元存入银行。依据现金交款单回单（略），做如下账务处理：

借：银行存款　　4 000

　　贷：库存现金　　4 000

（3）3月20日，厂办王月预借差旅费1 000元，25日出差回来，向财务科报销差旅费924元，交回现金76元。依据借款单（表2-2），做如下账务处理：

借：其他应收款——王月　　1 000

　　贷：库存现金　　1 000

表2-2 借款单　　No.0089

2010年3月20日

部门名称	办公室	姓名	王月	借款用途	出差
借款金额	人民币（大写）壹仟元整				
实际报销借款金额		节余		审核意见	李峰
		超支			
备注：出差地	北京		结账日期	2010年3月25日	

财务主管：　　出纳：王兰　　借款人：王月

3月25日依据差旅费报销单（表2-3），做如下账务处理：

借：管理费用　　924

　　库存现金　　76

　　贷：其他应收款——王月　　1 000

表2-3　差旅费报销单　　No.746

部门：办公室　　2010年3月25日　　金额单位：元

出差人			王月			出差事由				研讨会			
出发			到达			交通工具	车船费		出差补贴		其他费用		
月	日	地点	月	日	地点		单据张数	金额	天数	金额	项目	单据张数	金额
3	20	石家庄市	3	20	北京	火车	1	87	4	200	住宿费	1	500
3	24	北京	3	24	石家庄市	火车	1	87			市内车费		50
合计							2	174	4	200			550
报销总额	人民币（大写）	⊗仟玖佰贰拾肆元零角零分　¥924.00						预借旅费	¥1 000.00		补领金额		
											归还金额		¥76.00

部门负责人：李响　　稽核：　　报销人：王月

三、库存现金清查的核算

企业应定期和不定期对库存现金进行清查，以确保库存现金的安全和完整。根据实地清查的结果编制“库存现金盘点报告单”，填写库存现金实存数、账存数与盈亏情况，如果发现账实不一致，应及时查明原因，并进行相应的会计处理。

企业如果发生现金盘盈时，应按实际溢余的金额借记“库存现金”科目，贷记“待处理财产损溢——待处理流动资产损溢”科目；待查明原因后，再转入相应科目。如果属于应支付给有关个人或单位的库存现金溢余，则转入“其他应付款”科目；如果属于无法查明原因的库存现金溢余，则转入“营业外收入”科目。

企业如果发生现金盘亏时，应按实际短缺数，借记“待处理财产损溢——待处理流动资产损溢”科目，贷记“库存现金”科目；待查明原因后，再转入相应科目。如果属于应由责任人赔偿的库存现金短缺，应转入“其他应收款”科目；如果属于无法查明原因的库存现金短缺，应转入“管理费用”科目。

【例2-2】东方有限责任公司2010年6月30日对库存现金进行了清查，发现库存现金短少120元，仔细调查后属出纳员个人过失，经厂部研究决定要求出纳员王兰赔偿。

（1）发现库存现金短缺时，依据库存现金盘点报告单（表2-4），做如下账务处理：

借：待处理财产损溢——待处理流动资产损溢　　120

　　贷：库存现金　　120

表2-4　库存现金盘点报告单

单位名称：东方有限责任公司　　2010年6月30日

实存金额	账存金额	实存与账存对比结果		备注
		盘盈	盘亏	
1 580.00	1 700.00		120.00	

盘点人签章：张原　　出纳员签章：王兰

（2）确定无法查明原因时，依据厂部研究决定书（表2-5），做如下账务处理：

借：其他应收款——王兰　120

　　贷：待处理财产损溢——待处理流动资产损溢　120

表2-5　厂部研究决定书

批复
盘亏现金由出纳王兰赔偿。
主管领导：王刚 2010年6月30日

【例2-3】东方有限责任公司在清查库存现金中，发现库存现金溢余80元，核查后原因不明，经批准做营业外收入处理。

（1）库存现金溢余时，依据库存现金盘点报告单（略），做如下账务处理：

借：库存现金　80

　　贷：待处理财产损溢——待处理流动资产损溢　80

（2）原因不明，依据批准做营业外收入处理，账务处理如下：

借：待处理财产损溢——待处理流动资产损溢　80

　　贷：营业外收入　80

第二节　银行存款

一、银行存款概述

银行存款是企业存放在银行或其他金融机构的货币资金。凡是独立核算的单位都必须在当地银行开设账户。企业在银行开设账户以后，除了在规定的范围内可以用现金直接支付的款项外，在生产经营活动中发生的一切货币收支业务都必须通过银行存款账户进行核算。

（一）银行结算账户的管理

企业应当严格执行《支付结算办法》，并按照《人民币银行结算账户管理办法》的规定开立和使用基本存款账户、一般存款账户、专用存款账户和临时存款账户。一个企业只能选择一家银行的一个营业机构开立一个基本存款账户，不得在多家银行机构开立基本存款账户；不得在同一家银行的几个分支机构开立一般存款账户。

（二）银行结算方式

企业除按照规定的现金使用范围使用现金进行结算外，其余都必须通过银行进行转账结算。转账结算方式主要有支票、银行本票、银行汇票、商业汇票、汇兑、托收承付、委托收款、信用卡和信用证等几种方式。

1. 支票

支票是出票人签发的，委托办理支票存款业务的银行在见票时无条件支付确定的金额给收款人或者持票人的票据。转账支票票样如图2-1所示。

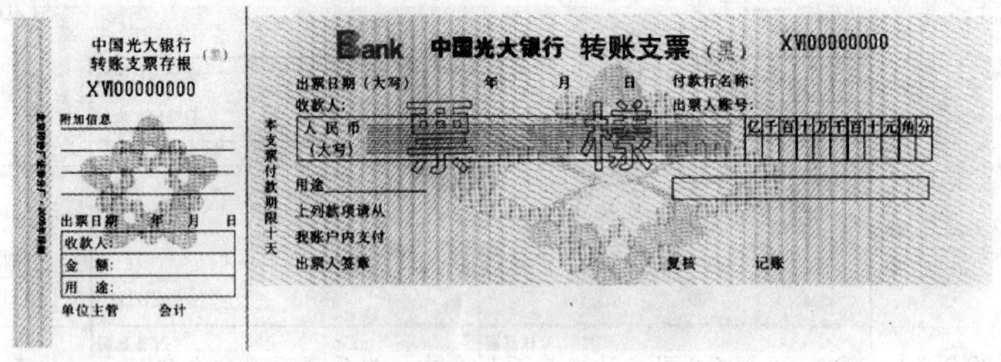
中国光大银行
转账支票存根（黑）
XⅦ00000000
附加信息
出票日期 年 月 日
收款人：
金 额：
用 途：
单位主管 会计

Bank 中国光大银行 转账支票（黑） XⅦ00000000
出票日期（大写） 年 月 日 付款行名称：
收款人： 出票人账号：
本支票付款期限十天
人民币（大写） 票样
亿 千 百 十 万 千 百 十 元 角 分
用途
上列款项请从
我账户内支付
出票人签章 复核 记账

图2–1 转账支票票样

（1）结算程序

支票结算程序如图2-2所示。

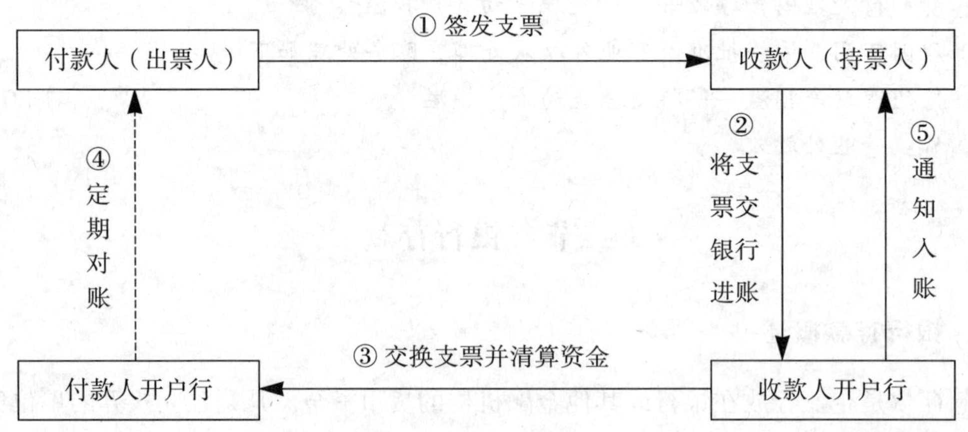

图2-2 支票结算方式程序

付款人向收款人签发支票时，签发的支票必须记载下列事项：表明支票的字样；无条件支付的委托；确定的金额；付款人名称；出票日期；出票人签章。签发支票应使用碳素墨水或墨汁填写，中国人民银行另有规定的除外。支票的出票人签发支票的金额不得超过付款时在付款人处实有的存款金额，即禁止签发空头支票。出票人不得签发与其预留银行签章不符的支票；使用支付密码的，出票人不得签发支付密码错误的支票。

持票人委托开户银行收款时，应作委托收款背书，在支票背面背书人签章栏签章、记载委托收款字样、背书日期，在被背书人栏记载开户银行名称，并将支票和填制的进账单送交开户银行。收款人持用于支取现金的支票向付款人提示付款时，应在支票背面“收款人签章”处签章。

（2）种类

① 现金支票。支票上印有“现金”字样的为现金支票，现金支票只能用于支取现金。

② 转账支票。支票上印有“转账”字样的为转账支票，转账支票只能用于转账。

③ 普通支票。支票上未印有“现金”或“转账”字样的为普通支票，普通支票可以用于支取现金，也可以用于转账。在普通支票左上角划两条平行线的，为划线支票，划线支票只能用于转账，不得支取现金。

（3）付款期限

支票的提示付款期限为自出票日起10日内，但中国人民银行另有规定的除外。超过提示付款期限提示付款的，持票人开户银行不予受理，付款人不予付款。

2. 银行本票

银行本票是指银行签发的，承诺自己在见票时无条件支付确定的金额给收款人或持票人的票据。银行本票可以用于转账，注明“现金”字样的银行本票可以用于支取现金。银行本票丢失，失票人可以凭人民法院出具的享有票据权利的证明，向出票银行请求付款或退款。银行本票票样（以第2联为例）如图2-3所示。

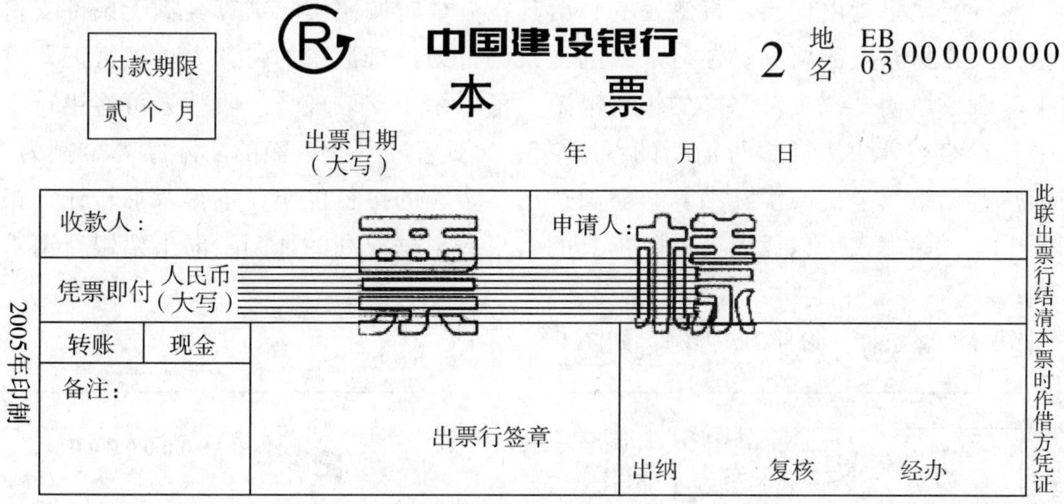
付款期限 贰 个 月

中国建设银行 本 票 2 地名 EB/03 00000000

出票日期（大写） 年 月 日

收款人： 申请人：

凭票即付 人民币（大写）

转账 现金

备注：

出票行签章

出纳 复核 经办

此联出票行结清本票时作借方凭证

2005年印制

图2-3 银行本票票样

（1）结算程序

银行本票结算程序如图2-4所示。

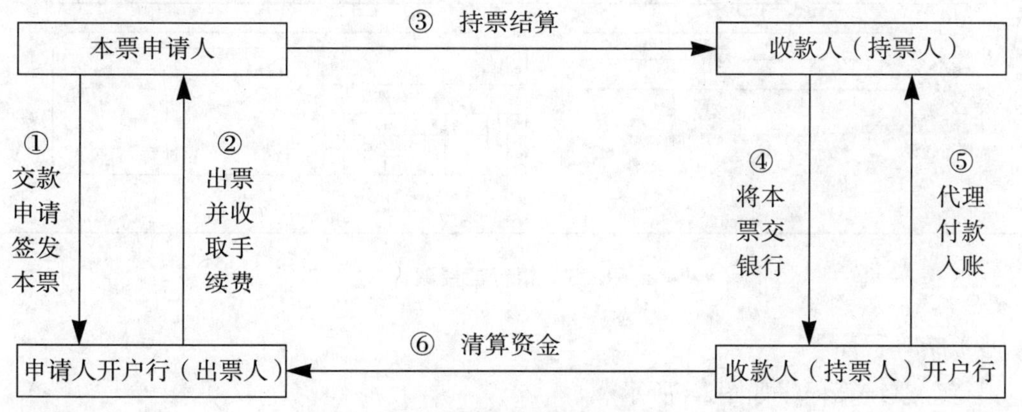

图2-4 银行本票结算方式程序

（2）种类和金额

银行本票分为不定额本票和定额本票两种。定额本票面额为1 000元、5 000元、10 000元和50 000元。不定额本票如图2-3所示。

（3）付款期限

银行本票的提示付款期限为自出票日起最长不得超过两个月。在有效付款期内，银行见票付款。持票人超过付款期限提示付款的，银行不予受理。申请人因银行本票超过付款期限或其他原因要求退款时，应将银行本票提交到出票银行并出具单位证明。出票银行对于在本行开立存款账户的申请人，只能将款项转入原申请人账户；对于现金银行本票和未到本行开立存款账户的申请人，才能退付现金。

（4）适用范围

单位和个人在同一票据交换区域需要支付的各种款项，均可使用银行本票。

3. 银行汇票

银行汇票是指由出票银行签发的，由其在见票时按照实际结算金额无条件支付给收款人或者持票人的票据。银行汇票的出票银行为银行汇票的付款人。银行汇票可以用于转账，填明“现金”字样的银行汇票也可以用于支取现金。收款人可将银行汇票背书转让给被背书人。银行汇票的背书转让以不超过出票金额的实际结算金额为准。未填写实际结算金额或实际结算金额超过出票金额的银行汇票，不得背书转让。银行汇票丢失，丢失人可以凭人民法院出具的其享有票据权利的证明，向出票银行请求付款或退款。

银行汇票票样（以第2联为例）如图2-5所示。

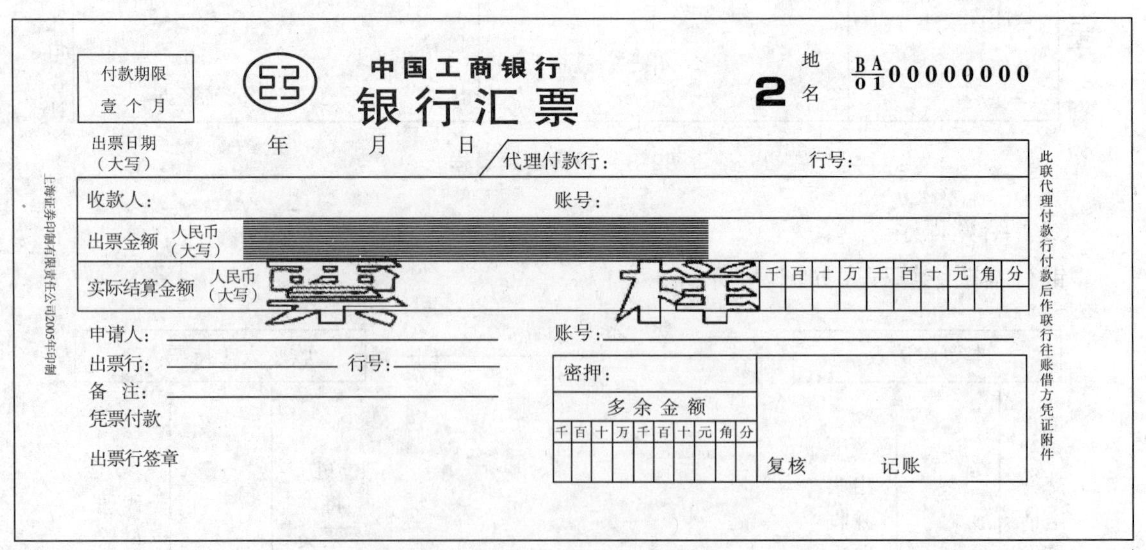

付款期限 壹个月

中国工商银行

银行汇票

2 地名 BA/01 00000000

出票日期（大写） 年 月 日

代理付款行： 行号：

收款人： 账号：

出票金额 人民币（大写）

实际结算金额 人民币（大写）

千	百	十	万	千	百	十	元	角	分

票样

申请人： 账号：

出票行： 行号：

备 注：

凭票付款

出票行签章

密押：

多余金额

千	百	十	万	千	百	十	元	角	分

复核 记账

此联代理付款行付款后作联行往账借方凭证附件

上海证券印制有限责任公司2005年印制

图2-5 银行汇票票样

（1）结算程序

银行汇票结算程序如图2-6所示。

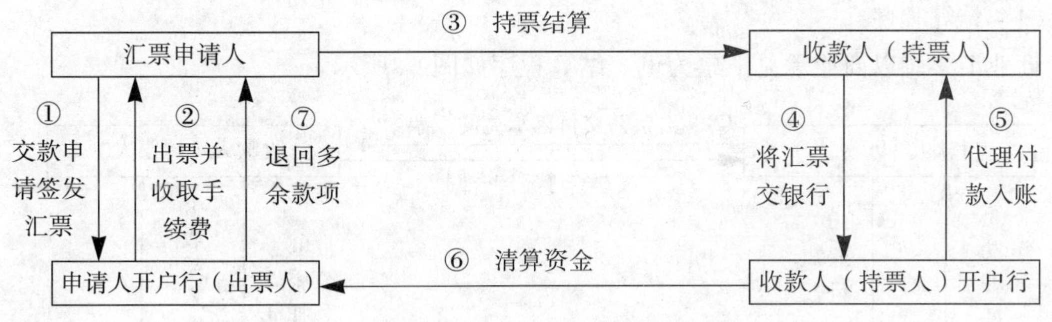

图2-6　银行汇票结算方式程序

汇款单位（即申请人）使用银行汇票，应向出票银行填写“银行汇票申请书”。出票银行受理银行汇票申请书，收妥款项后签发银行汇票，并用压数机印出票金额，将银行汇票和解讫通知一并交给申请人。持票结算时，申请人应将银行汇票和解讫通知一并交付给汇票上注明的收款人。收款人受理申请人交付的银行汇票时，应在出票金额以内，根据实际需要的款项办理结算，并将实际结算的金额和多余的金额准确、清晰地填入银行汇票和解讫通知的有关栏内，到银行办理款项入账手续。持票人向银行提示付款时，必须同时提交银行汇票和解讫通知，缺少任何一项，银行不予以受理。

（2）付款期限

银行汇票的提示付款期限为自出票日起一个月，持票人超过付款期限提示付款的，银行不予以受理。

（3）适用范围

单位和个人各种款项的结算，均可使用银行汇票。

4. 商业汇票

商业汇票是由出票人签发的，委托付款人在指定日期无条件支付确定的金额给收款人或者持票人的票据。在银行开立存款账户的法人以及其他组织之间，必须具有真实的交易关系或债权债务关系，才能使用商业汇票。

商业汇票票样（以银行承兑汇票为例）如图2-7所示。

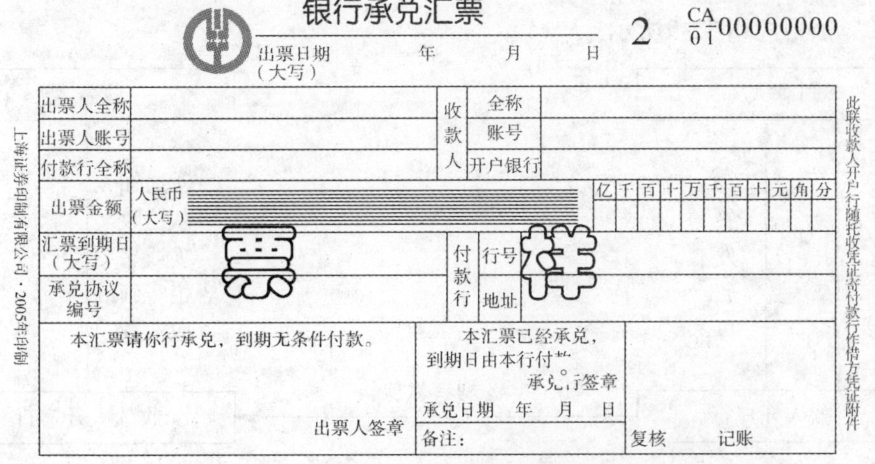
银行承兑汇票　　2　$\frac{CA}{01}$00000000

出票日期（大写）　　年　　月　　日

出票人全称		收款人	全称	
出票人账号			账号	
付款行全称			开户银行	
出票金额	人民币（大写）			亿 千 百 十 万 千 百 十 元 角 分
汇票到期日（大写）		付款行	行号	
承兑协议编号			地址	
本汇票请你行承兑，到期无条件付款。 出票人签章		本汇票已经承兑，到期日由本行付款。 承兑行签章 承兑日期　年　月　日 备注：		复核　记账

票样

上海证券印制有限公司·2005年印制

此联收款人开户行随托收凭证寄付款行作借方凭证附件

图2-7　商业汇票票样

（1）结算程序

商业汇票（以商业承兑汇票为例）结算程序如图2-8所示。

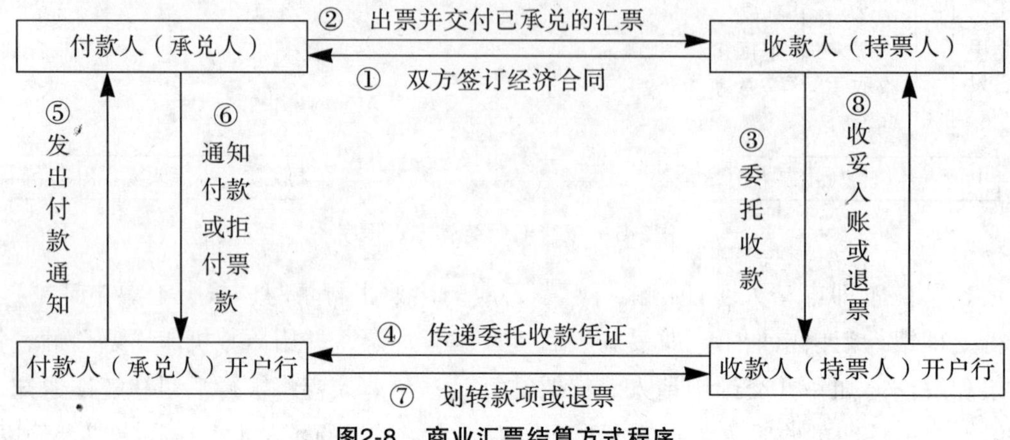

图2-8 商业汇票结算方式程序

（2）种类

商业汇票分为商业承兑汇票和银行承兑汇票。商业承兑汇票由银行以外的付款人承兑。银行承兑汇票由银行承兑。商业汇票的付款人为承兑人。

（3）付款期限

商业汇票的付款期限最长不得超过6个月。商业汇票的提示付款期限为自汇票到期日起10日内。持票人应在提示付款期限内通过开户银行委托收款或直接向付款人提示付款。对异地委托收款的，持票人可匡算邮程，提前通过开户银行委托收款。持票人超过提示付款期限提示付款的，持票人开户银行不予受理。

（4）适用范围

商业汇票结算方式适用范围广泛，同城、异地均可。

5. 汇兑

汇兑是汇款人委托银行将其款项支付给收款人的结算方式。

（1）结算程序

汇兑结算程序如图2-9所示。

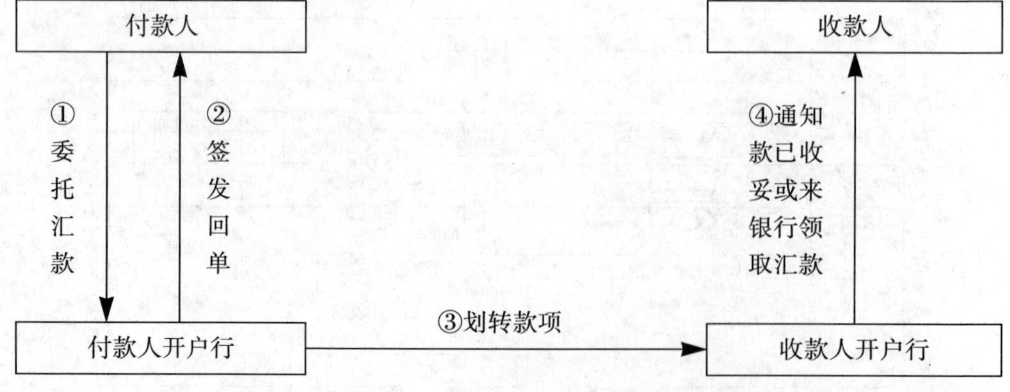

图2-9 汇兑结算方式程序

（2）种类

汇兑分为信汇、电汇两种。信汇是指汇款人委托银行通过邮寄的方式将款项划转给收款人；电汇是指汇款人委托银行通过电报将款项划转给收款人。

（3）适用范围

汇兑结算方式适用于异地之间的各种款项结算。

6. 托收承付

托收承付是根据购销合同由收款人发货后委托银行向异地付款人收取款项，由付款人向银行承认付款的结算方式。

（1）结算程序

托收承付结算方式程序如图2-10所示。

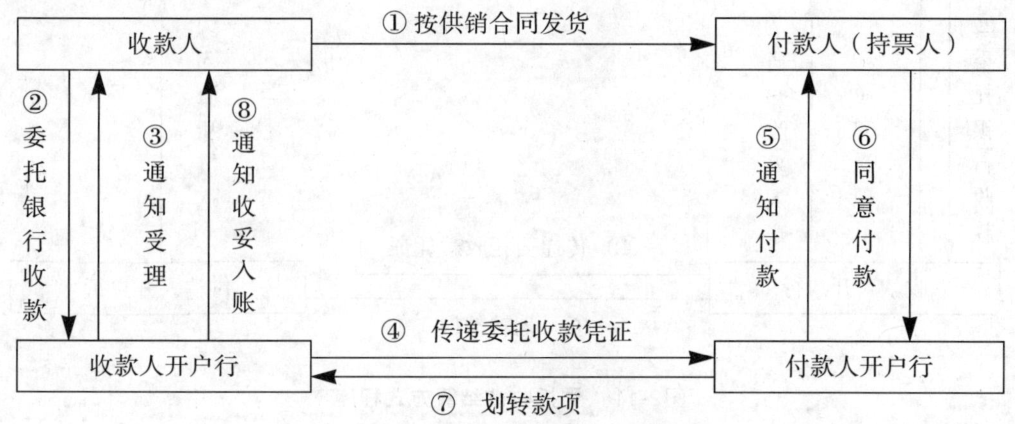

图2-10　托收承付结算方式程序

首先，收款人按照签订的购销合同发货。其次，收款人委托银行办理款项托收。收款人办理托收，必须具有商品确已发运的证件（包括铁路、航运、公路等运输部门签发的运单、运单副本和邮局包裹回执）。然后，收款人开户银行进行审查，符合要求后为收款人办理托收。

付款人付款可以分为验单付款和验货付款两种，由收付双方商量选用，并在合同中明确规定。付款人在承付期内，未向银行表示拒绝付款，银行即视作承付，并在承付期满的次日（法定休假日顺延）上午银行开始营业时，将款项主动从付款人的账户内付出，按照收款人指定的划款方式划给收款人。

（2）适用范围

使用托收承付结算方式的收款单位和付款单位，必须是国有企业、供销合作社以及经营管理较好并经开户银行审查同意的城乡集体所有制工业企业。办理托收承付结算的款项，必须是商品交易，以及因商品交易而产生的劳务供应的款项。代销、寄销、赊销商品的款项，不得办理托收承付结算。收付双方使用托收承付结算必须签有符合《经济合同法》的购销合同，并在合同上订明使用托收承付结算方式。托收承付结算方式适用于异地之间的各种款项结算。

（3）付款期限

验单付款的承付期为3天，从付款人开户银行发出承付通知的次日算起（承付期内遇法定休假日顺延）。验货付款的承付期为10天，从运输部门向付款人发出提货通知的次日算起。

7. 委托收款

委托收款是收款人委托银行向付款人收取款项的结算方式。

（1）结算程序

委托收款结算程序如图2-11所示。

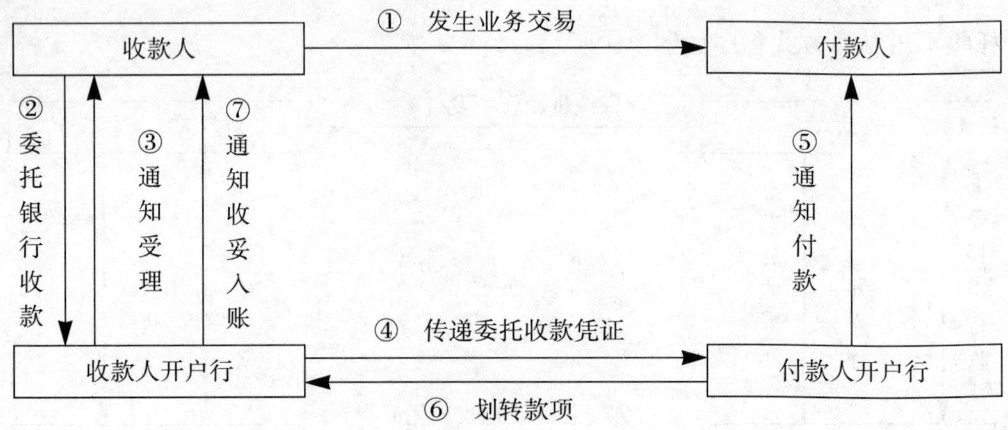

图2-11 委托收款结算方式程序

（2）种类

委托收款结算按照款项的划回方式分邮寄和电报两种，由收款人选用。

（3）适用范围

单位和个人凭已承兑商业汇票、债券、存单等付款人债务证明办理款项的结算，均可以使用委托收款结算方式。委托收款在同城、异地均可以使用。

8. 信用卡

信用卡是指商业银行向个人和单位发行的，凭以向特约单位购物、消费和向银行存取现金，且具有消费信用的特制载体卡片。

信用卡按使用对象分为单位卡和个人卡；按信用等级分为金卡和普通卡；按是否向发卡银行交存备用金分为贷记卡和准贷记卡。信用卡存款是指企业为取得信用卡而存入银行信用卡专户的款项。

信用卡使用有关规定如下。

（1）凡在中国境内金融机构开立基本存款账户的单位可申领单位卡。单位或个人申领信用卡，应按规定填制申请表，连同有关资料一并送交发卡银行。符合条件并按银行要求交存一定金额的备用金后，银行为申领人开立信用卡存款账户，并发给信用卡。

（2）单位卡可申领若干张，持卡人资格由申领单位法定代表人或其委托的代理人书面指定和注销。单位卡账户的资金一律从其基本存款账户转账存入，不得交存现金，不得将销货收入的款项存入其账户。

（3）持卡人可持信用卡在特约单位购物、消费。单位卡不得用于10万元以上的商品交易、劳务供应款项的结算。

（4）特约单位在每日营业终了，应将当日受理的信用卡签购单汇总，计算手续费和净计金额，并填写汇计单和进账单，连同签购单一并送交收单银行办理进账。收单银行接到特约单位送交的各种单据，经审查无误后，为特约单位办理进账。

二、银行存款的核算

为了总括反映银行存款的收、付变动和结存情况，企业应当设置“银行存款”总分类账。该账户借方登记银行存款的增加数，贷方登记银行存款的减少数，期末余额在借方，反映企业银行存款的实存数。

企业还应该设置“银行存款日记账”，以序时反映银行存款的收、付、结存情况。每日终了时，应计算银行存款收入合计、银行存款支出合计及结余数。“银行存款日记账”应定期与银行转来的对账单核对相符，至少每月核对一次。

【例2-4】东方有限责任公司于2010年3月20日向A市通达公司签发转账支票一张，用于支付购买打印纸费用10 000元。依据转账支票存根（表2-6）与货物销售发票（表2-7），做如下账务处理：

借：管理费用　　10 000

　　贷：银行存款　　10 000

表2-6　转账支票存根

中国工商银行
转账支票存根
No.156534
科目：
对方科目
签发日期　2010年3月20日
收款人：通达公司
金额：¥10 000.00
用途：购打印纸
备注：
单位主管　会计
复核　记账

表2-7　××省A市货物销售发票

发票联　　　　发票代码1123490

客户名称：东方有限责任公司　　　2010年3月20日　　　发票号码12980

货物名称	规格	单位	数量	单价	金额						
					万	千	百	十	元	角	分
打印纸		包	500	20.00	1	0	0	0	0	0	0
金额合计 （大写）壹万零仟零佰零拾零元零角零分　¥10 000.00											

第二联发票联（购货方收执）

开票单位（章）　　　　开票人：李立

【例2-5】东方有限责任公司于2010年8月1日持客户A市大发商贸公司签发的转账支票一张到其开户银行进账。此支票系大发公司支付的前欠销货款70 000元。

依据中国工商银行转来的进账单收账通知联（表2-8），做如下账务处理：

借：银行存款　　70 000

　贷：应收账款——大发公司　　70 000

表2-8　中国工商银行进账单（收账通知）　3

2010年8月1日　　　No.786955

付款人	全称	A市东方有限责任公司	收款人	全称	A市大发商贸有限责任公司									
	账号	1122345688		账号	76893423									
	开户银行	中国工商银行A市开发区支行		开户银行	中国建设银行中华大街支行									
金额	人民币（大写）	柒万元整	亿	千	百	十	万	千	百	十	元	角	分	
						¥	7	0	0	0	0	0	0	
票据种类	转账支票	票据张数	1张											
票据号码	176346													
复核　记账			开户银行盖章											

三、银行存款清查的核算

银行存款清查是指将企业银行存款日记账的账面余额与其开户银行转来的对账单的余额进行核对。企业应当定期或不定期地进行银行存款的清查，至少每月核对一次。

银行存款日记账的账面余额与其开户银行转来的对账单的余额不符的原因有两个：一是企业和银行任何一方记账有错误；二是存在未达账项。发生未达账项的具体情况有四种：一是企业已收款入账，银行尚未收款入账；二是企业已付款入账，银行尚未付款入账；三是银行已收款入账，企业尚未收款入账；四是银行已付款入账，企业尚未付款入账。

对于未达账项应通过编制“银行存款余额调节表”进行检查核对，如没有记账错误，调节后的双方余额应相等。银行存款余额调节表只是为了核对账目，并不能作为调整银行存款账面余额的原始凭证。

【例2-6】东方有限责任公司2010年2月银行存款日记账余额842 000元，银行对账单余额857 000元，经查有以下几笔未达账项。

（1）企业委托银行代收某公司购货款58 000元，银行已收妥并登记入账，企业未收到收账通知，尚未记账。

（2）企业送存转账支票55 000元，并已登记银行存款增加，而银行尚未记账。

（3）银行代企业支付电话费3 000元，银行已登记企业银行存款减少，企业未收到付账通知，尚未记账。

（4）企业购买材料15 000元，已签发转账支票并登记入账，但持票企业尚未到银行办理转账，银行尚未入账。

企业编制银行存款余额调节表如表2-9所示。

表2-9　银行存款余额调节表

2010年2月　　单位：元

项目	金额	项目	金额
企业银行存款日记账余额	842 000	银行对账单余额	857 000
加：银行已收、企业未收款	58 000	加：企业已收、银行未收款	55 000
减：银行已付、企业未付款	3 000	减：企业已付、银行未付款	15 000
调节后的存款余额	897 000	调节后的存款余额	897 000

第三节　其他货币资金

一、其他货币资金的内容

其他货币资金是指除库存现金、银行存款以外的其他各种货币资金，主要包括银行汇票存款、银行本票存款、信用卡存款、信用证保证金存款、存出投资款、外埠存款等。

（一）银行汇票存款

银行汇票是指由出票银行签发的，由其在见票时按照实际结算金额无条件支付给收款人或者持票人的票据。

（二）银行本票存款

银行本票是指银行签发的，承诺自己在见票时无条件支付确定的金额给收款人或持票人的票据。

财务会计

（三）信用卡存款

信用卡存款是指企业为取得信用卡而存入银行信用卡专户的款项。

（四）信用证保证金存款

信用证保证金存款是指采用信用证结算方式的企业为开具信用证而存入银行信用证保证金专户的款项。

（五）外埠存款

外埠存款是指企业为了到外地进行临时或零星采购而汇往采购地银行开立采购专户的款项。该账户的存款不计利息、只付不收、付完清户，除了采购人员可从中提取少量现金外，一律采用转账结算。

（六）存出投资款

存出投资款是指企业已存入证券公司但尚未进行投资的资金。

二、其他货币资金的核算

为了反映和监督其他货币资金的开立、支付、结存等情况，企业应设置“其他货币资金”科目，借方登记其他货币资金的增加数，贷方登记其他货币资金的减少数，期末余额在借方，反映企业的其他货币资金的结存数。本科目应按其他货币资金的种类进行明细核算。

（一）银行汇票存款

企业取得银行汇票后，根据银行盖章退回的申请书存根联，借记“其他货币资金——银行汇票”科目，贷记“银行存款”科目。企业使用银行汇票后，根据发票账单等有关凭证，借记“材料采购”、“库存商品”、“应交税费——应交增值税（进项税额）”等科目，贷记“其他货币资金——银行汇票”科目。如有多余或因汇票超过付款期等原因而退回的款项，根据开户银行转来的银行汇票第四联（多余款收账通知），借记“银行存款”科目，贷记“其他货币资金——银行汇票”科目。企业收到银行汇票，填制进账单到开户银行办理款项入账手续时，根据进账单及销货发票等，借记“银行存款”科目，贷记“主营业务收入”、“应交税费——应交增值税（销项税额）”等科目。

【例2-7】东方有限责任公司2010年5月份发生下列银行汇票业务。

（1）5月5日，东方公司欲向B市大发公司采购一批材料，向开户行申请银行汇票一张，金额为60 000元。依据中国工商银行业务委托书回单联（表2-10），做如下账务处理：

借：其他货币资金——银行汇票	60 000	
贷：银行存款		60 000

表2-10 中国工商银行 业务委托书

委托日期：2010年5月5日 冀A00637389

<table>
<tr><td>银行打印</td><td colspan="6"></td></tr>
<tr><td rowspan="9">客户打印</td><td>业务类型</td><td colspan="3">□电汇 □信汇 ☑汇票申请书 □本票申请书
其他</td><td>汇款方式</td><td>□普通
□加急</td></tr>
<tr><td rowspan="4">委托人</td><td>全称</td><td>A市东方有限责任公司</td><td rowspan="4">收款人</td><td>全称</td><td>B市大发有限责任公司</td></tr>
<tr><td>账号或地址</td><td>1122345688</td><td>账号或地址</td><td>3765700046</td></tr>
<tr><td>开户行名称</td><td>中国工商银行A市开发区支行</td><td>开户行名称</td><td>工商银行B市分行</td></tr>
<tr><td>开户银行</td><td>××省A市</td><td>开户银行</td><td>某省B市</td></tr>
<tr><td colspan="3">金额（大写）人民币陆万元整</td><td colspan="3">亿 千 百 十 万 千 百 十 元 角 分
¥ 6 0 0 0 0 0</td></tr>
<tr><td>支付密码</td><td colspan="2"></td><td colspan="3" rowspan="3">付出行签章</td></tr>
<tr><td>加急汇款签字</td><td colspan="2"></td></tr>
<tr><td>用途</td><td colspan="2">购货款</td></tr>
<tr><td></td><td colspan="3">附加信息及用途</td><td colspan="3"></td></tr>
</table>

第三联 回单联

事后监督： 会计主管： 复核： 记账：

（2）5月15日，采购员向大发公司购入A材料500千克，货款为50 000元，增值税税额为8 500元，已将银行汇票交给销售方，余款尚未退回。若东方公司材料日常核算采用计划成本法，依据增值税发票（表2-11），做如下账务处理：

借：材料采购 50 000

应交税费——应交增值税（进项税额） 8 500

贷：其他货币资金——银行汇票 58 500

表2-11 ××省增值税专用发票

发票联 No12268796

开票日期：2010年05月15日

<table>
<tr><td>购货单位</td><td colspan="5">名　　称：A市东方有限责任公司
纳税人识别号：12345678
地址、电话：A市开发区18号
开户行及账号：工商银行A市开发区支行 1122345688</td><td>密码区</td><td colspan="2"></td></tr>
<tr><td colspan="2">货物或应税劳务名称</td><td>规格型号</td><td>单位</td><td>数量</td><td>单价</td><td>金额</td><td>税率</td><td>税额</td></tr>
<tr><td colspan="2">A</td><td></td><td>千克</td><td>500</td><td>100</td><td>50 000.00</td><td>17%</td><td>8 500.00</td></tr>
<tr><td colspan="2">合计</td><td></td><td></td><td></td><td></td><td>¥50 000.00</td><td></td><td>¥8 500.00</td></tr>
<tr><td colspan="2">价税合计（大写）</td><td colspan="7">⊗伍万捌仟伍佰元整　　（小写）¥58 500.00</td></tr>
<tr><td>销货单位</td><td colspan="5">名　　称：B市大发有限责任公司
纳税人识别号：76775690
地址、电话：B市开发区36号
开户行及账号：工商银行B市分行3765700046</td><td>备注</td><td colspan="2"></td></tr>
</table>

第二联：发票联 购货方记账凭证

收款人： 复核： 开票人：李海 销货单位：（章）

（3）5月28日，开户行转来银行汇票多余款收账通知，金额为1 500元。依据中国工商银行银行汇票多余款收账通知（表2-12），做如下账务处理：

借：银行存款　　1 500

　　贷：其他货币资金——银行汇票　　1 500

表2-12　银行汇票多余款收账通知

付款期限 壹个月

中国工商银行

银行汇票（多余款收账通知）　4　第0056743号

出票日期（大写）贰零壹零年零伍月贰拾捌日	代理付款行：工商银行B市分行行号：400468									
收款人：B市大发有限责任公司	账号：3765700046									
出票金额人民币（大写）陆万元整										
实际结算人民币（大写）伍万捌仟伍佰元整	千	百	十	万	千	百	十	元	角	分
			¥	5	8	5	0	0	0	0

申请人：A市东方有限责任公司　　账号或住址：1122345688

车票行：工商银行A市开发区支行

行号：763517

备注：购材料

出票行签章

密押：										左列退回多余金额已收入你账号内
多余金额										
千	百	十	万	千	百	十	元	角	分	
			¥	1	5	0	0	0	0	

此联出票行结清多余后交申请人

（二）银行本票存款

企业取得银行本票后，根据银行盖章退回的申请书存根联，借记“其他货币资金——银行本票”科目，贷记“银行存款”科目。企业使用银行本票，根据发票账单等有关凭证，借记“材料采购”、“库存商品”、“应交税费——应交增值税（进项税额）”等科目，贷记“其他货币资金——银行本票”科目。企业收到银行本票、填制进账单到开户银行办理款项入账手续时，根据进账单及销货发票等，借记“银行存款”科目，贷记“主营业务收入”、“应交税费——应交增值税（销项税额）”等科目。

【例2-8】东方有限责任公司2010年7月份发生下列银行本票业务。

（1）7月6日，东方公司向开户行申请银行本票一张，金额为23 400元，用于支付A市康欣电子有限责任公司的货款。依据中国工商银行业务委托书回单联（略），做如下账务处理：

借：其他货币资金——银行本票　　23 400

　　贷：银行存款　　23 400

（2）7月25日，采购员向康欣公司购入B材料40个，货款20 000元，增值税3 400元，已将银行本票交给销售方。若东方公司材料日常核算采用计划成本法，依据增值税发票

（略），做如下账务处理：

借：材料采购　20 000

　　应交税费——应交增值税（进项税额）　3 400

　　贷：其他货币资金——银行本票　23 400

（三）信用卡存款

企业申请信用卡时，应按规定填制“信用卡申请表”，连同支票和有关资料一并送交发卡银行，根据银行盖章退回的进账单第一联，借记“其他货币资金——信用卡”科目，贷记“银行存款”科目；企业用信用卡购物或支付有关费用时，收到开户银行转来的信用卡存款的付款凭证及所附发票账单，借记有关科目，贷记“其他货币资金——信用卡”科目；企业信用卡在使用过程中，向其账户续存资金时，借记“其他货币资金——信用卡”科目，贷记“银行存款”科目；企业的持卡人如不需要继续使用信用卡时，应持信用卡主动到发卡银行办理销户，销卡时，单位卡科目余额转入企业基本存款户，不得提取现金，借记“银行存款”科目，贷记“其他货币资金——信用卡”科目。

（四）信用证保证金存款

企业向银行申请开立信用证，应按规定向银行提交“信用证申请书”、“信用证申请人承诺书”和购销合同，企业向银行交纳保证金，根据银行退回的“信用证申请书”回单，借记“其他货币资金——信用证保证金”科目，贷记“银行存款”科目；企业接到开证行通知，根据供货单位信用证结算凭证及所附发票账单，借记“材料采购”、“库存商品”、“应交税费——应交增值税（进项税额）”等科目，贷记“其他货币资金——信用证保证金”科目；将未用完的信用证保证金存款余额转回开户银行时，借记“银行存款”科目，贷记“其他货币资金——信用证保证金”科目。

（五）存出投资款

企业向证券公司划出资金时，应按实际划出的金额，借记“其他货币资金——存出投资款”科目，贷记“银行存款”科目；购买股票、债券等时，按实际发生的金额，借记“交易性金融资产”等科目，贷记“其他货币资金——存出投资款”科目。

【例2-9】东方有限责任公司2010年6月份发生下列业务。

（1）东方公司于6月2日向A市财达证券有限责任公司划出资金50 000元，用于购入股票和基金。依据资金划出的有关凭证（略），做如下账务处理：

借：其他货币资金——存出投资款　50 000

　　贷：银行存款　50 000

（2）东方公司于7月20日从财达证券有限责任公司购入某公司股票3 000股，每股价格3元。依据股票交割单，做如下账务处理：

借：交易性金融资产　9 000

　　贷：其他货币资金——存出投资款　9 000

（六）外埠存款

企业汇出款项时，应填写汇款委托书，并根据汇款凭证做账务处理，借记“其他货币资金——外埠存款”科目，贷记“银行存款”科目。收到采购员交来供应单位发票账单等报销凭证时，借记“材料采购”、“库存商品”、“应交税费——应交增值税（进项税额）”等科目，贷记“其他货币资金——外埠存款”科目；采购完毕收回剩余款项时，根据银行的收账通知，借记“银行存款”科目，贷记“其他货币资金——外埠存款”科目。

【例2-10】东方有限责任公司2010年4月份发生下列业务。

（1）东方公司于4月11日向济南市汇款60 000元开立临时采购专户，用于向济南市光明有限责任公司购入材料。依据汇款凭证（略），做如下账务处理：

借：其他货币资金——外埠存款　　60 000

　　贷：银行存款　　60 000

（2）4月20日，东方公司收到济南市光明有限责任公司开出的增值税发票，发票上注明的材料价款为40 000元，增值税税额为6 800元。材料尚未运到（若材料日常核算采用计划成本法）。依据增值税发票（略），做如下账务处理：

借：材料采购　　40 000

　　应交税费——应交增值税（进项税额）　　6 800

　　贷：其他货币资金——外埠存款　　46 800

（3）5月1日，东方公司收到开户银行的收账通知，多余的外埠存款13 200元已经到账。依据银行转来的收账通知（略），做如下账务处理：

借：银行存款　　13 200

　　贷：其他货币资金——外埠存款　　13 200

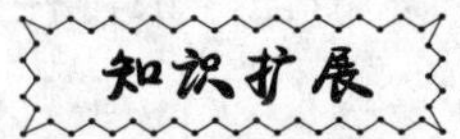

企业如何在银行开户

根据《银行账户管理办法》的规定，银行存款账户分为基本存款账户、一般存款账户、临时存款账户和专用存款账户。

基本存款账户是存款人办理日常转账结算和现金收付的账户。存款人的工资、奖金等现金的支付，只能通过本账户办理。开户程序如下。

（1）填制开户申请书。

（2）提供下列证明文件之一：当地工商行政管理机关核发的《企业法人执照》或《营业执照》正本；中央或地方编制委员会、人事、民政等部门的批文；军队军以上、武警总队财务部门的开户证明；单位对附设机构同意开户的证明；驻地有权部门对外地常设机构的批文；承包双方签订的承包协议；个人的居民身份证和户口簿等证件。

（3）送交盖有存款人印章的印鉴卡片。

（4）经银行审核同意，并凭中国人民银行当地分支机构核发的开户许可证开立账户。

一般存款账户是存款人在基本存款账户以外开立的银行借款转存、与基本存款账户的存款人不在同一地点的附属非独立核算单位开立的账户。存款人可以通过此账户办理转账结算和现金缴存，但不能办理现金支付。在基本存款账户以外的银行取得借款的单位和个人可以申请开立一般存款账户，必须向开户行出具借款合同或借款借据；与基本存款账户的存款人不在同一地点的附属非独立核算单位开立一般存款账户，必须向开户行出具基本存款账户的存款人同意开户的证明。

临时存款账户是存款人因外地临时机构或临时经营活动需要开立的账户。存款人可以通过此账户办理转账结算和根据国家现金管理的规定办理现金收付。外地临时机构申请开立临时存款账户时，应当出具当地工商行政管理机关核发的临时执照或者出具当地有关部门同意设立外来临时机构的批件。

专用存款账户是存款人因特定用途需要开立的账户。特定用途的资金包括基本建设资金，更新改造资金，其他具有特定用途、需要专户管理的资金。存款人申请开立时应出具经有关部门批准立项的文件或国家有关文件的规定。

根据《银行账户管理办法》的规定：存款人申请开立一般存款账户、临时存款账户和专用存款账户，应填制开户申请书，提供相关的证明文件，送交盖有存款人印章的印鉴卡片，经银行审核同意后开立账户。

使用违规发票套取现金案例[2]

背景资料：

某电子设备总厂下属分厂主要经营电子控制成套设备制造、安装、调试及自动化设备检修业务，该分厂已交个人承包经营。总厂提供机器设备、厂房等固定资产，帮助办理营业执照等相关证件，承包人每年向该厂上交利润5万元。某年10月对该分厂审计时，发现该厂会计账面中当年10月“其他应收款——×××”期末贷方余额为8.20万元。

经查发现以下问题：

“其他应收款——×××”科目期初形成原因是×××（×××为该厂法人代表）向财务科借备用金，此后×××以垫支现金购买材料、报销各种费用为由冲账，还有部分款项未支付，从而形成了期末的贷方余额；付款时均以现金支付。另外，还发现该厂记载费用的记账凭证后所附原始发票不合规定，有的没有费用明细单，有的发票号码在前而开票时间却在后等。

讨论题：

1. 现金管理有哪些规定？该分厂哪些做法违反了规定？

2. 如何防范现金欺诈？

分析思路：

1. 企业要严格按照《现金管理暂行条例》规定的现金使用范围使用现金。

2 资料来源：宣宁宁．使用违规发票套取现金审计案例．http://www.51kj.com.cn/news/20050406/n1941.shtml.

2. 健全内部控制制度，责成会计人员加强会计基础工作，加强企业内部会计监督，对不真实、不合法的原始凭证拒绝受理。

能力训练

一、单项选择题

1. 下列各项，不通过“其他货币资金”科目核算的是（　）。

A. 外埠存款　B. 银行汇票存款　C. 银行本票存款　D. 银行承兑汇票

2. 支票的有效期为（　）。

A. 10天　B. 15天　C. 20天　D. 1个月

3. 某企业在现金清查中发现库存现金较账面余额多出200元。经反复核查，长款原因仍然不明，经批准后应转入（　）科目。

A. 库存现金　B. 营业外收入　C. 待处理财产损溢　D. 其他应付款

4. 对于银行已经收款而企业尚未入账的未达账项，企业应做的处理为（　）。

A. 以“银行对账单”为原始记录将该业务入账

B. 根据“银行存款余额调节表”和“银行对账单”自制原始凭证入账

C. 在编制“银行存款余额调节表”的同时入账

D. 待有关结算凭证到达后入账

5. 一个单位只能在一家金融机构开设一个（　）。

A. 一般存款账户　B. 专用存款账户　C. 临时存款账户　D. 基本存款账户

6. 信用卡存款应在（　）科目核算。

A. 其他应收款　B. 银行存款　C. 其他货币资金　D. 短期投资

7. 企业将款项委托开户银行汇往采购地银行，开立采购专户时，应借记的科目是（　）。

A.“银行存款”科目　B.“材料采购”科目

C.“其他货币资金”科目　D.“其他应收款”科目

8. 根据《支付结算办法》规定，银行汇票的提示付款期限为（　）。

A. 自出票日起10日　B. 自出票日起1个月

C. 自出票日起2个月　D. 自出票日起6个月

9. 根据《现金管理暂行条例》规定，下列经济业务中，不能用现金支付的是（　）。

A. 支付职工奖金500元　B. 支付零星办公用品购置费800元

C. 支付材料采购货款1 200元　D. 支付职工差旅费2 000元

10. 企业采购人员持银行汇票到外地办理款项支付结算后，根据有关凭证账单报销时，应借记有关科目，贷记（　）。

A. “银行存款”科目

B. “应付票据——商业承兑汇票”科目

C. “应付票据——银行承兑汇票”科目

D. “其他货币资金”科目

二、多项选择题

1. 下列各项中属于货币资金的是（　）。

A. 银行存款　B. 库存现金　C. 其他货币资金　D. 应收账款

2. 企业发生的下列支出中，可用现金支付的有（　）。

A. 职工出差预借差旅费5 000元　B. 购买原材料价款68 000元

C. 购买办公用品580元　D. 报销退休职工张某医药费300元

3. 导致企业账银行存款的余额与银行账企业存款的余额在同一日期不一致的情况有（　）。

A. 银行已记作企业的存款增加，而企业尚未接到收款通知，尚未记账的款项

B. 银行已记作企业的存款减少，而企业尚未接到付款通知，尚未记账的款项

C. 企业已记作银行存款增加，而银行尚未办妥入账手续的款项

D. 企业已记作银行存款减少，而银行尚未支付入账的款项

4. 根据《银行账户管理办法》规定，银行账户一般分为（　）等几种。

A. 基本存款账户　B. 一般存款账户

C. 临时存款账户　D. 专用存款账户

5. 商业汇票的签发人可以是（　）。

A. 收款人　B. 付款人　C. 承兑申请人　D. 承兑银行

三、判断题

1. 企业与银行核对银行存款账目时，对已发现的未达账项，应当编制银行存款余额调节表进行调节，并据此表进行相应的账务处理。（　）

2. 企业采用代销、寄销、赊销方式销售商品的款项，可以采用异地托收承付结算方式结算货款。（　）

3. 对于银行已经入账而企业尚未入账的未达账项，企业应当根据“银行对账单”编制自制凭证予以入账。（　）

4. 托收承付结算方式既适用于同城结算，也适用于异地结算。（　）

5. 库存现金的清查包括出纳人员每日的清点核对和清查小组定期与不定期的清查。（　）

6. “库存现金”账户反映企业的库存现金，包括企业内部各部门周转使用、由各部门保管的定额备用金。（　）

7. 未达账款是指企业与银行之间由于凭证传递上的时间差，一方已登记入账而另一方尚未入账的账项。（　）

8. 商业承兑汇票一定是由购货企业签发的，并由购货企业承兑的票据。（　）

四、业务题

1. A公司在现金清查中发现库存现金比账面余额多出200元。经反复核查，上述现

金长款原因不明，经批准进行相关账务处理。请做出批准前后的会计分录。

2.（1）2010年5月1日，专设销售机构的职工王海去上海采购材料，不方便携带现款，故委托当地银行汇款5 850元到上海开立采购专户，并从财务预借差旅费2 000元，财务以现金支付。

（2）同年5月10日，王海返回企业，交回采购有关的供应单位发票账单，共支付材料款项5 850元，其中，材料价款5 000元，增值税850元（若材料日常核算采用计划成本法）。王海报销差旅费2 200元，财务支付王海差旅费200元。

要求：根据上述资料编制相关会计分录。

3. B公司2010年1月31日银行存款日记账的账面余额为65 000元，银行转来对账单的余额为94 000元。经逐笔核对，发现以下未达账项。

（1）企业送存转账支票50 000元，并已登记银行存款增加，但银行尚未记账。

（2）企业开出转账支票45 000元，但持票单位尚未到银行办理转账，银行尚未记账。

（3）企业委托银行代收某公司购货款38 000元，银行已收妥并登记入账，但企业尚未收到收款通知，尚未记账。

（4）银行代企业支付电话费4 000元，银行已登记企业银行存款减少，但企业未收到银行付款通知，尚未记账。

根据上述资料编制“银行存款余额调节表”。“银行存款余额调节表”见下表。

银行存款余额调节表

项目	金额	项目	金额
企业银行存款日记账余额 加：银行已收、企业未收款 减：银行已付、企业未付款		银行对账单余额 加：企业已收、银行未收款 减：企业已付、银行未付款	
调节后的存款余额		调节后的存款余额	

第三章　交易性金融资产

学习目标与要求

通过对本章的学习，了解金融资产的分类；熟悉交易性金融资产初始成本的确定和期末计价的方法；掌握交易性金融资产的取得、现金股利或利息、期末计价及处置的核算方法。

第一节　金融资产的分类

金融资产主要包括库存现金、应收账款、应收票据、贷款、垫款、其他应收款、应收利息、债权投资、股权投资、基金投资、衍生金融资产等。

企业应当结合自身业务特点和风险管理要求，将取得的金融资产在初始确认时分为以下几类。

（1）以公允价值计量且其变动计入当期损益的金融资产。这类金融资产进一步可分为交易性金融资产和直接指定为以公允价值计量且其变动计入当期损益的金融资产。

（2）持有至到期投资。这是指到期日固定、回收金额固定或可确定，且企业有明确意图和能力持有至到期的非衍生金融资产。

（3）贷款和应收款项。这是指在活跃市场中没有报价、回收金额固定或可确定的非衍生金融资产。

（4）可供出售的金融资产。这是指初始确认时即被指定为可供出售的非衍生金融资产。

上述分类一经确定，不得随意变更。

第二节　交易性金融资产

交易性金融资产主要是企业为了近期内出售而持有的金融资产，如企业以赚取差价为目的从二级市场购入的股票、债券、基金等金融工具。

为了准确地核算交易性金融资产的取得、收取现金股利或利息、处置等业务，企业应当设置“交易性金融资产”、“公允价值变动损益”、“投资收益”等科目。

“交易性金融资产”科目核算企业为交易目的所持有的债券投资、股票投资、基金投资等交易性金融资产的公允价值。企业持有的直接指定为以公允价值计量且其变动计入当期损益的金融资产也在“交易性金融资产”科目核算。“交易性金融资产”科目的借方登记交易性金融资产的取得成本、资产负债表日其公允价值高于账面余额的差额等；贷方登记资产负债表日其公允价值低于账面余额的差额，以及企业出售交易性金融资产时结转的成本和公允价值变动损益。企业应当按照交易性金融资产的类别和品种，分别设置“成本”、“公允价值变动”等明细科目进行核算。

“公允价值变动损益”科目核算企业交易性金融资产等公允价值变动而形成的应计入当期损益的利得或损失。贷方登记资产负债表日企业持有的交易性金融资产等的公允价值高于账面余额的差额；借方登记资产负债表日企业持有的交易性金融资产等的公允价值低于账面余额的差额。

“投资收益”科目核算企业持有交易性金融资产等期间内取得的投资收益以及处置交易性金融资产等实现的投资收益或投资损失。贷方登记企业出售交易性金融资产等实现的投资收益；借方登记企业出售交易性金融资产等发生的投资损失。

一、交易性金融资产取得

企业取得交易性金融资产时，应当按照该金融资产取得时的公允价值作为其初始确认金额，记入“交易性金融资产——成本”科目。取得交易性金融资产所支付的价款中包含了已宣告但尚未发放的现金股利或已到付息期但尚未领取的债券利息的，应当单独将其确认为应收项目，记入“应收股利”或“应收利息”科目。

取得交易性金融资产所发生的相关交易费用应当在发生时计入当期损益，即计入“投资收益”科目。交易费用是指可直接归属于购买、发行或处置金融工具新增的外部费用。新增的外部费用是指企业不购买、发行或处置金融工具就不会发生的费用，包括支付给代理机构、咨询公司、券商等的手续费和佣金及其他必要支出，不包括债券溢价、折价、融资费用、内部管理成本及其他与交易不直接相关的费用。

【例3-1】2010年1月1日，东方有限公司委托银河证券公司从深圳证券交易所购入某上市公司股票100万股，将其划分为交易性金融资产，准备近期内出售以赚取差价。该笔股票投资在购买日的公允价值为30 000 000元，另支付相关交易费用90 815元。

表3-1 股票成交过户交割凭单

01/01/2010	成交过户交割凭单		
股东编号：	A128826401（存）	成交证券：	耀华玻璃
电脑编号：	548122	成交数量：	1 000 000（股）
公司代号：	945	成交价格：	30.00
申请编号：	777	成交金额：	30 000 000.00
申报时间：	10：11：32	标准佣金：	800.00
成交时间：	10：12：10	过户费用：	15.00
上次余额：	0（股）	印花税：	90 000.00
本次成交：	1 000 000（股）	应付金额：	30 090 815.00
本次余额：	1 000 000（股）	附加费用：	0.00
本次库存：	1 000 000（股）	实付金额：	30 090 815.00

经办单位：　　　　　　　　　　　　客户签章：

依据成交过户交割凭单（表3-1），做如下账务处理：

借：交易性金融资产——成本　　30 000 000

　　投资收益　　90 815

　　贷：其他货币资金——存出投资款　　30 090 815

【例3-2】2010年2月5日，东方有限公司支付价款10 270 000元（其中含交易费用20 000元和已宣告但尚未发放的现金股利250 000元），购入某公司发行的股票300万股。公司将其划分为交易性金融资产。依据成交过户交割凭单，做如下账务处理：

借：交易性金融资产——成本　　10 000 000
　　投资收益　　20 000
　　应收股利　　250 000
　　贷：其他货币资金——存出投资款　　10 270 000

二、交易性金融资产股利与利息

企业持有交易性金融资产期间，对于被投资单位宣告发放的现金股利或企业在资产负债表日按分期付息、一次还本债券投资的票面利率计算的利息收入，应当确认为应收项目，记入“应收股利”或“应收利息”科目，并记入“投资收益”科目。

【例3-3】2009年1月5日，东方有限公司购入丙公司发行的公司债券，该笔债券于2008年7月1日发行，面值为10 000 000元，票面年利率为6%。上年债券利息于下年初支付。东方有限公司将其划分为交易性金融资产，支付价款为11 000 000元（其中包括已到付息期但尚未领取的债券利息300 000元），另支付交易费用100 000元。2009年2月3日，东方有限公司收到该笔债券利息300 000元。2010年2月5日，东方有限公司收到债券利息600 000元。

（1）2009年1月5日，购入公司债券时，做如下账务处理：

借：交易性金融资产——成本　　10 700 000
　　应收利息　　300 000
　　投资收益　　100 000
　　贷：银行存款　　11 100 000

（2）2009年2月3日，收到购买价款中包含的已到付息期的债券利息，做如下账务处理：

借：银行存款　　300 000
　　贷：应收利息　　300 000

（3）2009年12月31日，确认债券利息收入，做如下账务处理：

借：应收利息　　（10 000 000×6%）600 000
　　贷：投资收益　　600 000

（4）2010年2月5日，收到债券利息，做如下账务处理：

借：银行存款　　600 000
　　贷：应收利息　　600 000

三、交易性金融资产期末计价

资产负债表日，交易性金融资产应当按照公允价值计量，公允价值与账面余额之间的差额计入当期损益。企业应当在资产负债表日按照交易性金融资产的公允价值与其账面余额的差额，借记或贷记“交易性金融资产——公允价值变动”科目，贷记或借记“公允价值变动损益”科目。

【例3-4】承例3-3，假定2009年6月30日，东方公司购买的该笔债券的市价为

11 000 000元；2009年12月31日，东方公司购买的该笔债券的市价为10 900 000元。

（1）2009年6月30日，确认该笔债券的公允价值变动损益。

表3-2 公允价值变动损益计算表

2009年6月30日

投资项目	持有股（份）数	单位市价	账面成本	市价总额	公允价值变动损益
丙公司债券			10 700 000.00	11 000 000.00	300 000.00
合计			¥10 700 000.00	¥11 000 000.00	¥300 000.00

依据公允价值变动损益计算表（表3-2），做如下账务处理：

借：交易性金融资产——公允价值变动 300 000

贷：公允价值变动损益 300 000

（2）2009年12月31日，确认该笔债券的公允价值变动损益。依据公允价值变动损益计算表，做如下账务处理：

借：公允价值变动损益 100 000

贷：交易性金融资产——公允价值变动 100 000

四、交易性金融资产处置

出售交易性金融资产时，应当将该交易性金融资产出售时的公允价值与其账面余额之间的差额确认为投资收益，同时调整公允价值变动损益。

企业应按实际收到的金额，借记“银行存款”等科目，按该交易性金融资产的账面余额，贷记“交易性金融资产”科目，按其差额，贷记或借记“投资收益”科目。同时，将原计入该交易性金融资产的公允价值变动转出，借记或贷记“公允价值变动损益”科目，贷记或借记“投资收益”科目。

【例3-5】承例3-4，假定2010年2月10日，东方公司出售了所持有的丙公司发行的公司债券，售价为11 000 000元。依据成交过户交割凭单，做如下账务处理：

借：银行存款 11 000 000

贷：交易性金融资产——成本 10 700 000

——公允价值变动 200 000

投资收益 100 000

同时，

借：公允价值变动损益 200 000

贷：投资收益 200 000

金融工具

金融工具是指形成一个企业的金融资产，并形成其他单位的金融负债或权益工具的合同。例如，A商业银行发债券，B公司去买，对A商业银行来说债券是负债，而对B公司来说却是债券投资（金融资产）。金融工具包括金融资产、金融负债和权益工具。其中，金融资产通常指企业的下列资产：现金、银行存款、应收账款、应收票据、贷款、股权投资、债权投资等；金融负债通常指企业的下列负债：应付账款、应付票据、应付债券等。

企业在取得金融资产和金融负债时，应当结合自身业务特点和风险管理要求，将金融资产或金融负债分为以下几类：（1）以公允价值计量且其变动计入当期损益的金融资产或金融负债；（2）持有至到期投资；（3）贷款和应收款项；（4）可供出售的金融资产；（5）其他金融负债。上述分类一经确定，不得随意变更。

我们在这一章所学的交易性金融资产就属于第一类。

持有至到期投资是指到期日固定、回收金额固定或可确定，且企业有明确意图和能力持有至到期的非衍生金融资产。持有至到期投资应满足以下条件：（1）到期日固定、回收金额固定或可确定；（2）有明确意图持有至到期；（3）有能力持有至到期。例如，2010年7月，某银行支付100万从市场上购入一批某金融公司发行的三年期固定利率债券，票面利率5%，债券面值为100万。该银行将其划分为持有至到期投资。

贷款和应收款项是指在活跃市场中没有报价、回收金额固定或可确定的非衍生金融资产。贷款和应收款项主要是金融企业发放的贷款和其他债权，但不限于金融企业发放的贷款和其他债权。例如，非金融企业持有的现金和银行存款、销售商品或提供劳务形成的应收款项、企业持有的其他企业的债权（不包括在活跃市场上有报价的债务工具）等，只要符合贷款和应收款项的定义，就可以划分为这一类。

可供出售的金融资产，对于公允价值能够可靠计量的金融资产，企业可以将其直接指定为可供出售金融资产。例如，在活跃市场上有报价的股票投资、债券投资等。如果企业没有将其划分为其他三类金融资产，则应将其作为可供出售金融资产处理。相对于交易性金融资产而言，可供出售金融资产的持有意图不明确。

案例分析

金融资产缩水百亿案例

浙江某公司是从做服装生意开始的，然而近两年它却因为在证券金融领域的成功投资而迅速走红全国。一时间，该公司成了国内民营企业涉足金融投资领域的典范。然而股市风云突变，金融风暴席卷全球，美洲、欧洲和亚洲，无一不受到波及。事实表明，此次风暴来袭，首当其冲的就是金融资产，其市场价值应声而落，惨不忍睹。如今该公司的金融资产已经从最高处的200亿元缩水至100亿元左右。该公司股票本身的市值更是在2008年蒸发385.65亿元，位列浙江上市公司之首。“除了当初投资中信证券、宁波银行的收益大大缩水之外，该公司去年的金融投资基本上都是失败的。”一证券界人士介绍说，其实该公司并没有摆脱很多民营企业“炒股”的心态。该公司公布的2008年第三季度季报显示，在2008年11月份前，该公司持有海通证券2亿股，买入价为17.94元，而此时海通证券的股价只有13元左右，以此估算该公司已经浮亏8亿元；此外，该公司在金马股份上面的投资也存在近7 000万元浮亏。事实上，金融投资受挫的不仅仅是这两个超大项目，该公司在双鹤药业、中国铁建、大秦铁路、攀钢钢钒上的投资均有折损，仅有中信证券、宁波银行等投资因持股较早、成本超低而依然获利颇丰。

讨论题：

1. 交易性金融资产包括哪些内容？

2. 当企业持有的股票价值下跌时，对企业有哪些影响？该公司的投资经历说明了什么？

分析思路：

1. 交易性金融资产主要包括从二级市场购入的股票、债券、基金等金融工具。

2. 若企业将该股票划分为交易性金融资产，当股票价值下跌时，会影响企业的资产和利润，企业的资产价值和利润总额会下降。

能力训练

一、单项选择题

1. 下列各项应反映在交易性金融资产的初始计量金额中的有（　）。

A. 债券的买入价　　B. 已宣告但尚未发放的现金股利

C. 支付的手续费　　D. 已到付息期但尚未领取的利息

2. 关于交易性金融资产的计量，下列说法中正确的是（　）。

A. 应当按取得该金融资产的公允价值和相关交易费用之和作为初始确认金额

B. 应当按取得该金融资产的公允价值作为初始确认金额，相关交易费用在发生时计入当期损益

C. 资产负债表日，企业应将金融资产的公允价值变动计入当期所有者权益

D. 处置该金融资产时，其公允价值与初始入账金额之间的差额应确认为投资收益，不调整公允价值变动损益

3. 根据我国《企业会计准则第22号——金融工具确认和计量》规定，企业的交易性金融资产在持有期间取得的现金股利，应确认为（　）。

A. 投资收益　B. 营业外收入　C. 财务费用　D. 交易性金融资产成本的调整

4. 持有交易性金融资产期间被投资单位宣告发放现金股利或在资产负债表日按债券票面利率计算利息时，借记“应收股利”或“应收利息”科目，贷记（　）科目。

A. 交易性金融资产　　B. 投资收益　　C. 公允价值变动损益　　D. 短期投资

5. 企业出售交易性金融资产时，应按实际收到的金额，借记“银行存款”科目，按该金融资产的成本，贷记“交易性金融资产——成本”科目，按该项交易性金融资产的公允价值变动，贷记或借记“交易性金融资产——公允价值变动”科目，按其差额，贷记或借记（　）科目。

A. 公允价值变动损益　　B. 投资收益　　C. 短期投资　　D. 营业外收入

6. 2010年1月1日，甲公司支付800万元购入A公司股票作为交易性金融资产核算，

支付的价款中包括已宣告尚未领取的现金股利50万元，另支付交易费用10万元，则该交易性金融资产的入账价值为（　）万元。

A. 800　B. 750　C. 760　D. 810

7. 甲公司2009年12月12日购入乙公司15万股股票作为交易性金融资产，每股价格为6元，2010年3月3日收到乙公司分派的现金股利3万元，2010年6月30日该股票的市价为每股6.5元，则甲公司确认的公允价值变动损益为（　）万元。

A. 10.5　B. 7.5　C. 3　D. 0

8. 企业于2010年10月10日从证券市场上购入A公司发行在外的股票1 000万股作为交易性金融资产，每股支付价款6元，另支付相关费用200万元，2010年12月31日该股票的公允价值为5 500万元，企业2010年12月31日应确认的公允价值变动损益为（　）万元。

A. 损失500　B. 收益500　C. 收益700　D. 损失700

二、多项选择题

1. 下列各项中属于金融资产的是（　）。

A. 库存现金　B. 应收账款　C. 基金投资　D. 存货

2. 企业核算收到交易性金融资产的现金股利时，可能涉及的会计科目有（　）。

A. 投资收益　B. 交易性金融资产　C. 应收股利　D. 银行存款

3. 下列各项中不应计入交易性金融资产入账价值的有（　）。

A. 股票的买入价　B. 已到付息期但尚未领取的利息

C. 支付的手续费　D. 已宣告但尚未领取的现金股利

4. “交易性金融资产”科目借方登记的内容有（　）。

A. 交易性金融资产的取得成本

B. 资产负债表日其公允价值高于账面余额的差额

C. 取得交易性金融资产所发生的相关交易费用

D. 资产负债表日其公允价值低于账面余额的差额

5. 企业购入公司债券或股票作为交易性金融资产时可能涉及的借方科目有（　）。

A. 交易性金融资产　B. 应收利息　C. 应收股利　D. 投资收益

三、判断题

1. 金融资产在初始确认时分为交易性金融资产、持有至到期投资、贷款和应收款项及可供出售金融资产。上述分类一经确定，不得变更。（　）

2. 交易性金融资产主要是指企业以投资为目的而长期持有的资产。（　）

3. 企业为取得交易性金融资产发生的交易费用应计入交易性金融资产初始确认金额。（　）

4. 股票投资中已宣告但尚未领取的现金股利应作为应收股利处理。（　）

5. “交易性金融资产”科目的期末借方余额，反映企业持有的交易性金融资产的成本与市价孰低值。（　）

6. 出售交易性金融资产时，应当将该交易性金融资产出售时的公允价值与其成本之间的差额确认为投资收益，同时调整公允价值变动损益。（　）

四、业务题

1. 甲公司于2009年12月20日从证券公司购入A公司股票1 000股，每股买入价10元，其中含有已宣告但尚未领取的现金股利每股0.2元，A公司准备于第二年1月5日发放。同时，另支付相关税费100元。甲公司将其划入交易性金融资产。

（1）2009年12月20日购进股票。

（2）2010年1月5日收到现金股利。

（3）2010年6月30日该股票每股市价12元。

（4）2010年9月1日按每股13元全部出售。

要求：根据上述资料进行甲公司的相关账务处理。

2. 乙公司2010年有关交易性金融资产的资料如下。

（1）2月1日以银行存款购入B公司股票50 000股，并准备随时变现，每股买价10元，同时支付相关税费4 000元。

（2）4月15日B公司宣告发放现金股利每股0.4元。

（3）4月20日又购入B公司股票50 000股，并准备随时变现，每股买价12.4元（包含已宣告发放但尚未领取的现金股利每股0.4元），同时支付相关税费6 000元。

（4）4月30日收到B公司发放的现金股利40 000元。

（5）6月30日B公司股票市价为每股10元。

（6）8月20日乙公司以每股11元的价格转让B公司股票70 000股，扣除相关税费10 000元，实得金额为760 000元。

（7）12月31日B公司股票市价为每股13元。

要求：根据上述经济业务进行乙公司的相关账务处理。

3. 2009年1月1日，丙公司以银行存款510 000元（含已到付息期但尚未领取的利息10 000元）购入C公司发行的债券，另支付交易费用10 000元。该债券面值500 000元，剩余期限为2年，票面年利率为4%，每半年付息一次，丙公司将其划分为交易性金融资产。

（1）2009年1月1日，购入债券。

（2）2009年1月3日，收到该债券2008年下半年利息10 000元。

（3）2009年6月30日，该债券的公允价值为575 000元（不含利息）。

（4）2009年7月3日，收到该债券2009年上半年利息。

（5）2009年12月31日，该债券的公允价值为550 000元（不含利息）。

（6）2010年1月3日，收到该债券2009年下半年利息。

（7）2010年1月5日，丙公司将该债券出售，取得价款585 000元。

要求：根据上述资料进行丙公司的相关账务处理。

第四章　应收及预付款项

学习目标与要求

通过对本章的学习，了解应收票据的分类，掌握应收票据取得、转让的核算方法；熟悉存在商业折扣和现金折扣情况下应收账款的账务处理方式，掌握应收账款发生及收回的核算方法；了解坏账的确认条件，掌握坏账准备的计提与核算；熟悉预付账款和其他应收款的核算方法。

第一节　应收票据

一、应收票据概述

应收票据是指企业因销售商品、提供劳务等而收到的商业汇票。

商业汇票按承兑人不同，分为商业承兑汇票和银行承兑汇票。商业承兑汇票是指由付款人签发并承兑，或由收款人签发交由付款人承兑的汇票。银行承兑汇票是指由在承兑银行开立存款账户的存款人（这里也是出票人）签发，由承兑银行承兑的票据。企业申请使用银行承兑汇票时，应向其承兑银行按票面金额的万分之五交纳手续费。

商业汇票按是否计息可分为不带息商业汇票和带息商业汇票。

二、应收票据的核算

为了反映和监督应收票据取得、票款收回等经济业务，企业应设置“应收票据”科目，借方登记取得的应收票据的面值和计提的票据利息，贷方登记到期收回票款或到期前向银行贴现的应收票据的票面余额，期末余额在借方，反映企业持有的商业汇票的票面金额和应计的利息。本科目应按照商业汇票的种类设置明细科目，并设置“应收票据备查簿”，逐笔登记每一张应收票据的种类、号数、签发日期、票面金额、交易合同号、承兑人、背书人的姓名或单位名称、到期日、贴现日、贴现率、贴现净额、收款日期、收款金额等事项。

（一）不带息应收票据的核算

不带息票据的到期值等于应收票据的面值。企业销售商品、产品或提供劳务收到开出、承兑的商业汇票时，按应收票据的面值，借记“应收票据”科目，按实现的营业收入，贷记“主营业务收入”科目，按增值税专用发票上注明的增值税额，贷记“应交税费——应交增值税（销项税额）”科目。应收票据到期收回时，按票面金额，借记“银行存款”科目，贷记“应收票据”科目。商业承兑汇票到期，承兑人违约拒付或无力支付票款，企业收到银行退回的商业承兑汇票、委托收款凭证、未付票款通知书或拒绝付款证明等，借记“应收账款”科目，贷记“应收票据”科目。

【例4-1】2010年2月1日东方有限公司销售一批产品给源发公司，货已发出，增值税专用发票见表4-1，双方商定采用商业汇票方式结算。东方有限公司收到源发公司一张3个月到期的不带息商业承兑汇票（见表4-2），面额为23 400元。

表4-1　××省增值税专用发票

记账联　　　　No00315465

开票日期：2010年02月01日

购货单位	名　　称：A市源发公司 纳税人识别号：265984598726541 地 址、电 话：A市桥西区石岗大街105号 开户行及账号：工商银行1302648975					密码区	
货物或应税劳务名称	规格型号	单位	数量	单价	金额	税率	税额
甲产品		件	200	100.00	20 000.00	17%	3 400.00
合计					¥20 000.00		¥3 400.00
价税合计（大写）	⊗贰万叁仟肆佰元整						（小写）¥23 400.00
销货单位	名　　称：A市东方有限责任公司 纳税人识别号：12345678 地 址、电 话：A市开发区18号 开户行及账号：工商银行开发区支行1122345688					备注	

收款人：　　　复核：　　　开票人：陈亮　　　销货单位：（章）

第三联：记账联　销货方记账凭证

表4-2　商业承兑汇票　2

出票日期：贰零壹零年零贰月零壹日　　　汇票号码26854921
（大写）

付款人	全　称	A市源发公司			收款人	全　称	A市东方有限责任公司		
	账　号	1302648975				账　号	1122345688		
	开户银行	工商银行	行号	5826		开户银行	工商银行开发区支行	行号	5895

出票金额	人民币（大写）贰万叁仟肆佰元整	亿	千	百	十	万	千	百	十	元	角	元
					¥	2	3	4	0	0	0	0

汇票到期日（大写）	贰零壹零年零伍月零壹日	交易合同号码	7458945
本汇票已经承兑，到期日无条件付款。 承兑人签章 承兑日期：2010年2月1日		本汇票请予以承兑，到期日付款。 出票人签章	

此联持票人开户行随托收凭证寄付款人开户行转付款人

东方有限公司的账务处理如下：

借：应收票据　23 400

　　贷：主营业务收入　20 000

　　　　应交税费——应交增值税（销项税额）　3 400

3个月后票据到期，东方有限公司收回款项23 400元，存入银行（见表4-3）。

表4-3　托收凭证（收账通知）4

委托日期：2010年5月1日

<table>
<tr><td colspan="2">业务类型</td><td colspan="4">委托收款（√□邮划、□电划）</td><td colspan="6">托收承付（□邮划、□电划）</td></tr>
<tr><td rowspan="3">付款人</td><td>全称</td><td colspan="4">A市源发公司</td><td rowspan="3">收款人</td><td>全称</td><td colspan="4">A市东方有限责任公司</td></tr>
<tr><td>账号</td><td colspan="4">1302648975</td><td>账号</td><td colspan="4">1122345688</td></tr>
<tr><td>地址</td><td>××省</td><td>A市</td><td>开户行</td><td>工商银行</td><td>地址</td><td>××省</td><td>A市</td><td>开户行</td><td>工商银行开发区支行</td></tr>
<tr><td>金额</td><td colspan="6">人民币（大写）贰万叁仟肆佰元整</td><td colspan="5">亿 千 百 十 万 千 百 十 元 角 分
　 　 　 ¥ 2 3 4 0 0 0 0</td></tr>
<tr><td colspan="2">款项内容</td><td>销货款</td><td>托收凭据名称</td><td colspan="3">商业承兑汇票</td><td colspan="2">附寄单证张数</td><td colspan="3">1张</td></tr>
<tr><td colspan="2">商品发运情况</td><td colspan="5">已发出</td><td colspan="2">合同名称号码</td><td colspan="3">7458945</td></tr>
<tr><td colspan="3">备注：
复核　记账</td><td colspan="6">上列款项已划回收入你放账户内。
收款人开户行
年　月　日</td><td colspan="3"></td></tr>
</table>

此联付款人开户行凭以汇款或收款人开户银行作收账通知

借：银行存款　23 400

　　贷：应收票据　23 400

（二）带息应收票据的核算

企业收到的带息应收票据，除按照上述原则进行核算外，还应于期末按规定计提票据利息，并增加应收票据的账面余额，同时，冲减“财务费用”。到期不能收回的带息应收票据，转入“应收账款”科目核算后，期末不再计提利息，其未计提的利息，在有关备查簿中进行登记，待实际收到时再冲减收到当期的财务费用。

票据利息的计算公式为：

应收票据利息=应收票据票面金额×票面利率×期限

票据的期限，有按日表示和按月表示两种。票据期限按日表示时，应从出票日起按实际经历天数计算。通常出票日和到期日，只能计算其中的一天，即“算头不算尾”或“算尾不算头”。票据期限按月表示时，应以到期月份中与出票日相同的那一天为到期日，而不论各月份实际经历天数多少。如果票据签发日为某月份的最后一天，其到期日应为若干月后的最后一天。例如，11月30日签发的、3个月期限的商业汇票，到期日为下一年2月28日或29日；2月28日签发的、5个月期限的商业汇票，到期日为7月31日，依此类推。

带息应收票据到期收回款项时，应按收到的本息，借记“银行存款”科目，按账面余额，贷记“应收票据”科目，按其差额（未计提利息部分），贷记“财务费用”科目。

【例4-2】2010年3月1日东方有限公司销售一批产品给源发公司，货已发出，增值税专用发票见表4-4，收到该公司交来的商业承兑汇票一张（见表4-5），期限是3个月，票面年利率为5%。

表4-4　××省增值税专用发票

记账联　　　　No00315568

开票日期：2010年03月01日

购货单位	名　　称：A市源发公司 纳税人识别号：265984598726541 地 址、电 话：A市桥西区石岗大街105号 开户行及账号：工商银行1302648975					密码区		
货物或应税劳务名称	规格型号	单位	数量	单价	金额	税率	税额	
甲产品		件	100	100.00	10 000.00	17%	1 700.00	
合计					¥10 000.00		¥1 700.00	
价税合计（大写）	⊗壹万壹仟柒佰元整				（小写）¥11 700.00			
销货单位	名　　称：A市东方有限责任公司 纳税人识别号：12345678 地 址、电 话：A市开发区18号 开户行及账号：工商银行开发区支行1122345688					备注		

收款人：　　　复核：　　　开票人：陈亮　　　销货单位：（章）

第三联：记账联　销货方记账凭证

表4-5　商业承兑汇票　2

出票日期：贰零壹零年零叁月零壹日　　　汇票号码26854933
（大写）

付款人	全　　称	A市源发公司			收款人	全　　称	A市东方有限责任公司		
	账　　号	1302648975				账　　号	1122345688		
	开户银行	工商银行	行号	5826		开户银行	工商银行开发区支行	行号	5895
出票金额	人民币（大写）壹万壹仟柒佰元整				亿 千 百 十 万 千 百 十 元 角 元		¥ 1 1 7 0 0 0 0		
汇票到期日（大写）	贰零壹零年零陆月零壹日				交易合同号码		8954682125		
本汇票已经承兑，到期日无条件付款。 承兑人签章 承兑日期：2010年3月1日					本汇票请予以承兑，到期日付款。 该票据年利率5%。 出票人签章				

此联持票人开户行随托收凭证寄付款人开户行转付款人

东方有限公司的账务处理如下：

借：应收票据　11 700

　贷：主营业务收入　10 000

　　应交税费——应交增值税（销项税额）　1 700

6月1日票据到期收回款项时：

借：银行存款　11 846.25

　贷：应收票据　11 700.00

　　财务费用　146.25

（三）应收票据转让的核算

企业可以将自已持有的商业汇票背书转让。背书是指在票据背面或者粘单上记载有关事项并签章的票据行为。

企业将持有的应收票据背书转让，以取得所需物资时，按物资的价值，借记“材料采购”或“原材料”、“库存商品”等科目，按增值税专用发票上注明的增值税额，借记“应交税费——应交增值税（进项税额）”科目，按应收票据的账面余额，贷记“应收票据”科目，如有差额，借记或贷记“银行存款”等科目。

【例4-3】接例4-1，假定东方有限公司于4月15日将上述应收票据背书转让，从而取得生产用甲材料，该材料金额为20 000元，适用17%的增值税税率，材料已验收入库。东方有限公司根据增值税专用发票、入库单应做如下账务处理：

借：原材料　20 000

　应交税费——应交增值税（进项税额）　3 400

　贷：应收票据　23 400

第二节　应收账款

一、应收账款概述

（一）应收账款的确认

应收账款是指企业在正常经营活动中，由于销售商品或提供劳务等，应向购货或接受劳务单位收取的款项，主要包括企业出售商品、材料、提供劳务等应向有关债务人收取的价款及代购货方垫付的运杂费等。

（二）应收账款的计价

应收账款是因企业销售商品或提供劳务等产生的债权，应当按照实际发生额记账。其入账价值包括销售货物或提供劳务的价款、增值税，以及代购货方垫付的包装费、运杂费等。在确认应收账款的入账价值时，还应当考虑有关的折扣因素。

1. 商业折扣

商业折扣是指企业为促进销售而在商品标价上给予的价格扣除，通常用百分数表示，如10%、20%等。商业折扣实质上是一种促销手段，实际销售价格是扣除商业折扣后的价格。因此，在存在商业折扣的情况下，企业应收账款的入账价值应按扣除商业折扣后的金额确认。

2. 现金折扣

现金折扣是指债权人为鼓励债务人在规定的期限内付款，而向债务人提供的债务扣除。现金折扣通常发生在以赊销方式销售产品及提供劳务的交易中。企业为了加速货款的回笼，对客户在折扣期内付款给予价款上的一定优惠，通常用符号“折扣率/付款期限”表示。例如，“2/10、1/20、n/30”表示：如果客户在10天内付款，销货方给予客户2%的折扣；如果客户在11至20天内付款，销货方给予客户1%的折扣；如果客户在21至30天内付款，将不享受现金折扣。

存在现金折扣的情况下，对应收账款的入账价值的确定有两种方法，即总价法和净价法。根据我国企业会计制度规定，企业销货并附有现金折扣条件的应收账款的入账价值，应按总价法确定，即应收账款的入账价值按未减去现金折扣前的金额入账，当销售方给客户的现金折扣实际发生时，将现金折扣确认为当期的财务费用。

二、应收账款的核算

应收账款的核算是通过“应收账款”科目进行的，该科目属资产类科目。企业销售商品或材料等发生应收款项时，借记“应收账款”科目，贷记“主营业务收入”、“应交税费——应交增值税（销项税额）”、“其他业务收入”等科目；收回款项时，借记“银行存款”等科目，贷记“应收账款”科目。

企业代购货单位垫付包装费、运杂费时，借记“应收账款”科目，贷记“银行存款”等科目；收回代垫费用时，借记“银行存款”等科目，贷记“应收账款”科目。

如果企业应收账款改用应收票据结算，在收到承兑的商业汇票时，借记“应收票据”科目，贷记“应收账款”科目。

1. 没有现金折扣

在没有现金折扣的情况下，应收账款应按应收的全部金额入账。

【例4-4】2010年2月20日，东方有限公司销售给Z公司一批产品，增值税专用发票见表4-6，代垫的运杂费单据见表4-7、支票存根见表4-8。产品已发出，货款尚未收到。

表4-6 ××省增值税专用发票

记账联 No00315470

开票日期：2010年02月20日

<table>
<tr><td>购货单位</td><td colspan="5">名　　称：Z公司
纳税人识别号：26536925814741
地 址 、电 话：C市长安区跃进路102号
开户行及账号：交通银行258369147</td><td>密码区</td><td colspan="2"></td></tr>
<tr><td colspan="2">货物或应税劳务名称</td><td>规格型号</td><td>单位</td><td>数量</td><td>单价</td><td>金额</td><td>税率</td><td>税额</td></tr>
<tr><td colspan="2">甲产品</td><td></td><td>件</td><td>100</td><td>100.00</td><td>10 000.00</td><td>17%</td><td>1 700.00</td></tr>
<tr><td colspan="2">合计</td><td></td><td></td><td></td><td></td><td>¥10 000.00</td><td></td><td>¥1 700.00</td></tr>
<tr><td colspan="2">价税合计（大写）</td><td colspan="7">⊗壹万壹仟柒佰元整　　（小写）¥11 700.00</td></tr>
<tr><td>销货单位</td><td colspan="5">名　　称：A市东方有限责任公司
纳税人识别号：12345678
地 址 、电 话：A市开发区18号
开户行及账号：工商银行开发区支行1122345688</td><td>备注</td><td colspan="2"></td></tr>
</table>

收款人：　　复核：　　开票人：陈亮　　销货单位：（章）

第三联：记账联　销货方记账凭证

表4-7 公路、内河货物运输业统一发票

发票联

开票日期：2010年02月20日　　No.176935

<table>
<tr><td>机打代码
机打号码
机器编号</td><td>1305985262
6547951245
1326859642562</td><td>税控码</td><td colspan="2"></td></tr>
<tr><td>收货人及
纳税人识别号</td><td>Z公司
26536925814741</td><td>承运人及
纳税人识别号</td><td colspan="2">A市中兴运输有限公司
635483138141240</td></tr>
<tr><td>发货人及
纳税人识别号</td><td>A市东方有限责任公司
12345678</td><td>主管税务机关
及代码</td><td colspan="2">A市地方税务局二分局
25423734</td></tr>
<tr><td>运输项目及金额</td><td>货物
¥11 700.00</td><td>其他项目及金额</td><td></td><td>备注</td></tr>
<tr><td>运费小计</td><td>¥1 500.00</td><td>其他费用小计</td><td colspan="2"></td></tr>
<tr><td>合计（大写）</td><td colspan="4">壹仟伍佰元整　　（小写）¥1 500.00</td></tr>
</table>

开票人：

表4-8 转账支票存根

中国工商银行
转账支票存根
No.156534

科目：________

对方科目：________

签发日期：　2010年2月20日

收款人：A市中兴运输有限公司

金额：¥1 500.00

用途：运费

备注：

单位主管　　会计

复核　　记账

东方有限公司应做如下账务处理：

借：应收账款——Z公司　　13 200

　　贷：主营业务收入　　10 000

　　　　应交税费——应交增值税（销项税额）　　1 700

　　　　银行存款　　1 500

2月23日收到银行收账通知单（见表4-9），则东方有限公司做如下账务处理：

表4-9　工商银行　信汇凭证（收账通知或取款收据）4

委托日期　2010年2月22日

汇款人	全称	Z公司	收款人	全称	A市东方有限责任公司
	账号	258369147		账号	1122345688
	汇出地点	C市长安区		汇入地点	××省A市开发区
汇出行名称		交通银行	汇入行名称		工商银行开发区支行
金额	人民币（大写）	壹万叁仟贰佰元整	亿 千 百 十 万 千 百 十 元 角 分		¥ 1 3 2 0 0 0 0
款项已收入收款人账户。			支付密码		
			附加信息及用途		
		汇出行签章	复核：		记账：

此联给收款人收账通知或代取款收据

借：银行存款　　13 200

　　贷：应收账款——Z公司　　13 200

2. 有商业折扣

在有商业折扣的情况下，应收账款应按扣除商业折扣后的金额入账。

【例4-5】2010年3月1日，东方有限公司销售一批产品给Z公司，售价为10 000元，由于是成批销售，东方有限公司给予Z公司10%的商业折扣，增值税税率为17%。贷款尚未收到，东方有限公司应做如下会计分录：

借：应收账款——Z公司　　10 530

　　贷：主营业务收入　　9 000

　　　　应交税费——应交增值税（销项税额）　　1 530

3. 有现金折扣

在有现金折扣的情况下，应收账款按总价法核算，实际发生的现金折扣作为财务费用处理。

【例4-6】2010年3月4日东方有限公司销售一批产品给Z公司，增值税专用发票注明货款50 000元，增值税8 500元，代购货方垫付运杂费3 000元，合同规定现金折扣条件为：2/10、1/20、n/30（若计算现金折扣时不考虑增值税）。东方有限公司尚未收到货款，则该公司应做如下账务处理：

借：应收账款——Z公司　61 500
　　贷：主营业务收入　50 000
　　　　应交税费——应交增值税（销项税额）　8 500
　　　　银行存款　3 000

若Z公司在10日内付款，东方有限公司的账务处理如下：

借：银行存款　60 500
　　财务费用　1 000
　　贷：应收账款　61 500

若Z公司在20日内付款，东方有限公司的账务处理如下：

借：银行存款　61 000
　　财务费用　500
　　贷：应收账款　61 500

若Z公司超过了现金折扣的最后期限，东方有限公司的账务处理如下：

借：银行存款　61 500
　　贷：应收账款　61 500

第三节　预付账款和其他应收款

一、预付账款

预付账款是指企业按照购货合同规定预付给供应单位的款项。预付账款是企业暂时被供货单位占用的资金。企业预付货款后，有权要求对方按照购货合同规定发货。预付账款必须以购销双方签订的购货合同为条件，按照规定的程序和方法进行核算。

为了反映和监督预付账款的增减变动情况，企业应设置“预付账款”科目，借方登记预付的款项和补付的款项，贷方登记收到采购的物资后冲销的预付账款和退回的多余款项。期末如为借方余额，反映企业预付的款项，期末如为贷方余额，反映企业尚未补付的款项。

预付款项不多的企业，可以不设“预付账款”科目，而直接通过“应付账款”科目核算。

【例4-7】2010年2月26日东方有限公司向A公司购入材料一批，价款为200 000元，增值税税率为17%，按合同约定东方有限公司先预付货款的40%，待收货后再补付余下货款。2月26日东方有限公司采用电汇方式预付货款80 000元（见表4-10）。

表4-10　中国工商银行　电汇凭证（回单）　1

□普通　□加急　　　　委托日期　　　　2010年2月26日

<table>
<tr><td rowspan="3">汇款人</td><td>全称</td><td>A市东方有限责任公司</td><td rowspan="3">收款人</td><td>全称</td><td colspan="11">A公司</td></tr>
<tr><td>账号</td><td>1122345688</td><td>账号</td><td colspan="11">5684952221</td></tr>
<tr><td>汇出地点</td><td>××省A市/县</td><td>汇入地点</td><td colspan="11">××省D市/县</td></tr>
<tr><td colspan="2">汇出行名称</td><td>工商银行开发区支行</td><td colspan="2">汇入行名称</td><td colspan="11">农业银行</td></tr>
<tr><td rowspan="2">金额</td><td colspan="4" rowspan="2">人民币
（大写）捌万元整</td><td>亿</td><td>千</td><td>百</td><td>十</td><td>万</td><td>千</td><td>百</td><td>十</td><td>元</td><td>角</td><td>分</td></tr>
<tr><td></td><td></td><td></td><td>¥</td><td>8</td><td>0</td><td>0</td><td>0</td><td>0</td><td>0</td><td>0</td></tr>
<tr><td colspan="5" rowspan="3">

汇出行签章</td><td colspan="11">支付密码</td></tr>
<tr><td colspan="11">附加信息及用途：</td></tr>
<tr><td colspan="11">复核　　　　记账</td></tr>
</table>

此联汇出行给汇款人的回单

东方有限公司应做如下账务处理：

借：预付账款　　　　80 000

　　贷：银行存款　　　　80 000

3月1日东方有限公司收到上述材料，收料单见表4-11，增值税专用发票（其中抵扣联略）如表4-12所示。

表4-11　收料单

供货单位：A公司

发票号码：00789568　　　2010年3月1日　　　收货仓库：4-11

材料类别	名称及规格	计量单位	数量		金额			
			应收	实收	单价	买价	运费	合计
	甲材料	吨	2 000	2 000	100.00	200 000.00	0	¥200 000.00

验收：王顺　　　保管：周正　　　记账：张铮奇　　　制单：吴媛

表4–12　××省增值税专用发票

发票联　　　　No00789568

开票日期：2010年02月26日

<table>
<tr><td>购货单位</td><td colspan="5">名　　称：A市东方有限责任公司
纳税人识别号：12345678
地 址 、电 话：A市开发区18号
开户行及账号：工商银行开发区支行1122345688</td><td>密码区</td><td colspan="3"></td></tr>
<tr><td colspan="2">货物或应税劳务名称</td><td>规格型号</td><td>单位</td><td>数量</td><td>单价</td><td>金额</td><td>税率</td><td>税额</td></tr>
<tr><td colspan="2">甲材料</td><td></td><td>吨</td><td>2000</td><td>100.00</td><td>200 000.00</td><td>17%</td><td>34 000.00</td></tr>
<tr><td colspan="2">合计</td><td></td><td></td><td></td><td></td><td>¥200 000.00</td><td></td><td>¥34 000.00</td></tr>
<tr><td colspan="2">价税合计（大写）</td><td colspan="7">⊗贰拾叁万肆仟元整　　　　（小写）¥234 000.00</td></tr>
<tr><td>销货单位</td><td colspan="5">名　　称：A公司
纳税人识别号：343958981223456
地 址 、电 话：D市开发区88号
开户行及账号：农业银行5684952221</td><td>备注</td><td colspan="2"></td></tr>
</table>

第二联：发票联　购货方记账凭证

收款人：　　　复核：　　　开票人：张海　　　销货单位：（章）

东方有限公司账务处理如下：

借：原材料——甲材料　　200 000

　　应交税费——应交增值税（进项税额）　　34 000

　　贷：预付账款　　234 000

东方有限公司于3月4日补付剩余贷款，电汇凭证见表4-13。

表4-13　中国工商银行 电汇凭证（回单）1

□普通　□加急　　　委托日期：2010年3月4日

<table>
<tr><td rowspan="3">汇款人</td><td>全称</td><td>A市东方有限责任公司</td><td rowspan="3">收款人</td><td colspan="3">全称</td><td colspan="8">A公司</td></tr>
<tr><td>账号</td><td>1122345688</td><td colspan="3">账号</td><td colspan="8">5684952221</td></tr>
<tr><td>汇出地点</td><td>××省A市/县</td><td colspan="3">汇入地点</td><td colspan="8">××省D市/县</td></tr>
<tr><td colspan="2">汇出行名称</td><td>工商银行开发区支行</td><td colspan="4">汇入行名称</td><td colspan="8">农业银行</td></tr>
<tr><td rowspan="2">金额</td><td rowspan="2">人民币（大写）</td><td rowspan="2" colspan="2">壹拾伍万肆仟元整</td><td>亿</td><td>千</td><td>百</td><td>十</td><td>万</td><td>千</td><td>百</td><td>十</td><td>元</td><td>角</td><td>分</td></tr>
<tr><td></td><td></td><td>¥</td><td>1</td><td>5</td><td>4</td><td>0</td><td>0</td><td>0</td><td>0</td><td>0</td></tr>
<tr><td colspan="6" rowspan="3">汇出行签章</td><td colspan="3">支付密码</td><td colspan="6"></td></tr>
<tr><td colspan="9">附加信息及用途：</td></tr>
<tr><td colspan="9">复核　　　　记账</td></tr>
</table>

此联汇出行给汇款人的回单

东方有限公司应做如下账务处理：

借：预付账款　　154 000

　　贷：银行存款　　154 000

二、其他应收款

其他应收款是指除应收票据、应收账款、预付账款以外的其他各种应收、暂付的款项。其主要内容如下。

（1）应收的各种赔款、罚款，如因企业财产等遭受意外损失而应向有关保险公司收取的赔款等。

（2）应收的出租包装物租金。

（3）应向职工收取的各种垫付款项，如为职工垫付的水电费、医药费、房租费等。

（4）备用金，如向企业各有关部门拨出的备用金。

（5）存出保证金，如租入包装物支付的押金。

（6）其他各种应收、暂付的款项。

企业应设置“其他应收款”科目对其他应收款进行核算。企业发生其他各种应收、暂付款项时，借记本科目，贷记“银行存款”等科目；收回或转销各种款项时，借记“库存现金”、“银行存款”等科目，贷记本科目。本科目期末借方余额，反映企业尚未收回的其他应收款项。本科目可按对方单位（或个人）进行明细核算。

备用金是支付给企业内部各部门或个人用于日常零星支出以及出差使用的现金。备用金管理制度可以分为定额备用金制度和非定额备用金制度两种。下面主要讲述定额备用金制度下的账务处理。

在定额备用金制度下，企业会根据使用部门工作的需要，先核定备用金定额并以此拨付备用金，使用后再拨付现金、补足定额的制度。

【例4-8】东方有限公司决定对外设销售机构实行定额备用金制度。用现金拨付给外设销售机构备用金10 000元。东方有限公司的账务处理如下：

借：其他应收款——备用金　　10 000

　　贷：库存现金　　10 000

外设销售部门人员出差共支出4 000元，东方有限公司的账务处理如下：

借：销售费用　　4 000

　　贷：库存现金　　4 000

年末，东方有限公司收回外设销售部门的备用金，其账务处理如下：

借：库存现金　　10 000

　　贷：其他应收款——备用金　　10 000

【例4-9】2010年3月1日东方有限公司从A公司租入包装物一批，开出转账支票支付包装物押金1 000元。根据有关原始凭证，东方有限公司的账务处理如下：

借：其他应收款　　1 000

　　贷：银行存款　　1 000

第四节　应收款项减值

一、应收款项减值概述

企业应当在资产负债表日对应收款项的账面价值进行检查，有客观证据表明该应收款项发生减值的，应当将应收款项的账面价值减记至未来现金流量现值，减记的金额确认减值损失，计提坏账准备。

（一）坏账损失的确认

企业确认坏账时，应遵循财务报告的目标和会计核算的基本原则，具体分析各应收款项的特性、金额的大小、信用期限、债务人的信誉和当时的经营情况等因素。一般来讲，企业对有确凿证据表明确实无法收回的应收款项，如债务单位已撤销、破产、资不抵债、现金流量严重不足等，根据企业管理权限，经股东大会或董事会，或经理（厂长）会议或类似机构批准作为坏账损失。

企业应当在期末分析各项应收款项的可收回性，并预计可能产生的坏账损失。对预计可能发生的坏账损失，计提坏账准备。企业计提坏账准备的方法由企业自行确定。企业应当制定计提坏账准备的政策，明确计提坏账准备的范围、提取方法、账龄的划分和提取比例，按照法律、行政法规的规定报有关各方备案，并备置于企业所在地。

坏账准备计提方法一经确定，不得随意变更。如需变更，应当在会计报表附注中予以说明。

（二）估计坏账损失的方法

我国企业会计制度规定，企业只能采用备抵法核算坏账损失。备抵法是指采用一定的方法按期（至少每年末）估计坏账损失，提取坏账准备；实际发生坏账时，直接冲减已计提的坏账准备，同时转销相应的应收款项的一种处理方法。估计坏账损失的方法有应收款项余额百分比法、账龄分析法、销货百分比法和个别认定法等。

二、应收款项减值的核算

本节主要介绍应收款项余额百分比法。应收款项余额百分比法，就是按应收款项余额的一定比例计算提取坏账准备金的一种方法。

企业应当设置“坏账准备”科目，核算坏账准备的计提、转销等情况。企业当期计提的坏账准备应计入“资产减值损失”科目，“坏账准备”科目的贷方登记当期计提的坏账准备金额，借方登记实际发生的坏账损失金额和冲减的坏账准备金额，期末余额一般在贷方，反映企业已计提但尚未转销的坏账准备。

坏账准备可按下式计算：

当期应计提的坏账准备=期末应收款项的账面余额×提取比例

－（或+）“坏账准备”科目的贷方（或借方）余额

企业在计提坏账准备时，按应减记的金额，借记“资产减值损失——计提的坏账准备”科目，贷记“坏账准备”科目。冲减多计提的坏账准备时，借记“坏账准备”科目，贷记“资产减值损失——计提的坏账准备”科目。

【例4-10】东方有限公司从2007年开始计提坏账准备。2007年年末应收账款的余额为1 000 000元。公司采用应收款项余额百分比法估计坏账损失，计提比例为4‰，则2007年末计提坏账准备的账务处理如下：

借：资产减值损失——计提的坏账准备　　4 000

　　贷：坏账准备　　4 000

【例4-11】接例4-10，若2008年公司实际发生坏账5 000元，年末应收账款的余额为1 100 000元。

（1）发生坏账时：

借：坏账准备　　5 000

　　贷：应收账款　　5 000

（2）计提坏账准备时：

借：资产减值损失——计提的坏账准备[1 100 000×4‰+（5 000−4 000）] 5 400

　　贷：坏账准备　　5 400

【例4-12】接例4-11与例4-10，2009年3月20日公司收回上年已转销的坏账3 000元，年末应收账款的余额为1 200 000元。

（1）已转销的坏账又收回3 000元，账务处理如下：

借：应收账款　　3 000

　　贷：坏账准备　　3 000

同时，

借：银行存款　　3 000

　　贷：应收账款　　3 000

（2）2009年末按应收款项的余额计算冲减坏账准备：

借：坏账准备　　2 600

　　贷：资产减值损失——计提的坏账准备　　2 600

账龄分析法

账龄分析法是根据应收款项账龄的长短来估计坏账的方法。账龄指的是顾客所欠账款的时间。采用这种方法，企业利用账龄分析表所提供的信息，确定坏账准备金额。确定的方法按各类账龄分别估计其可能成为坏账的部分。

某企业2010年12月31日应收账款账龄及估计坏账损失如下表所示。

应收账款账龄	应收账款金额	估计损失（%）	估计损失金额
1年以内	50 000	5	2 500
1~2年（含1年）	30 000	10	3 000
2~3年（含2年）	30 000	30	9 000
3~4年（含3年）	10 000	100	10 000
合计	120 000		24 500

如表所示，该企业2010年12月31日估计的坏账损失为24 500元，所以，“坏账准备”科目的账面余额应为24 500元。

假设在2010年12月31日估计坏账损失前，“坏账准备”科目有贷方余额24 000元，则该企业还应计提500（24 500–24 000）元。有关账务处理如下：

借：资产减值损失　　500

　　贷：坏账准备　　500

再假设2010年12月31日在估计坏账损失前，“坏账准备”科目有贷方余额29 000元，则该企业应冲减4 500（29 000–24 500）元。有关账务处理如下：

借：坏账准备　　4 500

　　贷：资产减值损失　　4 500

由于应收款项余额百分比法是根据年末应收款项余额一笔计提，计算较粗，因此计提结果的准确性较低；而账龄分析法没有根据应收款项的余额数一笔计提，而是根据账龄分段计算，计算较细，计提结果的准确性较高。

应收账款案例分析

资料：

樱花公司为了促进商品的销售，通过新闻媒体打出广告，凡是从本公司进货100件以下享受5%的商业折扣优惠；100~500件享受8%的商业折扣优惠；500件以上享受10%的商业折扣优惠。同时承诺，货款无须立即支付，可在3个月内付清。如果客户提前付款，可享受一定优惠，具体优惠办法是：2/10、1/20、n/30。东方有限公司孙经理看到广告后很感兴趣，恰逢该公司正需要樱花公司的商品，马上让财务经理筹备款项准备进货。货款备齐后，孙经理琢磨：一个广告那么多优惠条件，里面会不会有陷阱？于是让财务经理估算一下，其价格是否合理。财务经理讲：该商品的价格可以接受。这样孙经理决定从樱花公司进货。事后，孙经理问财务经理，樱花公司提到两个优惠，他们有什么区别吗？

财务经理对孙经理的问题逐一作了回答后，孙经理说，这种优惠条件还有这么大作用。于是东方有限公司也仿效樱花公司的做法，对部分商品做起了广告。由于为客户提供一定的优惠，东方有限公司应收账款的数额猛增，坏账也接踵而来。公司决定对应收账款进行检查，对于已经发生减值的坏账计提坏账准备。截止到2007年年末，应收账款的余额是2 000 000元，按照应收账款的0.3%计提坏账。2008年发生了坏账损失12 000元，其中A单位2 000元，B单位10 000元，应收账款年末余额2 400 000元。2009年发生与应收账款有关的经济业务如下。

（1）已转销的上年B单位的坏账10 000元又收回。

（2）经与客户C公司商定，将C公司所欠东方有限公司的款项300 000元，由C公司签发并承兑商业汇票方式结算，票据期限为6个月。

（3）票据期限到期，东方有限公司通过银行向C客户结算，但C客户无力支付。2009年年末东方有限公司应收账款余额2 600 000元。

讨论题：

1. 如果你是东方有限公司财务经理，如何回答孙经理的问题？

2. 计算2007年、2008年和2009年末应提、补提或冲回多提的坏账准备并编制会计分录。

分析思路：

1. 分析商业折扣与现金折扣的特点。

2. 用应收款项余额百分比法计算各年应计提的坏账准备。

能力训练

一、单项选择题

1. “坏账准备”科目在期末结账前如为借方余额，反映的内容是（ ）。

A. 提取的坏账准备

B. 已经发生的坏账损失

C. 收回以前已经确认并转销的坏账损失

D. 已确认的坏账损失超出坏账准备的余额

2. 预付账款不多的企业，可以不设“预付账款”科目，而将预付的款项记入（ ）。

A. “应付账款”科目的借方　B. “应付账款”科目的贷方

C. “应收账款”科目的借方　D. “应收账款“科目的贷方

3. 某企业2009年3月10日签发一张期限为3个月的商业承兑汇票，其到期日为（ ）。

A. 6月8日　B. 6月9日　C. 6月10日　D. 6月11日

4. 某年末应收账款余额为500 000元，坏账准备贷方余额为1 000元，按0.4%提取坏账准备，应补提坏账准备（ ）元。

A. 1 000　B. 2 000　C. 3 000　D. 4 000

5. A企业于2008年6月7日销售商品一批给B企业，应收账款500 000元，规定的付款条件为2/10、1/20、n/30；B企业于2008年6月20日付款，A企业实际收到的金额为（ ）元。

A. 500 000　B. 490 000　C. 485 000　D. 495 000

6. 某企业2007年末应收账款余额为2 000 000元；2008年确认坏账损失30 000元，年末应收账款余额为4 000 000元；2009年收回已转销的坏账20 000元，年末应收账款余额为3 500 000元。坏账准备提取比例为5‰。该企业2007–2009年计提“坏账准备”金额累计为（ ）元。

A. 47 500　B. 22 500　C. 27 500　D. 40 000

7. 以应收款项余额百分比法计提坏账准备的情况下，已确认的坏账又收回时，应借记（ ）科目，贷记“坏账准备”科目。

A. 应付账款　B. 银行存款　C. 资产减值损失　D. 营业外收入

8. 下列项目中，按照现行会计制度的规定，销售企业应当作为财务费用处理的是（ ）。

A. 销售方发生的现金折扣　B. 销售方发生的商业折扣

C. 购货方获得的销售折让　D. 购货方放弃的现金折扣

9. 某工业企业销售产品每件120元，若客户购买100件（含100件）以上可得到每件20元的商业折扣。某客户2009年12月10日购买该企业产品100件，按规定现金折扣条件为2/10、1/20、n/30。适用的增值税率为17%。该企业于12月21日收到该笔款项时，应给予客户的现金折扣为（ ）元。假定计算现金折扣时不考虑增值税。

A. 0 B. 100 C. 117 D. 1 100

10. 企业的存出保证金，应借记（ ）账户。

A. 应收账款 B. 应收票据 C. 其他应收款 D. 预付账款

11. 一张5月26日签发的30天的票据，其到期日为（ ）。

A. 6月25日 B. 6月26日 C. 6月27日 D. 6月24日

二、多项选择题

1. 下列各项中，应在“其他应收款”科目核算的有（ ）。

A. 应收保险公司的各种赔款 B. 应收的各种罚款

C. 应收出租包装物的租金 D. 应向职工收取的暂付款项

2. 我国会计上作为应收票据处理的票据有（ ）。

A. 银行汇票 B. 银行本票 C. 商业承兑汇票 D. 支票 E. 银行承兑汇票

3. 下列各项中，应计入“坏账准备”科目贷方的有（ ）。

A. 年末按应收账款余额的一定比例计提的坏账准备

B. 收回过去已经确认并转销的坏账

C. 经批准转销的坏账

D. 确定无法支付的应付账款

4. 企业进行坏账核算时，估计坏账损失的方法有（ ）。

A. 个别认定法 B. 应收款项余额百分比

C. 账龄分析法 D. 销货百分比法

5. 按照现行会计制度的规定，下列各项中可以计入“应收账款”账户的有（ ）。

A. 增值税销项税额 B. 商业折扣

C. 现金折扣 D. 代购货单位垫付的运杂费

6. 坏账损失核算采用备抵法的优点是（ ）。

A. 符合谨慎性原则 B. 使报表使用者了解企业真实的财务状况

C. 消除虚列的应收账款 D. 避免虚增资产

7. 一般来讲，企业的应收账款符合下列（ ）之一的，应确认为坏账。

A. 债务人死亡，以其遗产清偿后仍然无法收回

B. 债务人破产，以其破产财产清偿后仍然无法收回

C. 债务人较长时期内未履行其义务，并有足够的证据表明无法收回或收回的可能性极小

D. 一年以上不能收回的应收账款

8. 关于“预付账款”账户，下列说法正确的有（ ）。

A. 该账户借方余额反映企业向供应单位预付的货款

B. 预付货款不多的企业，可以不单独设置“预付账款”账户，将预付的货款记

入“应付账款”账户的借方

C. “预付账款”账户贷方余额反映的是应付供应单位的款项

D. “预付账款”账户核算企业因销售业务产生的往来款项

三、判断题

1. 商业承兑汇票的出票人可以是该商业汇票的承兑人，也可以是收款人，但必须由付款人承兑。(   )

2. 应收账款包括企业因销售货物或提供劳务而应向购货单位收取的货款、增值税以及代垫的运杂费用。(   )

3. 企业销售产品收到购货单位开出并承兑的商业汇票，不论应收票据是否带息，均按票据的票面金额登记入账。(   )

4. 企业按年末应收账款余额的一定比例计算的坏账准备金额，应等于年末结账后“坏账准备”科目的余额。(   )

5. 商业汇票可以背书转让，被背书人应对票据的到期付款负连带责任。(   )

6. 存在商业折扣的情况下，应收账款应按扣除商业折扣后的实际售价确认。(   )

7. 在存在现金折扣的情况下，若采用总价法核算，应收账款应按销售收入扣除预计的现金折扣后的金额确认。(   )

8. 企业已经确认为坏账的应收账款即意味企业放弃了其追索权，如果该应收账款又收回，应确认为营业外收入。(   )

四、业务题

1. 甲企业2010年2月6日销售一批商品给乙企业，销售收入为50 000元，增值税额为8 500元，商品已经发出。乙企业交来一张期限为3个月不带息的商业承兑汇票。

要求：编制甲企业收到票据、收回货款的会计分录。

2. A公司为一般纳税人，适用的增值税税率为17%。2010年发生如下经济业务。

（1）5月20日向B公司赊销商品一批，该批商品价款为50 000元。销售成本为40 000元。现金折扣条件为：2/10、n/30（若计算现金折扣时，不考虑增值税）。销售时用银行存款代垫运杂费500元。

（2）6月26日，B公司用银行存款支付上述代垫运杂费500元，并开出一张面值为58 500元、期限为4个月的不带息商业汇票偿付上述货款和增值税。

（3）A公司用银行存款向甲公司预付材料款10 000元。

（4）A公司收到甲公司发来的材料。材料价款为20 000元，增值税为3 400元。A公司对材料采用实际成本法核算。

（5）开出转账支票补付应付甲公司不足的材料款。

（6）A公司某生产车间核对的备用金定额为3 000元，以现金拨付。

要求：编制上述业务的会计分录。

第五章 存货

学习目标与要求

通过对本章的学习，了解存货的概念、分类；熟悉存货发出的各种计价方法及特点；明确存货入账价值的确定方法；理解存货期末计价的账务处理方式；掌握原材料、周转材料、委托加工物资等存货收发及存货清查的核算方法。

第一节 存货概述

一、存货种类及确认

（一）存货的定义

存货是指企业在日常活动中持有以备出售的产成品或商品、处在生产过程中的在产品、在生产过程或提供劳务过程中耗用的材料或物料等，包括各类材料、在产品、半成品、产成品、商品以及包装物、低值易耗品、委托加工物资、委托代销商品等。

（二）存货的分类

1. 原材料

原材料是指企业在生产过程中经加工改变其形态或性质并构成产品主要实体的各种原料及主要材料、辅助材料、外购半成品（外购件）、修理用备件（备品备件）、包装材料、燃料等。为建造固定资产等各项工程而储备的各种材料，虽然同属于材料，但是由于用于建造固定资产等各项工程，不符合存货的定义，因此不能作为企业存货进行核算。

2. 在产品

在产品是指企业正在制造尚未完工的生产物，包括正在各个生产工序加工的产品和已加工完毕但尚未检验或已检验但尚未办理入库手续的产品。

3. 半成品

半成品是指经过一定生产过程并已检验合格交付半成品仓库保管，但尚未制造完工成为产成品，仍需进一步加工的中间产品。

4. 产成品

产成品是指工业企业已经完成全部生产过程并已验收入库，可以按照合同规定的条件送交订货单位，或者可以作为商品对外销售的产品。企业接受外来原材料加工制造的代制品和为外单位加工修理的代修品，制造和修理完成验收入库后应视同企业的产成品。

5. 商品

商品是指商品流通企业外购或委托加工完成验收入库用于销售的各种商品。

6. 周转材料

周转材料是指企业能够多次使用、逐渐转移其价值但仍保持原有形态，不确认为固定资产的材料，如包装物和低值易耗品。

7. 委托加工物资

委托加工物资是指企业委托外单位加工的各种材料、商品等物资。

8. 委托代销商品

委托代销商品是指企业委托其他单位代销的商品。

（三）存货的确认

存货必须在符合存货定义的前提下，同时满足存货以下两个确认条件，才能予以确认。

（1）与该存货有关的经济利益很可能流入企业。判断存货所含经济利益能否流入企业的一个重要标志是该存货所有权的归属（或法定产权）。

（2）该存货的成本能够可靠地计量。存货的成本能够可靠地计量必须以取得确凿、可靠的证据为依据，并具有可验证性。

（四）存货成本的确定

存货应当按照成本进行初始计量。存货成本包括采购成本、加工成本和其他成本。不同来源取得的存货，其成本的构成内容也不同。

1. 外购存货的成本

外购存货的成本即存货的采购成本，指企业存货从采购到入库前所发生的全部支出，包括购买价款、相关税费以及其他可归属于存货采购成本的费用。

（1）存货的购买价款是指企业购入材料或商品发票账单上列明的价款，但不包括按规定可以抵扣的增值税进项税额。

（2）存货的相关税费是指企业购买存货时所发生的进口关税、消费税、资源税和不能抵扣的增值税进项税额等应计入存货采购成本的税费。

（3）其他可归属于存货采购成本的费用，是指除上述各项以外的可归属于存货采购成本的费用，如在存货采购过程中发生的包装费、运输费、装卸费、仓储费、保险费、运输途中的合理损耗、入库前的挑选整理费等。这些费用能分清负担对象的，应直接计入存货的采购成本；不能分清负担对象的，应选择合理的分配方法，分配计入有关存货的采购成本。分配方法通常包括按所购存货的数量或采购价格比例等进行分配。

购入存货的成本具体包括买价、运杂费、运输途中的合理损耗、入库前的挑选整理费（包括挑选整理中发生的工、费支出及挑选整理过程中发生的数量损耗，并扣除回收的下脚废料价值）以及按规定应计入成本的税费和其他费用。

商品流通企业在采购商品过程中发生的运输费、装卸费、保险费以及其他可归属于存货采购成本的费用，应计入所购存货成本。在实务中，也可以先进行归集，期末再根据所购商品的存销情况进行分摊。对于已售商品的进货费用，计入当期损益；对于未售商品的进货费用，计入期末存货成本。例如，进货费用金额较小，可在发生时直接计入当期损益等。

2. 自制存货的成本

自制存货的成本由直接材料、直接人工、制造费用与其他成本构成。其中，直接材料是由所使用或消耗的原材料的采购成本转移而来；直接人工与按照一定方法分配的制造费用构成存货的加工成本；除此以外，还有一些能使存货达到目前场所和状态所发生的其他成本，例如为特定客户设计产品所发生的、可直接确定的设计费用也应计入存货的成本。

3. 委托加工的存货成本

委托加工的存货成本由实际耗用的原材料或半成品、加工费、装卸费、保险费、委托加工的往返运输费等费用以及按规定计入成本的税费构成。

4. 投资者投入存货的成本

投资者投入存货的成本，应按投资合同或协议约定的价值确定，但其约定价值不公允的除外。在按投资合同或协议约定的价值不公允的情况下，应按该项存货的公允价值作为其入账价值。

注意下列费用不应计入存货成本，而应在其发生时计入当期损益。

（1）非正常消耗的直接材料、直接人工和制造费用，应在发生时计入当期损益，不应计入存货成本。例如，企业超定额的废品损失以及由自然灾害而发生的直接材料、直接人工及制造费用，由于这些费用的发生无助于使该存货达到目前场所和状态，不应计入存货成本，而应计入当期损益。

（2）仓储费用是指企业在采购入库后发生的储存费用，应在发生时计入当期损益。但在生产过程中为达到下一个生产阶段所必需的仓储费用应计入存货成本。

（3）不能归属于使存货达到目前场所和状态的其他支出，不符合存货的定义和确认条件，应在发生时计入当期损益，不应计入存货成本。

二、存货发出计价

企业对发出存货的计价，可以按实际成本计价核算，也可以按计划成本计价核算。如果采用计划成本计价核算，会计期末应调整为实际成本。如果采用实际成本计价核算，应当根据各类存货的实物流转方式、企业管理的要求、存货的性质等实际情况，合理地选择发出存货成本的计算方法，合理地确定当期发出存货的实际成本。对于性质和用途相同的存货，应当采用相同的成本计算方法确定发出存货的成本。企业在确定发出存货的成本时，可以采用先进先出法、月末一次加权平均法、移动加权平均法和个别计价法等。

（一）先进先出法

先进先出法是以先购入的存货先发出（销售或耗用）这样一种存货实物流转假设为前提，对发出存货进行计价的一种方法。采用这种方法，在收入有关存货时，应在存货明细账中逐笔登记收入存货的数量、单价、金额；在发出存货时，则按照先购进先发出的原则逐笔登记存货的发出成本和结存金额。

采用先进先出法，期末存货成本比较接近现行的市场价值。其优点是企业不能随意挑选存货单价来调整当期利润，缺点是工作量大，特别是存货进出量频繁的企业更是如此。而且，当物价上涨时，采用该方法会高估企业当期利润和库存存货价值；反之，当物价下跌时则会低估企业期末存货价值和当期利润。

【例5-1】东方有限公司甲材料收入、发出及结存资料如表5-1所示。

表5-1　甲材料明细账（先进先出法）

日期		摘要	收入			发出			结存		
月	日		数量（千克）	单价（元）	金额（元）	数量（千克）	单价（元）	金额（元）	数量（千克）	单价（元）	金额（元）
4	1	期初余额							300	50	15 000
	6	购入	900	60	54 000				300 900	50 60	15 000 54 000
	12	发出				300 500	50 60	15 000 30 000	400	60	24 000
	15	购入	600	70	42 000				400 600	60 70	24 000 42 000
	20	发出				400 400	60 70	24 000 28 000	200	70	14 000
	25	购入	200	80	16 000				200 200	70 80	14 000 16 000
	30	本月合计	1 700		112 000	1 600		97 000	200 200	70 80	14 000 16 000

本月发出存货成本=（50×300+60×500）+（60×400+70×400）=97 000（元）

月末存货成本=70×200+80×200=30 000（元）

（二）月末一次加权平均法

月末一次加权平均法是指以本月全部进货成本加上月初存货成本，除以本月全部进货数量加上月初存货数量之和，计算出存货的加权平均单位成本，以此为基础计算本月发出存货成本和期末存货成本的一种方法。计算公式如下：

加权平均单价=（月初结存存货实际成本+本月收入存货实际成本）÷（月初结存存货数量+本月收入存货数量）

本月发出存货成本=本月发出存货数量×加权平均单价

月末结存存货成本=月末结存存货数量×加权平均单价

或

月末结存存货成本=月初结存存货实际成本+本月收入存货的实际成本−本月发出存货的实际成本

采用月末一次加权平均法只在月末一次计算加权平均单价，比较简单，利于简化成本计算工作，而且所计算出来的单位成本较为折中。但是，这种方法平时无法从账面上提供每次发出和结存存货的单价及金额，不利于加强对存货的管理。

【例5-2】东方有限公司甲材料收入、发出及结存资料如表5-2所示。

表5-2 甲材料明细账（月末一次加权平均法）

日期		摘要	收入			发出			结存		
月	日		数量（千克）	单价（元）	金额（元）	数量（千克）	单价（元）	金额（元）	数量（千克）	单价（元）	金额（元）
4	1	期初余额							300	50	15 000
	6	购入	900	60	54 000				1 200		
	12	发出				800			400		
	15	购入	600	70	42 000				1 000		
	20	发出				800			200		
	25	购入	200	80	16 000				400		
	30	本月合计	1 700		112 000	1 600	63.5	101 600	400	63.5	25 400

加权平均单价=（15 000+112 000）/（300+1 700）=63.5（元/千克）

本月发出存货成本=63.5×1 600=101 600（元）

月末结存存货成本=63.5×400=25 400（元）

或

月末结存存货成本=15 000+112 000−101 600=25 400（元）

（三）移动加权平均法

移动加权平均法是指以每次进货的成本加上原有库存存货的成本，除以每次进货数量与原有库存存货的数量之和，据以计算加权平均单位成本，作为在下次进货前计算各次发出存货成本依据的一种方法。计算公式如下：

存货单位成本=（原有库存存货的实际成本+本次进货的实际成本）
÷（原有库存存货数量+本次进货数量）

本次发出存货成本=本次发出存货数量×本次发货前存货的单位成本

本月月末库存存货成本=月末库存存货数量×本月月末存货单位成本

采用移动加权平均法，能随时反映每次发出和结存存货的成本，有利于加强对存货的管理，而且计算发出和结存存货的成本较为准确。但这种方法每购进一次就要计算一次加权平均单价，计算工作量较大，对收发货较频繁的企业不适用。

【例5-3】东方有限公司甲材料收入、发出及结存资料如表5-3所示。

表5-3 甲材料明细账（移动加权平均法）

日期		摘要	收入			发出			结存		
月	日		数量（千克）	单价（元）	金额（元）	数量（千克）	单价（元）	金额（元）	数量（千克）	单价（元）	金额（元）
4	1	期初余额							300	50	15 000

（续）

日期		摘要	收入			发出			结存		
月	日		数量（千克）	单价（元）	金额（元）	数量（千克）	单价（元）	金额（元）	数量（千克）	单价（元）	金额（元）
	6	购入	900	60	54 000				1 200	57.5	69 000
	12	发出				800	57.5	46 000	400	57.5	23 000
	15	购入	600	70	42 000				1 000	65	65 000
	20	发出				800	65	52 000	200	65	13 000
	25	购入	200	80	16 000				400	72.5	29 000
	30	本月合计	1 700		112 000	1 600		98 000	400	72.5	29 000

6日购进后移动加权平均单价=（15 000+54 000）/（300+900）=57.5（元/千克）

12日发出存货成本=57.5×800=46 000（元）

15日购进后移动加权平均单价=（23 000+42 000）/（400+600）=65（元/千克）

20日发出存货成本=65×800=52 000（元）

25日购进后移动加权平均单价=（13 000+16 000）/（200+200）=72.5（元/千克）

本月发出存货成本=46 000+52 000=98 000（元）

月末结存存货成本=72.5×400=29 000（元）

（四）个别计价法

个别计价法亦称个别认定法、具体辨认法、分批实际法，采用这一方法是假设存货具体项目的实物流转与成本流转相一致，按照各种存货逐一辨认各批发出存货和期末存货所属的购进批别或生产批别，分别按其购入或生产时所确定的单位成本计算各批发出存货和期末存货的成本。在这种方法下，是把每一种存货的实际成本作为计算发出存货成本和期末存货成本的基础。

个别计价法的成本计算准确，符合实际情况，但在存货收发频繁情况下，其发出成本分辨的工作量较大。因此，这种方法适用于一般不能替代使用的存货、为特定项目专门购入或制造的存货以及提供的劳务，如珠宝、名画等贵重物品。

【例5-4】仍以例5-3甲材料明细账为例，假设12日发出的800千克存货都是6日购入的；20日发出的存货，其中300千克存货是期初存货，500千克存货是15日购入的。则：

12日发出存货成本=60×800=48 000（元）

20日发出存货成本=50×300+70×500=50 000（元）

本月发出存货成本=48 000+50 000=98 000（元）

月末结存存货成本=60×100+70×100+80×200=29 000（元）

或

月末结存存货成本=15 000+112 000−98 000=29 000（元）

第二节　原材料

原材料是指企业在生产过程中经过加工改变其形态或性质并构成产品主要实体的各种原料及主要材料、辅助材料、外购半成品（外构件）、修理用备件（备品备件）、包装材料、燃料等。

原材料的日常收发及结存，可以采用实际成本计价核算，也可以采用计划成本计价核算。

一、按实际成本计价的核算

原材料按实际成本计价核算是指企业对库存的各种材料的收、发、存均按实际成本在其总账和明细账中予以登记。主要设置的会计科目如下。

“原材料”科目：用于核算企业库存各种材料的收、发和结存情况。该科目借方登记已验收入库材料的实际成本，贷方登记发出材料的实际成本，期末余额在借方，反映库存材料的实际成本。本科目应按照材料的存放地点、类别、品种和规格设置明细账进行明细核算。

“在途物资”科目：用于核算企业按实际成本计价已购入但尚未到达或尚未验收入库的各种物资的实际成本，包括买价、运输费、装卸费、保险费、包装费和按规定应计入成本的税金以及其他费用等。该科目借方登记企业购入的在途物资的实际成本，贷方登记验收入库的在途物资的实际成本，期末余额在借方，反映企业在途物资的实际采购成本。该科目应按供应单位和物资品种设置明细账进行明细核算。

（一）原材料收入的核算

1. 外购原材料的核算

企业外购材料时，由于结算方式和采购地点的不同，材料的入库和货款的支付在时间上不一定完全同步，因而其会计处理也会有所差异。

（1）结算凭证到达，同时原材料入库。企业应根据入库材料的实际成本借记“原材料”科目，根据入库材料应缴纳的增值税额借记“应交税费——应交增值税（进项税额）”科目，根据实际付款金额贷记“银行存款”、“其他货币资金”等科目，或根据已承兑的商业汇票贷记“应付票据”科目。若货款尚未支付，则贷记“应付账款”科目。

【例5-5】东方有限公司为一般纳税人，2010年4月8日从甲公司购入A材料，取得的增值税专用发票中注明的材料价款为10 000元，增值税税额为1 700元；甲公司垫付装卸费300元；全部款项以银行存款支付，该材料当日全部收到并验收入库。

表5-4　××省增值税专用发票

发票联　　　　№006748012

开票日期：2010年04月08日

<table>
<tr><td rowspan="4">购货单位</td><td colspan="5">名　　称：A市东方有限责任公司</td><td rowspan="4">密码区</td><td colspan="2" rowspan="4"></td></tr>
<tr><td colspan="5">纳税人识别号：12345678</td></tr>
<tr><td colspan="5">地址、电话：A市开发区18号</td></tr>
<tr><td colspan="5">开户行及账号：工商银行开发区支行 1122345688</td></tr>
<tr><td colspan="2">货物或应税劳务名称</td><td>规格型号</td><td>单位</td><td>数量</td><td>单价</td><td>金额</td><td>税率</td><td>税额</td></tr>
<tr><td colspan="2">A材料</td><td></td><td>千克</td><td>1000</td><td>10.00</td><td>10 000.00</td><td>17%</td><td>1 700.00</td></tr>
<tr><td colspan="2">合计</td><td></td><td></td><td></td><td></td><td>¥10 000.00</td><td></td><td>¥1 700.00</td></tr>
<tr><td colspan="2">价税合计（大写）</td><td colspan="7">⊗壹万壹仟柒佰元整　　　　（小写）¥11 700.00</td></tr>
<tr><td rowspan="4">销货单位</td><td colspan="5">名称：甲公司</td><td rowspan="4">备注</td><td colspan="2" rowspan="4"></td></tr>
<tr><td colspan="5">纳税人识别号：37642907</td></tr>
<tr><td colspan="5">地址、电话：A市桥东区东风路22号</td></tr>
<tr><td colspan="5">开户行及账号：工商银行桥东区支行1052928222</td></tr>
</table>

第二联：发票联　购货方记账凭证

收款人：　　　复核：　　　开票人：李雪　　　销货单位：（章）

表5-5　A市服务业统一发票　　No.654666

客户名称：甲公司　　　2010年4月8日　　　地税（2010）A

项目	摘要	单位	数量	单价	金额							
					十	万	千	百	十	元	角	分
装卸费								3	0	0	0	0
合计（大写）：叁佰元整							¥	3	0	0	0	0

收款：　　　经办：　　　收款单位：A市劳动服务公司

表5-6　转账支票存根

中国工商银行

转账支票存根

No.123063

科目：________

对方科目：________

签发日期：2010年4月8日

收款人：甲公司

金额：¥12 000.00

用途：材料款及装卸费

备注：

单位主管　　会计

复核　　记账

表5-7 收料单

供货单位：甲公司　　2010年4月8日　　第30号

<table>
<tr><th rowspan="2">材料类别</th><th rowspan="2">单位</th><th colspan="2">数量</th><th colspan="4">金额</th></tr>
<tr><th>应收</th><th>实收</th><th>单价</th><th>买价</th><th>装卸费</th><th>合计</th></tr>
<tr><td>A材料</td><td>千克</td><td>1 000</td><td>1 000</td><td>10.00</td><td>10 000.00</td><td>300</td><td>10 300.00</td></tr>
<tr><td></td><td></td><td></td><td></td><td></td><td></td><td></td><td></td></tr>
<tr><td colspan="4">备注：</td><td colspan="2">合计</td><td colspan="2">¥10 300.00</td></tr>
</table>

保管员：李海　　仓库负责人：刘浩　　采购员：刘红

依据增值税专用发票（表5-4）、服务业发票（表5-5）、转账支票存根（表5-6）、收料单（表5-7），做如下账务处理：

借：原材料——A材料　　10 300

应交税费——应交增值税（进项税额）　　1 700

贷：银行存款　　12 000

（2）结算凭证先到，原材料后入库。应根据有关结算凭证中的记载或已付材料的价款借记“在途物资”科目，根据应缴纳的增值税额借记“应交税费——应交增值税（进项税额）”科目，根据实际付款金额贷记“银行存款”或“其他货币资金”科目，或根据已承兑的商业汇票贷记“应付票据”科目等。

【例5-6】2010年4月10日东方有限公司从乙公司购入B材料，增值税专用发票中注明的材料买价为20 000元，增值税税额为3 400元，全部款项用银行存款支付，但材料尚未到达。依据增值税专用发票、转账支票存根，做如下账务处理：

借：在途物资——乙公司　　20 000

应交税费——应交增值税（进项税额）　　3 400

贷：银行存款　　23 400

【例5-7】2010年4月20日东方有限公司收到B材料并验收入库。依据收料单，做如下账务处理：

借：原材料——B材料　　20 000

贷：在途物资——乙公司　　20 000

（3）原材料先验收入库，结算凭证后到达。收到原材料时，只办理验收入库手续，暂不编制记账凭证，待发票账单等结算凭证收到并付款后，再编制记账凭证。如月末仍未收到发票账单等结算凭证，则必须对入库原材料按暂估价值入账；下月初，再编制相反的会计分录予以冲回，收到发票账单等结算凭证后按实际金额记账。

【例5-8】2010年4月21日东方有限公司收到丙公司按合同规定发运来的C材料，共计5 000 千克，但发票账单未到。21日，将材料验收入库，不记账，会计部门在“发票未到登记簿”中记录以便备查。

【例5-9】接例5-8，若2010年4月30日东方有限公司仍未收到上述所购C材料的发票账单等结算凭证，则应按暂估价值入账。假设其暂估价为30 000元。依据收料单，做如下账务处理：

借：原材料——C材料　　30 000

　　贷：应付账款——暂估应付账款　　30 000

5月1日东方有限公司应将上述分录冲回，做如下账务处理：

借：应付账款——暂估应付账款　　30 000

　　贷：原材料——C材料　　30 000

若东方有限公司于5月8日收到C材料的发票账单等结算凭证，增值税专用发票中注明的增值税税率为17%，价税合计为35 100元，全部款项以银行存款支付。依据增值税专用发票、转账支票存根，做如下账务处理：

借：原材料——C材料　　30 000

　　应交税费——应交增值税（进项税额）　　5 100

　　贷：银行存款　　35 100

2. 自制原材料的核算

自制并验收入库的原材料，应按发生的实际成本借记“原材料”科目，贷记“生产成本”科目。

3. 投资者投入原材料的核算

按投资各方确认的价值，借记“原材料”科目，并按专用发票上注明的增值税额，借记“应交税费——应交增值税（进项税额）”科目；按投资者在企业资金中享有的份额，贷记“实收资本（或股本）”科目；按其差额贷记“资本公积”科目。

（二）原材料发出的核算

为了简化核算，企业平时一般只根据发料凭证登记材料明细账，月末根据当月发出材料的有关原始凭证（如领料单、限额领料单等），按用途、领用部门归类汇总编制“发料凭证汇总表”，据以进行发出材料的总分类核算。

对于企业发出的原材料，按照企业确定的发出材料的计价方法（如先进先出法、月末一次加权平均法、移动加权平均法、个别计价法）来计算其实际成本。同时应根据材料发出的原因和不同用途进行账务处理。直接用于产品生产和辅助生产的材料记入“生产成本”科目；车间管理部门耗用的材料，记入“制造费用”科目；企业行政管理部门领用的材料，记入“管理费用”科目；专设销售机构耗用的材料，记入“销售费用”科目；对外销售的材料，记入“其他业务成本”科目；基建工程部门领用的材料，记入“在建工程”科目；福利部门耗用的材料，记入“应付职工薪酬”科目等。

【例5-10】东方有限公司根据“发料凭证汇总表”（见表5-8）可知：2010年4月份基本生产车间领用A材料200 000元，辅助生产车间领用A材料50 000元，车间管理部门领用A材料30 000元，企业行政管理部门领用A材料10 000元，企业销售部门领用A材料10 000元。

表5-8 发料凭证汇总表

2010年4月30日

日期	领料单张数	贷方科目	借方科目					合计
			生产成本		制造费用	管理费用	销售费用	
			基本生产成本	辅助生产成本				
1~10日	18	原材料	80 000	15 000	10 000	5 000	3 000	113 000
11~20日	13	原材料	60 000	10 000	10 000	2 500	3 000	85 500
21~30日	16	原材料	60 000	25 000	10 000	2 500	4 000	101 500
合计	47		200 000	50 000	30 000	10 000	10 000	300 000

依据发料凭证汇总表（表5-8），做如下账务处理：

借：生产成本——基本生产成本　200 000

　　　　　　——辅助生产成本　50 000

　　制造费用　30 000

　　管理费用　10 000

　　销售费用　10 000

　　贷：原材料　300 000

二、按计划成本计价的核算

原材料按计划成本计价的核算，是指原材料的收、发和结存，不论总分类核算还是明细分类核算，都按计划成本计价。对于原材料的实际成本与计划成本之间的差额，单独通过“材料成本差异”科目来反映。月末，再计算本月发出材料应负担的成本差异，根据领用材料的用途将成本差异分摊到相关资产的成本或者当期损益中，从而将发出材料的计划成本调整为实际成本。采用这一方法，一般设置“原材料”、“材料采购”、“材料成本差异”等科目。

“原材料”科目用于核算库存各种材料收、发和结存的计划成本。借方登记验收入库材料的计划成本，贷方登记发出材料的计划成本，期末余额在借方，表示企业库存材料的计划成本。

“材料采购”科目用于核算企业采用计划成本进行材料日常核算而购入材料的采购成本。借方登记采购材料等的实际成本和实际成本小于计划成本的节约差异，贷方登记已验收入库材料的计划成本和实际成本大于计划成本的超支差异，期末为借方余额，表示企业在途材料的实际采购成本。该科目一般应按供应单位和物资品种设置明细科目，进行明细核算。

“材料成本差异”科目用于核算企业已入库材料的实际成本与计划成本的差异。借方登记各种收入材料的超支差异和发出材料应分担的节约差异，贷方登记各种收入材料的节约差异和发出材料应分担的超支差异。期末余额如在借方，反映企业库存材料的实际成本大于计划成本的超支差异；期末余额如在贷方，反映企业库存材料的实际成本小于计划成本的节约差异。该科目应细分为“原材料”、“周转材料”等，按照类别或品种进行明细核算。

（一）购入原材料的核算

在计划成本计价法下，企业外购材料时，均应先按实际成本记入“材料采购”科目的借方，当材料验收入库后，再按计划成本记入“原材料”科目，实际成本与计划成本的差异则通过“材料成本差异”科目反映。对于材料先验收入库、结算凭证后到达的情况，在月末之前不作处理，月末发票账单仍未到达按计划成本暂估入账，下月初编制相反分录，将其冲回。由于企业收入材料的业务比较频繁，为了简化核算，也可以将材料验收入库和结转成本差异的会计核算留待月末一次性进行。

1. 结算凭证到达，同时原材料入库

【例5-11】东方有限公司采用计划成本核算，A材料计划单位成本为15元，2010年5月3日，从甲公司采购A材料1 000千克，增值税专用发票中注明的材料价款为20 000元，增值税税额为3 400元，全部款项以银行存款支付，材料已入库。依据增值税专用发票、转账支票存根、收料单，做如下账务处理：

借：材料采购——A材料　20 000
　　应交税费——应交增值税（进项税额）　3 400
　　贷：银行存款　23 400

借：原材料——A材料　15 000
　　贷：材料采购——A材料　15 000

借：材料成本差异　5 000
　　贷：材料采购——A材料　5 000

2. 结算凭证先到，原材料尚未入库

【例5-12】东方有限公司采用汇兑结算方式购入B材料，计划成本为40 000元，材料尚未入库，发票账单已收到，增值税专用发票中注明的材料价款为30 000元，增值税税额为5 100元，全部款项以银行存款支付。依据增值税专用发票、转账支票存根，做如下账务处理：

借：材料采购——B材料　30 000
　　应交税费——应交增值税（进项税额）　5 100
　　贷：银行存款　35 100

3. 原材料先验收入库，结算凭证后到达

【例5-13】2010年5月10日，东方有限公司收到购入的C材料2 000千克，全部验收入库，但发票账单尚未到达，可暂不做账务处理。

31日，本月10日已入库的C材料2 000千克仍未收到结算凭证，按计划成本50 000元暂估入账。依据收料单，做如下账务处理：

借：原材料——C材料　50 000
　　贷：应付账款——暂估应付账款　50 000

东方有限公司在6月1日将上述分录冲回：

借：应付账款——暂估应付账款　　50 000

　　贷：原材料——C材料　　50 000

公司待收到结算凭证后，再做结算凭证与材料同时到达的账务处理。

（二）发出原材料的核算

计划成本法下原材料发出的核算，首先应按照计划成本减少原材料，然后在月末根据本月的材料成本差异率来计算本月发出材料应分担的成本差异，分别计入到相关的成本和当期损益等科目中。

发出材料应分担的成本差异，除委托外部加工发出材料可按上月材料成本差异率计算外，都应使用当月的材料成本差异率。材料成本差异率的计算公式如下：

本期材料成本差异率=（期初结存材料的成本差异+本期收入材料的成本差异）÷（期初结存材料的计划成本+本期收入材料的计划成本）×100%

期初材料成本差异率=期初结存材料的成本差异÷期初结存材料的计划成本×100%

本期发出材料应分担的成本差异=本期发出材料的计划成本×本期材料成本差异率

本期发出材料的实际成本=本期发出材料的计划成本+本期发出材料应分担的超支差（或–本期发出材料应分担的节约差）

【例5-14】东方有限公司2010年6月1日“材料成本差异”科目借方余额100元，“原材料”科目余额为10 000元，本月共收入A材料7 000千克，产生材料成本差异2 300元（超支差），本月产品生产领用A材料5 000千克，车间一般消耗领用A材料1 000千克，企业管理部门领用A材料200千克，A材料计划单位成本为20元。月末依据发料凭证汇总表，做如下账务处理：

借：生产成本　　100 000

　　制造费用　　20 000

　　管理费用　　4 000

　　贷：原材料——A材料　　124 000

月末，计算材料成本差异率及发出材料应分担的成本差异：

本月材料成本差异率=（100+2 300）÷（10 000+7 000×20）×100%=1.6%

本月发出材料应分担的成本差异=124 000×1.6%=1 984（元）

本月发出材料的实际成本=124 000+1 984=125 984（元）

结转发出材料应分担的成本差异，做如下账务处理：

借：生产成本　　1 600

　　制造费用　　320

　　管理费用　　64

　　贷：材料成本差异　　1 984

（注：如为节约差异，则做与上述相反的分录。）

第三节　周转材料

周转材料是指企业能够多次使用、逐渐转移其价值但仍保持原有形态又不确认为固定资产的材料，如包装物、低值易耗品。

企业应设置“周转材料”科目对周转材料进行核算。该科目核算企业库存各种周转材料的收、发和结存情况。借方登记已验收入库周转材料的成本，贷方登记发出材料的成本，期末余额在借方，反映库存周转材料的成本。该科目按周转材料的种类，即包装物、低值易耗品设置明细科目，分别按“在库”、“在用”和“摊销”进行明细核算。

一、包装物的核算

（一）包装物的核算内容

包装物是指为了包装本企业商品而储备的各种包装容器，如桶、箱、瓶、坛、袋等。注意，其中包装材料如纸、绳、铁丝、铁皮等，应在“原材料”科目核算；用于储存和保管产品、材料而不对外出售的包装物，应按价值大小和使用年限长短分别在“固定资产”或“低值易耗品”科目核算。包装物核算内容包括：

（1）生产过程中用于包装产品作为产品组成部分的包装物；

（2）随同商品出售而不单独计价的包装物；

（3）随同商品出售单独计价的包装物；

（4）出租或出借给购买单位使用的包装物。

（二）包装物的账务处理

为了反映和监督包装物的增减变动及其价值损耗、结存等情况，企业应当设置“周转材料——包装物”科目进行核算。包装物收入的核算，与原材料收入的核算完全相同，可以比照原材料的核算方法进行核算。发出包装物的核算，可按实际成本核算也可按计划成本核算，应按其用途的不同分别进行处理。

1. 生产领用包装物

对于生产领用包装物，应根据领用包装物的实际成本，借记“生产成本”科目，贷记“周转材料——包装物”，若包装物采用计划成本核算的，还要结转“材料成本差异”。

【例5-15】东方有限公司对包装物采用实际成本核算，7月份生产领用包装物一批，实际成本为4 000元。依据领料单（表5-9），做如下账务处理：

借：生产成本　　4 000

　　贷：周转材料——包装物　　4 000

表5-9 领料单

领料部门：一车间　　　　　　2010年7月31日　　　　　　第14号

材料类别	规格型号	计量单位	数量	单价（元）	金额（元）	用途
包装箱		个	100	40.00	4 000.00	包装产品

保管员：李海　　仓库负责人：刘浩　　领用部门主管：张华　　领料：张强

2. 随同商品出售不单独计价的包装物

随同商品出售而不单独计价的包装物，应于包装物发出时，按其实际成本记入“销售费用”科目。

【例5-16】东方有限公司8月份销售产品领用包装物的实际成本为3 000元，包装物连同产品一起出售且不单独计价。依据领料单，做如下账务处理：

借：销售费用　　3 000

　　贷：周转材料——包装物　　3 000

3. 随同商品出售单独计价的包装物

随同商品出售而单独计价的包装物，一方面应反映其销售收入，记入“其他业务收入”科目；另一方面应反映其实际销售成本，记入“其他业务成本”科目。

【例5-17】东方有限公司9月份销售产品领用包装物的实际成本为2 000元，增值税专用发票上注明的价款为3 000元，增值税税额为510元，款项已收存银行。

表5-10 中国工商银行现金存款单（回单）

2010年9月30日　　　　　　第088号

收款人	全称	A市东方有限责任公司			款项来源	销售包装物收入
	账号	1122345688	开户银行	工商银行开发区支行	交款人	王兰

人民币（大写）：叁仟伍佰壹拾元整	百	十	万	千	百	十	元	角	分
			¥	3	5	1	0	0	0

辅币	券别	伍角	贰角	壹角	伍分	贰分	壹分		
	张数								收款员（略）
主币	券别	壹佰元	伍拾元	贰拾元	拾元	伍元	贰元	壹元	复核员（略）
	张数	30	10		1				

第一联由银行盖章后退回单位

依据现金存款单（表5-10）、增值税专用发票、领料单，做如下账务处理：

借：银行存款　　3 510

　　贷：其他业务收入　　3 000

　　　　应交税费——应交增值税（销项税额）　　510

借：其他业务成本　　2 000

　　贷：周转材料——包装物　　2 000

二、低值易耗品的核算

（一）低值易耗品的核算内容

低值易耗品是指企业单位价值较低、使用期限较短、不能作为固定资产使用的用具物品，如工具、管理用具、玻璃器皿以及在经营过程中周转使用的包装容器等。一般划分为以下几种。

（1）一般工具：包括量具、刀具、夹具和装配工具等，如扳手、千斤顶等。

（2）专用工具：指专门用于制造某一特定产品或在某一特定工序上使用的工具，如财会装订机、水电工专用电动打孔机等。

（3）替换设备：指容易磨损或为制造不同产品需要替换使用的各种设备，如轧钢用的钢棍、浇铸钢锭用的钢锭模等。

（4）管理用具：指管理工作使用的各种家具、办公用具等。

（5）劳动保护用品：指为了安全生产而发给工作者作为劳动保护用的工作服、工作鞋和各种防护品。

（6）其他低值易耗品。

（二）低值易耗品的账务处理

为了反映和监督低值易耗品的增减变动及其结存情况，企业应当设置“周转材料——低值易耗品”科目，借方登记低值易耗品成本的增加，贷方登记低值易耗品成本的减少，期末余额在借方，通常反映企业期末库存低值易耗品的成本。低值易耗品收入的核算，与原材料收入的核算完全相同，可以比照原材料的核算方法进行核算。低值易耗品发出的核算应当采用一次转销法或分次摊销法进行摊销。

1. 一次转销法

采用一次转销法的，领用时应按其账面价值，借记“管理费用”、“制造费用”、“销售费用”、“其他业务成本”等科目，贷记“周转材料——低值易耗品”科目。周转材料报废时，应按报废周转材料的残料价值，借记“原材料”等科目，贷记“管理费用”、“制造费用”、“销售费用”等科目。

【例5-18】东方有限公司生产车间9月份领用易于破碎的玻璃器皿一批，实际成本为300元，采用一次转销法摊入成本。依据领料单，做如下账务处理：

借：制造费用　　　　300

　　贷：周转材料——低值易耗品　　　　300

2. 分次摊销法

采用分次摊销法时，领用时应按其账面价值，借记“周转材料——低值易耗品——在用”科目，贷记“周转材料——低值易耗品——在库”科目。摊销时应按摊销额，借记“管理费用”、“制造费用”、“销售费用”、“其他业务成本”等科目，贷记“周转材料——低值易耗品——摊销”科目。报废时应补提摊销额，借记“管理费用”、“制造费用”、“销售费用”、“其他业务成本”等科目，贷记“周转材料——低值易耗品——摊销”科目；同时，按报废周转材料的残料价值，借记“原材料”等科目，贷记“管理费用”、“制造费用”、“销售费用”、“其他业务成本”等科目；并转销全部已提摊销额，借记“周转材料——低值易耗品——摊销”科目，贷记“周转材料——低值易耗品——在用”科目。

【例5-19】东方有限公司生产车间9月份领用专用模具一批，模具实际成本为20 000元，估计该模具的使用次数为两次，采用分次摊销法进行摊销。

（1）领用时：

借：周转材料——低值易耗品——在用　　20 000

　　贷：周转材料——低值易耗品——在库　　20 000

（2）第一次领用时先摊销其价值的一半：

借：制造费用　　10 000

　　贷：周转材料——低值易耗品——摊销　　10 000

（3）第二次领用时摊销其价值的另一半：

借：制造费用　　10 000

　　贷：周转材料——低值易耗品——摊销　　10 000

同时，

借：周转材料——低值易耗品——摊销　　20 000

　　贷：周转材料——低值易耗品——在用　　20 000

第四节　委托加工物资和库存商品

一、委托加工物资的核算

委托加工物资是企业为满足生产经营的需要，在企业无法加工或加工能力不足的情况下，委托外单位加工的各种材料、商品等物资。委托外单位加工物资的成本，包括加工过程中耗用物资的成本、支付的加工费用、应负担的运杂费及应计入成本的其他税费等。

为了反映和监督委托加工物资增减变动及其结存情况，企业应当设置“委托加工物资”科目，借方登记委托加工物资的实际成本，贷方登记加工完成验收入库的物资的实际成本和剩余物资的实际成本，期末余额在借方，反映企业尚未完工的委托加工物资的实际成本等。委托加工物资也可以采用计划成本或售价进行核算。

需要注意的是，委托加工的应税消费品，收回后用于连续生产应税消费品的，所纳税款准予按规定抵扣，应按受托方代收代交的消费税，借记“应交税费——应交消费税”科目，贷记“应付账款”、“银行存款”等科目；委托加工的应税消费品收回后直接用于出售的，应将受托方代收代交的消费税计入委托加工物资的成本，借记“委托加工物资”科目，贷记“应付账款”、“银行存款”等科目。

【例5-20】东方有限公司委托外单位加工材料一批（属于应税消费品），原材料成本为30 000元，支付的加工费用为2 000（不含增值税）元，应交消费税为4 000元，材料加工完毕验收入库，加工费用等已用存款支付。双方适用的增值税税率均为17%。

（1）发出委托加工的材料

借：委托加工物资　30 000

　　贷：原材料　30 000

（2）支付加工费用和税金

① 若企业收回加工后的材料用于连续生产应税消费品：

借：委托加工物资　2 000

　　应交税费——应交增值税（进项税额）　340

　　　　　　——应交消费税　4 000

　　贷：银行存款　6 340

② 若企业收回加工后的材料直接用于销售：

借：委托加工物资　6 000

　　应交税费——应交增值税（进项税额）　340

　　贷：银行存款　6 340

（3）加工完成验收入库

① 若企业收回加工后的材料用于连续生产应税消费品：

借：原材料　32 000

　　贷：委托加工物资　32 000

② 若企业收回加工后的材料直接用于销售：

借：原材料　36 000

　　贷：委托加工物资　36 000

二、库存商品的核算

（一）库存商品的内容

库存商品指企业已完成全部生产过程并已验收入库、合乎标准规格和技术条件，可以按照合同规定的条件送交订货单位，或可以作为商品对外销售的产品以及外购或委托加工完成验收入库用于销售的各种商品，包括库存产成品、外购商品、存放在门市部准备出售的商品、发出展览的商品、寄存在外的商品、接受来料加工制造的代制品和为外单位加工修理的代修品等，但不包括委托外单位加工的商品和已完成销售手续而购买单位在月末尚未提走的库存商品。库存商品可以采用实际成本核算，也可以采用计划成本核算，其方法与原材料相似。采用计划成本核算时，库存商品实际成本与计划成本的差异可单独设置“产品成本差异”科目核算。

为了反映和监督库存商品的增减变动及其结存情况，企业应设置“库存商品”科目，借方登记验收入库的库存商品成本，贷方登记发出的库存商品成本，期末余额在借方，反映企业库存商品的成本。该科目按库存商品的种类、品种和规格设置明细账，进行明细核算。

（二）库存商品的账务处理

1. 商品验收入库

对于库存商品采用实际成本核算的企业，当库存商品生产完成并验收入库时，按其实际成本借记“库存商品”科目，贷记“生产成本”科目。

【例5-21】东方有限公司“产品入库单”记录，10月完工验收入库甲产品20 000件，实际单位成本为10元；乙产品30 000件，实际单位成本为30元。

表5-11　产品入库单

2010年10月31日　　　　凭证编号：168

用途：　　　　产成品库：1号库

产品名称	型号规格	计量单位	数量	单位成本	总成本
甲产品		件	20 000	10.00	200 000.00
乙产品		件	30 000	30.00	900 000.00

保管员：李海　　　　仓库负责人：刘浩　　　　复核：

依据产品入库单（表5-11），做如下账务处理：

借：库存商品——甲产品　　200 000

——乙产品　　900 000

贷：生产成本——基本生产成本（甲产品）　　200 000

——基本生产成本（乙产品）　　900 000

2. 商品销售

企业销售商品时，应确认销售收入并结转销售成本，借记“主营业务成本”等科目，贷记“库存商品”科目。

【例5-22】东方有限公司“产品出库单”记录，11月已销售甲产品10 000件、乙产品20 000件。甲产品的实际单位成本为10元，乙产品的实际单位成本为30元。

表5-12　产品出库单

2010年11月30日　　　　凭证编号：203

用途：销售　　　　产成品库：1号库

产品名称	型号规格	计量单位	数量	单位成本	总成本
甲产品		件	10 000	10.00	100 000.00
乙产品		件	20 000	30.00	600 000.00

保管员：李海　　　　仓库负责人：刘浩　　　　复核：

依据产品出库单（表5-12），做如下账务处理：

借：主营业务成本——甲产品　　100 000

——乙产品　　600 000

贷：库存商品——甲产品　　100 000

——乙产品　　600 000

商品流通企业的库存商品还可以采用毛利率法和售价金额核算法进行日常核算。

（1）毛利率法

毛利率法是指根据本期销售净额乘以上期实际（或本期计划）毛利率匡算本期销售毛利，并据以计算发出存货和期末存货成本的一种方法。计算公式如下：

毛利率=（销售毛利÷销售净额）×100%

销售净额=商品销售收入–销售退回与折让

销售毛利=销售净额×毛利率

销售成本=销售净额–销售毛利

期末存货成本=期初存货成本+本期购入存货成本–本期销售存货成本

商品流通企业常用这一方法计算本期销售成本和期末存货成本，尤其适用于商业批发企业。商品流通企业由于经营商品的品种繁多，如果分品种计算商品成本，工作量将大大增加，而且一般来讲，商品流通企业同类商品的毛利率大致相同，采用这种存货计价方法既能减轻工作量，也能满足对存货管理的需要。

【例5-23】某商贸批发公司采用毛利率法进行核算，月初库存商品200 000元，本月购货400 000元，本月销售收入净额为500 000元，上季度该类商品毛利率为20%。

本月已销商品和月末库存商品的成本计算如下：

销售毛利=500 000×20%=100 000（元）

本月销售成本=500 000−100 000=400 000（元）

月末库存商品成本=200 000+400 000−400 000=200 000（元）

（2）售价金额核算法

售价金额核算法是指平时商品的购入、加工收回、销售均按售价记账，售价与进价的差额通过“商品进销差价”科目核算，期末计算进销差价率和本期已销商品应分摊的进销差价，并据以调整本期销售成本的一种方法。计算公式如下：

商品进销差价率=（期初库存商品进销差价+本期购入商品进销差价）
÷（期初库存商品售价+本期购入商品售价）×100%

本期已销商品应分摊的商品进销差价=本期商品销售收入×商品进销差价率

本期销售商品的成本=本期商品销售收入–本期已销商品应分摊的商品进销差价

期末结存商品的成本=期初库存商品的成本+本期购进商品的成本
–本期销售商品的成本

对于从事商业零售业务的企业（如百货商场、超市等），由于经营的商品种类、品种、规格等繁多，而且要求按商品零售价格标价，采用其他成本计算结转方法较困难，因此，这些企业广泛采用这一方法。

【例5-24】北国超市2010年8月份期初某库存商品的进价成本为400 000元，售价总额为520 000元，本月购进该商品的进价成本为200 000元，售价总额为280 000元，本月销售收入为370 000元。

商品进销差价率=（120 000+80 000）/（520 000+280 000）×100%=25%

已销商品应分摊的商品进销差价=370 000×25%=92 500（元）

本期销售商品的实际成本=370 000−92 500=277 500（元）

期末结存商品的实际成本=400 000+200 000−277 500=322 500（元）

第五节 存货的期末计价

一、存货清查的核算

（一）存货盘存制度

1. 永续盘存制

永续盘存制又叫账面盘存制，是指企业对各项财产物资的增减变动，都要根据会计凭证，在有关账簿中进行连续登记并随时结出账面结存数额的方法。

计算期末结存数的基本公式是：

期末结存=期初结存+本期收入-本期发出

采用永续盘存制，核算手续严密，能随时掌握财产物资的收、发、存情况，有利于加强财产物资的管理。通过盘点，将实存数与账存数进行对比，可以发现溢缺并查明原因，及时处理。一般情况下，企业对财产物资的盘存制度，应采用永续盘存制。

但这种方法由于在账簿中要连续记录财产物资收发情况，因而核算工作量较大，并且由于各种原因，也会发生账实不符的情况，因此即使采用永续盘存制，也需对财产物资定期进行清查，以查明账实是否相符以及账实不符的原因。

2. 实地盘存制

实地盘存制又叫定期盘存制，是指企业对各项财产物资的增减变动，平时在账簿中只登记财产物资的增加数，不登记减少数，期末把实地盘点得到的实存数作为账面结存数，再倒算出本期发出数，并据以登记账簿的方法。这一方法也常称为“以存计耗”或“以存计销”。

计算的基本公式是：

本期发出=期初结存+本期收入-期末结存（实地盘点数）

采用实地盘存制，由于平时对财产物资只记增加、不记减少，因而简化了核算的工作量。但核算手续不严密，不能及时反映财产物资的发出和结存情况，不利于对财产物资的管理。因此，它只适用于那些数量较多、价值低、品种杂、收发频繁、无法采用永续盘存制的财产物资。

（二）存货清查的账务处理

存货清查是指通过对存货的实地盘点，确定存货的实有数量，并与账面结存数核对，从而确定存货实存数与账面数是否相符的一种方法。

由于企业的存货数量较大、品种繁多、收发频繁，因而在收发保管过程中可能会发生计量和计算上的差错，或者发生变质、毁损等自然损耗和人为损失，进而造成存货账实不符。因此企业有必要对存货进行定期或不定期的清查，确定存货的实存数，查明账实不符的原因，分清经济责任进行处理，从而监督存货的安全与完整。

存货清查主要采用实地盘点法，即通过点数、过磅等方法，确定存货实存数量。对煤炭、沙石等大宗物资的清查，可以采用技术推算法确定其实存数量。清查结束后应及时填写“存货盘点表”，确定存货盘盈、盘亏情况，及时进行账务处理。

企业应设置“待处理财产损溢”科目，核算企业在清查财产过程中查明的各种财产盘盈、盘亏和毁损的价值。该科目借方登记财产物资的盘亏、毁损数和经批准的盘盈转销数，贷方登记财产物资的盘盈数和经批准的盘亏、毁损转销数，期末处理后无余额。对清查的各种存货的损溢，在期末结账前尚未经批准的，在对外提供财务报告时应先按会计规定进行处理，并在财务报表附注中作出说明；对其后批准处理的金额与已处理的金额不一致的，要调整财务报表相关项目的年初数。

1. 存货盘盈的核算

存货盘盈是指存货的实际库存数大于账面数。发生盘盈时，借记“原材料”、“库存商品”等有关存货科目，贷记“待处理财产损溢”科目；在按管理权限报经批准后，借记“待处理财产损溢”科目，贷记“管理费用”科目。

【例5-25】东方有限公司在财产清查中盘盈A材料100千克，实际单位成本30元，经查明是由于收发计量上的错误所造成的。

（1）报经批准前，依据存货盘点表（表5-13），做如下账务处理：

表5-13　存货盘点表

2010年12月30日

物资名称	仓位	实盘数	账上数	差异数	单价	差异金额	差异原因
A材料		1 100千克	1 000千克	100千克	30元	3 000元	收发计量错误

借：原材料——A材料　　3 000

　　贷：待处理财产损溢——待处理流动资产损溢　　3 000

（2）报经批准后，依据财产清查盘盈材料处理决定（表5-14），做如下账务处理：

借：待处理财产损溢——待处理流动资产损溢　　3 000

　　贷：管理费用　　3 000

表5-14　财产清查盘盈材料处理决定

财务部：

A材料在财产清查中，盘盈100千克，实际单位成本为30元，总成本为3 000元。经查属于材料收发计量方面的错误，调整管理费用。

经理：王刚

2010年12月30日

2. 存货盘亏及毁损的核算

存货盘亏是指存货的实际库存数小于账面数。发生存货盘亏及毁损时，借记“待处理财产损溢”科目，贷记“原材料”、“库存商品”等有关存货科目。在按管理权限报经批准后，应根据其不同原因分别处理：对于自然损耗产生的定额内损耗，经批准后转入“管理费用”科目；对于应由责任人或保险公司赔偿的部分，记入“其他应收款”科目；对于计量收发差错和管理不善等原因造成的存货短缺或毁损，应先扣除残料价值和可收回的保险赔偿与过失人的赔偿后，将净损失记入“管理费用”科目；对于自然灾害或意外事故造成的存货毁损，扣除残料价值和可以收回的保险赔偿后，将净损失转入“营业外支出”科目。

【例5-26】东方有限公司在财产清查中盘亏B材料20千克，单位实际成本50元，经查明属定额内合理损耗。

（1）报经批准前，依据存货清查盘点明细表，做如下账务处理：

借：待处理财产损溢——待处理流动资产损溢　　1 000

　　贷：原材料——B材料　　1 000

（2）报经批准后，依据财产清查盘亏材料处理决定（表5-15），做如下账务处理：

表5-15　财产清查盘亏材料处理决定

财务部：

B材料在财产清查中，盘亏20千克，实际单位成本为50元，总成本为1 000元。经查属于定额内合理损耗，计入管理费用。

经理：王刚

2010年12月30日

借：管理费用　　1 000

　　贷：待处理财产损溢——待处理流动资产损溢　　1 000

【例5-27】东方有限公司在财产清查中发现毁损一批材料，账面实际成本为5 000元，经查实，上述毁损材料是因管理不善造成霉烂变质，经批准，由保管员赔偿4 000元，收回残料价值200元，其余损失由单位承担。假定不考虑相关税费。

（1）报经批准前，依据存货清查盘点明细表，做如下账务处理：

借：待处理财产损溢——待处理流动资产损溢　　5 000

　　贷：原材料　　5 000

（2）报经批准后，依据财产清查毁损材料处理决定，做如下账务处理：

借：其他应收款　　4 000

　　原材料　　200

　　管理费用　　800

　　贷：待处理财产损溢——待处理流动资产损溢　　5 000

【例5-28】东方有限公司因意外发生火灾造成一批库存材料毁损，账面实际成本为100 000元，根据保险合同规定应由保险公司赔偿80 000元，收回残料价值500元。假定不考虑相关税费。

(1) 报经批准前，依据存货清查盘点明细表，做如下账务处理：

借：待处理财产损溢——待处理流动资产损溢 100 000

　　贷：原材料 100 000

(2) 报经批准后，依据财产清查毁损材料处理决定，做如下账务处理：

借：其他应收款 80 000

　　原材料 500

　　营业外支出——非常损失 19 500

　　贷：待处理财产损溢——待处理流动资产损溢 100 000

二、存货期末计价的核算

(一) 存货减值测试

存货的初始计量虽然以成本入账，但存货进入企业后可能发生毁损、陈旧或价格下跌等情况，因此在会计期末应对存货进行减值测试。在资产负债表日，当存货的实际成本低于可变现净值时，存货按成本计量；当存货的实际成本高于可变现净值时，存货按可变现净值计量，同时按照实际成本高于可变现净值的差额计提存货跌价准备，计入当期损益。可变现净值是指在日常活动中，存货的估计售价减去至完工时估计将要发生的成本、估计的销售费用以及相关税费后的金额。

(二) 存货跌价准备的账务处理

如果期末结存存货的可变现净值低于成本，说明存货发生了减值，必须在当期确认存货的跌价损失，并计提存货跌价准备。企业应设置“存货跌价准备”科目，核算企业存货的跌价准备，贷方登记计提的存货跌价准备金额，借方登记实际发生的存货跌价损失金额和冲减的存货跌价准备金额，期末余额一般在贷方，反映企业已计提但尚未转销的存货跌价准备。

在资产负债表日，企业比较期末存货的账面余额与其可变现净值，计算出应计提的跌价准备，然后与“存货跌价准备”科目的余额，即与已提数进行比较，若应提数大于已提数，应予以补提；反之，应在已提数的限额内予以转回。

计提（补提）存货跌价准备时，企业应当按照计算确定的金额，借记“资产减值损失——计提的存货跌价准备”科目，贷记“存货跌价准备”科目。

转回已计提的存货跌价准备金额时，按转回的金额，借记“存货跌价准备”科目，贷记“资产减值损失——计提的存货跌价准备”科目。

【例5-29】2010年年末东方有限公司A材料的账面余额为80 000元，由于市场价格下跌预计可变现净值为60 000元，则应计提的存货跌价准备为20 000元。

借：资产减值损失——计提的存货跌价准备 20 000

　　贷：存货跌价准备 20 000

假设2011年年末由于市场价格有所上升，使得A材料预计可变现净值为70 000元，则应转回的存货跌价准备为10 000元。则东方公司做如下账务处理：

借：存货跌价准备　　10 000

　　贷：资产减值损失——计提的存货跌价准备　　10 000

存货的“奥秘”

——美国法尔莫公司会计报表舞弊[3]

米奇·莫纳斯曾拥有300 家药店，从而组建了全国连锁的法尔莫公司。不幸的是，这一切辉煌都是建立在资产造假——未检查出来的存货高估和虚假利润的基础上的，这些舞弊行为最终导致了莫纳斯及其公司的破产；同时也使为其提供审计服务的“五大”事务所损失了数百万美元。以下是这起案件的经过。

自获得第一家药店开始，莫纳斯就梦想着把他的小店发展成一个庞大的药品帝国。其所实施的策略就是他所谓的“强力购买”，即通过提供大比例折扣来销售商品。莫纳斯首先做的就是把实际上并不盈利且未经审计的药店报表拿来，用自己的笔为其加上并不存在的存货和利润。然后凭着自己空谈的天分及一套夸大了的报表，在一年之内骗得了足够的投资用以收购了8家药店，奠定了他的小型药品帝国的基础。这个帝国后来发展到了拥有300家连锁店的规模。

在一次由偶然的机会导致这个精心设计的、至少引起5亿美元损失的财务舞弊事件浮出水面之时，莫纳斯和他的公司炮制虚假利润已达十年之久。他和他的几位下属保持了两套账簿，一套用以应付注册会计师的审计，一套反映糟糕的现实。

他们先将所有的损失归入一个所谓的“水桶账户”，然后再将该账户的金额通过虚增存货的方式重新分配到公司的数百家成员药店中。他们仿造购货发票、制造增加存货并减少销售成本的虚假记账凭证、确认购货却不同时确认负债、多计或加倍计算存货的数量。财务部门之所以可以隐瞒存货短缺是因为注册会计师只对300家药店中的4家进行存货监盘，而且他们会提前数月通知法尔莫公司他们将检查哪些药店。管理人员随之将那4家药店堆满实物存货，而把那些虚增的部分分配到其余的296家药店。如果不考虑其会计造假，法尔莫公司实际已濒临破产。在最近一次审计中，其现金已紧缺到供应商因其未能及时支付购货款而威胁取消对其供货的地步。这些舞弊行为最终导致了莫纳斯及其公司的破产。

此案件给我们敲响了警钟，存货审计是如此的重要，也是如此的复杂，使得存货舞弊并非仅凭简单的监盘就可查出。那我们应当如何识别存货的舞弊呢？我们可从下面两方面着手。

1. 存货价值的操纵手法

存货的价值确定涉及两个要素：数量和价格。确定现有存货的数量常常比较困难，因为货物总是在不断地被购入和销售；不断地在不同存放地点间转移以及投入到生产过

3 资料来源：张加学、李若山. 存货的“奥秘”——美国法尔莫公司会计报表舞弊案例分析［J］. 财务与会计. 2002.02.

程之中。存货单位价格的计算同样可能存在问题，因为采用先进先出法、加权平均法以及其他的计价方法所计算出来的存货价值将不可避免地存在较大的差异。正因如此，复杂的存货账户体系往往成为极具吸引力的舞弊对象。不诚实的企业常常利用以下几种方法的组合来进行存货造假：虚构不存在的存货，操纵存货盘点，以及错误地将存货资本化。所有这些精心设计的方案有一个共同的目的，即虚增存货的价值。

2. 通过分析程序识别可能的存货舞弊

可以分析管理当局是否有进行重大存货舞弊的动机，可以检查管理当局是否有舞弊的迹象。例如，虚构资产会使公司的账户失去平衡；与以前的期间相比，销售成本会显得过低，而存货和利润将显得过高等。

存货账面出现红字的审计案例[4]

企业存货是指日常经营过程中将消耗的材料、商品、半成品、产成品等。在会计核算中，存货的取得一般以实际成本作为账面价值，存货的领用或发出也应按实际成本核算，采用先进先出法、月末一次加权平均法、移动加权平均法、个别计价法。然而，有些企业在实际工作中不能正确核算，导致存货明细账常常出现红字，此时就要特别关注红字的出现，分析其原因，找出存在的问题。经过审计我们会发现存货账面出现红字主要有以下几种情况。

（1）数量为零或正数，金额红字。原因是存货发出计价不规范或中途变更计价方法，发出价高于账面成本价，多转成本，减少利润，少交所得税。

（2）数量为红字，金额为正数。原因是未入库就发出，且发出计价长期低于账面成本价，少转成本，虚增利润。

（3）数量和金额都为红字。原因有二：一是在单价正常的情况下，存货发票未到，存货已入库未做估价入账，就领用发出；二是在单价不正常的情况下，也有可能是存货发出计价不规范，高于账面成本价。

讨论题：

1. 如何预防存货核算中的问题？

2. 如何进行存货清查？

分析思路：

1. 企业要正确进行存货收、发、存的账务处理。

2. 企业要加强存货管理，认真、及时、全面地进行存货清查。

4 资料来源：中国审计网．存货账面出现红字的审计案例．http://www.iaudit.cn/article/showarticle.asp ? articleid=55578.

能力训练

一、单项选择题

1. 某企业为增值税一般纳税人，本期外购材料一批，购买价10 000元，增值税1 700元，入库前的挑选整理费用400元，该材料入账价值为（　）。

A. 12 100元　B. 11 700元　C. 10 400元　D. 10 000元

2. 随同商品出售单独计价的包装物发出时，应记入（　）科目。

A. 生产成本　B. 管理费用　C. 其他业务成本　D. 销售费用

3. 随同商品出售而不单独计价的包装物发出时，应记入（　）科目。

A. 制造费用　B. 管理费用　C. 其他业务成本　D. 销售费用

4. 下列原材料相关损失项目中，应计入管理费用的是（　）。

A. 计量差错引起的原材料盘亏　B. 自然灾害造成的原材料损失

C. 原材料运输途中发生的合理损耗　D. 人为责任造成的原材料损失

5. 企业发生的原材料盘亏或毁损中，不应作为管理费用列支的是（　）。

A. 自然灾害造成毁损净损失　B. 保管中发生的定额内自然损耗

C. 收发计量造成的盘亏损失　D. 管理不善造成的盘亏损失

6. 某企业月初库存材料60件，每件为1 000元，月中又购进两批，一次200件，每件950元，另一次100件，每件1 046元，则月末该材料的加权平均单价为（　）元。

A. 980　B. 985　C. 990　D. 1 182

7. 某一般纳税人委托外单位加工一批应税消费品，材料成本50万元，加工费5万元（不含税），受托方增值税率为17%，受托方代扣代缴消费税1万元。该批材料加工后委托方直接出售，则该批材料加工完毕入库时的成本为（　）万元。

A. 63.5　B. 56　C. 58.5　D. 55

二、多项选择题

1. 下列各项资产中属于存货范围的有（　）。

A. 周转材料　B. 工程物资　C. 库存商品　D. 在产品

2. 下列各项中应计入企业外购存货入账价值的有（　）。

A. 存货的购买价格　B. 运输途中的保险费

C. 入库前的挑选整理费用　D. 运输途中的合理损耗

3. 下列项目中，应计入存货成本的有（　）。

A. 商品流通企业在采购商品过程中发生的运输费

B. 非正常消耗的直接材料、直接人工和制造费用

C. 在生产过程中为达到下一个生产阶段所必需的费用

D. 存货的加工成本

4. 存货发出的计价方法有（　）。

A. 个别计价法　B. 移动加权平均法　C. 先进先出法　D. 后进先出法

5. 存货采用先进先出法计价，在物价上涨情况下，可能会引起（　）。

A. 期末存货升高　　B. 期末存货降低

C. 当期利润减少　　D. 当期利润增加

6. 原材料按实际成本计价应设置（　）账户。

A. 在途物资　　B. 原材料　　C. 材料采购　　D. 材料成本差异

7. 按计划成本对原材料计价时，允许设置的账户有（　）。

A. 原材料　　B. 在途物资　　C. 材料采购　　D. 材料成本差异

8. “材料成本差异”账户借方登记（　）。

A. 入库材料应负担的超支额　　B. 入库材料应负担的节约额

C. 发出材料应负担的超支额　　D. 发出材料应负担的节约额

9. 下列各项中，增值税一般纳税企业应计入收回委托加工物资成本的有（　）。

A. 支付的加工费

B. 随同加工费支付的增值税

C. 支付的收回后继续加工应税消费品的委托加工物资的消费税

D. 支付的收回后直接销售的委托加工物资的消费税

10. 存货盘亏按规定批准转销时，根据亏损原因，可能计入的账户有（　）。

A. 管理费用　　B. 其他应收款　　C. 营业外支出　　D. 财务费用

三、判断题

1. 凡是存放在本企业的存货都是该企业的存货。（　）

2. 存货发出的各种计价方法，企业可以任意选一种使用，随意变动。（　）

3. 商品流通企业在采购商品时，如果发生的进货费用金额较小，可以将该费用在发生时直接计入当期损益。（　）

4. 购入材料在运输途中发生的合理损耗应计入管理费用。（　）

5. 某一酒类生产厂家所生产的白酒在储存4个月之后才符合产品质量标准，该储存期间所发生的储存费用应计入当期管理费用。（　）

6. 投资者投入的存货成本，一律按投资合同或协议约定的价值确定。（　）

7. 企业采用计划成本核算原材料，平时收到原材料时应按实际成本借记“原材料”科目，领用或发出原材料时应按计划成本贷记“原材料”科目，期末再将发出材料和期末材料调整为实际成本。（　）

8. 企业采用计划成本进行材料日常核算时，月末分摊发出材料成本差异时，节约记入“材料成本差异”科目的贷方，超支记入“材料成本差异”科目的借方。（　）

9. 为了安全生产、劳动保护而发给职工的工作服、工作鞋和各种劳动保护用品不列为低值易耗品。（　）

10. 委托加工物资应负担的消费税，凡属于加工材料收回后直接用于销售的，不应将代扣代缴的消费税计入委托加工物资的成本。（　）

四、业务题

1. 某企业对原材料按计划成本计价，2010年3月份有关资料如下。

“原材料”科目月初借方余额50 000元，“材料成本差异”科目月初借方余额1 000元。本月外购并验收入库的原材料的实际成本80 560元，计划成本80 000元。本月车间领用原材料的计划成本为60 000元。

要求计算：

（1）本月材料成本差异率；

（2）本月发出材料应负担的差异额；

（3）本月发出材料的实际成本。

2. 某企业购进甲材料50 000元，增值税8 500元，价款用银行存款支付，材料于当日运到并验收入库，甲材料计划成本58 000元。

要求进行以下账务处理：（1）材料购入；（2）材料验收入库；（3）结转材料成本差异。

3. 某企业2010年6月1日结存乙材料100千克，每千克实际成本1 000元。本月发生如下有关业务。

（1）3日，购入乙材料50千克，每千克实际成本1 050元，材料已验收入库。

（2）5日，发出乙材料80千克。

（3）7日，购入乙材料70千克，每千克实际成本980元，材料已验收入库。

（4）12日，发出乙材料130千克。

（5）20日，购入乙材料80千克，每千克实际成本1 100元，材料已验收入库。

（6）25日，发出乙材料30千克。

要求：

（1）假定该企业原材料采用实际成本核算，发出材料采用先进先出法，请根据上述资料，计算乙材料5日、12日、25日发出材料的成本以及期末结存的成本。

（2）假定该企业原材料采用实际成本核算，发出材料采用月末一次加权平均法，请根据上述资料，计算该公司当月结存材料的实际成本和发出材料的实际成本。

4. 甲企业为增值税一般纳税人，增值税税率为17%。原材料采用实际成本核算，原材料发出采用月末一次加权平均法计价。运输费不考虑增值税。2010年4月，与A材料相关的资料如下。

（1）1日，“原材料——A材料”科目余额10 000元（共1 000千克，其中含3月已验收入库但因发票账单未到而以1 000元暂估入账的A材料100千克）。

（2）5日，收到3月末暂估价入库A材料的发票账单，货款900元，增值税额153元，对方代垫运输费200元，全部款项已用转账支票付讫。

（3）8日，以汇兑结算方式购入A材料2 000千克，发票账单已收到，货款24 000元，增值税额4 080元，运输费用600元。材料尚未到达，款项已由银行存款支付。

（4）11日，收到8日采购的A材料，验收时发现只有1 950千克。经检查，短缺的50

千克确定为运输途中的合理损耗，A材料验收入库。

（5）18日，持银行汇票80 000元购入A材料5 000千克，增值税专用发票上注明的货款为49 500元，增值税额为8 415元，另支付运输费用2 000元，材料已验收入库，剩余票款退回并存入银行。

（6）21日，基本生产车间自制A材料50千克验收入库，总成本为600元。

（7）30日，根据“发料凭证汇总表”记录，4月份基本生产车间为生产产品领用A材料5 000千克，车间管理部门领用A材料1 000千克，企业管理部门领用A材料1 000千克。

要求：

（1）计算甲企业4月份发出A材料的单位成本。

（2）根据上述资料，编制甲企业4月份与A材料有关的会计分录。

第六章 长期股权投资

学习目标与要求

通过对本章的学习，了解长期股权投资的概念及范围；掌握长期股权投资成本法和权益法的适用条件及核算方法。

第一节 长期股权投资概述

一、长期股权投资的概述

本章所述长期股权投资是指应当按照《企业会计准则第2号——长期股权投资》进行核算的权益性投资。企业进行长期股权投资的主要目的是通过长期持有被投资单位的股份，以达到控制或共同控制被投资单位，或对被投资单位施加重大影响，或分散经营风险以增加企业收益。长期股权投资通常具有投资金额大、投资期限长、投资风险大及按持有股份享有权利承担义务等特点。

在我国长期股权投资的取得方式主要有以下两种。

（1）通过企业合并形成的长期股权投资，如支付现金、转让非现金资产或承担债务等方式成为被投资单位的股东，并可以对其实施控制。

（2）企业合并以外的其他方式形成的长期股权投资，如在证券市场上以货币资金购买股票或以资产（包括货币资金、无形资产和其他实物资产等）投资于其他单位，从而成为被投资单位的股东。

二、长期股权投资的范围

按照《企业会计准则第2号——长期股权投资》规范的权益性投资有以下四大类。

（一）投资企业持有的能够对被投资单位实施控制的权益性投资，即对子公司的投资

控制是指有权决定一个企业的财务和经营政策，并能据以从该企业的经营活动中获取利益。投资企业能够对被投资单位实施控制的，被投资单位为其子公司。通常情况下，投资企业直接拥有被投资单位50%以上的表决权股份，或投资企业虽然直接拥有被投资单位表决权股份没有达到50%以上但具有实质控制权的，即可认为投资企业对被投资企业具有控制权。

（二）投资企业持有的能够与其他合营方一同对被投资单位实施共同控制的权益性投资，即对合营企业投资

共同控制是指按照合同约定对某项经济活动进行的共有的控制。合营企业的特点在于合营企业的合营各方均受到合营合同的限制和约束。一般在合营企业设立时，合营各方在投资合同或协议中约定在所设立合营企业的重要财务和生产经营决策制定过程中，必须由合营各方均同意才能通过。投资企业与其他单位对被投资单位实施共同控制的，被投资单位为其合营企业。

（三）投资企业持有的能够对被投资单位施加重大影响的权益性投资，即对联营企业投资

重大影响是指对一个企业的财务和经营政策有参与决策的权力，但并不能够控制或者与其他方一起共同控制这些政策的制定。较为常见的重大影响体现在被投资单位的董事会或类似权利机构中派有代表，通过在被投资单位生产经营决策制定过程中的发言权实施重大影响。

当投资企业直接或通过子公司间接拥有被投资单位20%以上但低于50%的表决权股份时，一般认为对被投资单位具有重大影响。投资企业能够对被投资单位施加重大影响的，被投资单位为其联营企业。投资企业拥有被投资单位20%以下表决权股份时，一般认为对被投资单位不具有重大影响，但有证据表明能够对被投资单位施加重大影响的，也应视为对联营企业投资。

企业通常可以通过以下一种或几种情形来判断是否对被投资单位具有重大影响。

（1）在被投资单位的董事会或类似权力机构中派有代表。

（2）参与被投资单位的政策制定过程，包括股利分配政策等的制定。

（3）与被投资单位之间发生重要交易。

（4）向被投资单位派出管理人员。

（5）向被投资单位提供关键技术资料。

（四）投资企业对被投资单位不具有控制、共同控制或重大影响，且在活跃市场中没有报价、公允价值不能可靠计量的权益性投资

通常情况下，投资企业只拥有被投资单位20%以下表决权股份时，被认为对被投资单位不具有控制、共同控制或重大影响。例如，甲企业拥有乙企业10%的表决权资本，无其他实施重大影响的途径，则表明甲企业对乙企业不具有共同控制和重大影响。

但需注意的是，判断一个企业对被投资单位是否具有控制、共同控制或重大影响，不仅要看合同、协议和所持有的表决权股份占被投资单位总股本的比例，还要考虑经济实质和其他各种因素（如投资企业和其他方持有的被投资单位当期可转换公司债券、当期可执行认股权证等潜在的表决权因素），进而确定投资企业对被投资单位是否具有控制、共同控制或重大影响。

第二节　采用成本法核算的长期股权投资

长期股权投资在持有期间内，根据投资企业对被投资单位的影响程度及是否存在活跃市场、公允价值能否可靠取得等进行划分，应当分别采用成本法和权益法进行核算。

一、长期股权投资核算的科目设置

1. "长期股权投资"科目

"长期股权投资"科目核算企业持有的采用成本法和权益法核算的长期股权投资。借方登记长期股权投资取得时的成本和采用权益法核算时按被投资单位实现的净利润等计算的应分享的份额，贷方登记收回长期股权投资的价值或采用权益法核算时被投资单位宣告分派现金股利或利润时企业按持股比例计算应享有的份额，及按被投资单位发生的净亏损等计算的应分担的份额，期末借方余额，反映企业持有的长期股权投资的价值。该科目可按被投资单位进行明细核算。长期股权投资采用权益法核算的，还应当分别"成本"、"损益调整"、"其他权益变动"进行明细核算。

2. "应收股利"科目

"应收股利"科目核算企业应收取的现金股利和应收取其他单位分配的利润。借方登记企业应收取的现金股利和应收取其他单位分配的利润，贷方登记实际收到的现金股利或利润，期末余额在借方，反映企业尚未收回的现金股利或利润。

3. "长期股权投资减值准备"科目

"长期股权投资减值准备"科目核算企业计提的长期股权投资减值准备。贷方登记长期股权投资发生减值时减记的金额，借方登记处置长期股权投资时，结转的长期股权投资减值准备的金额，期末余额在贷方，反映企业已计提但尚未转销的长期股权投资减值准备。

二、采用成本法核算长期股权投资的账务处理

（一）成本法适用范围

按照《企业会计准则第2号——长期股权投资》规定，应当采用成本法的，一是企业能够对被投资单位实施控制的长期股权投资，即企业对子公司的投资；二是投资企业对被投资单位不具有共同控制或重大影响，并且在活跃市场中没有报价、公允价值不能可靠计量的长期股权投资。

（二）成本法的核算

1. 除企业合并形成的长期股权投资以外，以支付现金取得的长期股权投资，应当按照实际支付的购买价款作为初始投资成本，包括购买过程中支付的手续费、税金及其他直接必要支出。

2. 企业取得长期股权投资，实际支付的价款或对价中包含的已宣告但尚未发放的现金股利或利润，作为应收项目处理，不构成长期股权投资的成本。

3. 持有期间被投资单位宣告分派的现金股利或利润，作为当期投资收益。

4. 处置长期股权投资时，按实际取得的价款与长期股权投资账面价值的差额确认为投资收益，并同时结转已计提的长期股权投资减值准备。

【例6-1】东方公司2010年2月1日出资500万元，取得甲公司10%的股份，对甲公司不具有共同控制或重大影响。另外购买该股权时发生相关税费50 000元，已由银行存款支付。东方公司根据表6-1、表6-2、表6-3做如下账务处理：

借：长期股权投资　　5 050 000

　　贷：银行存款　　5 050 000

表6-1　投资协议书（样本）

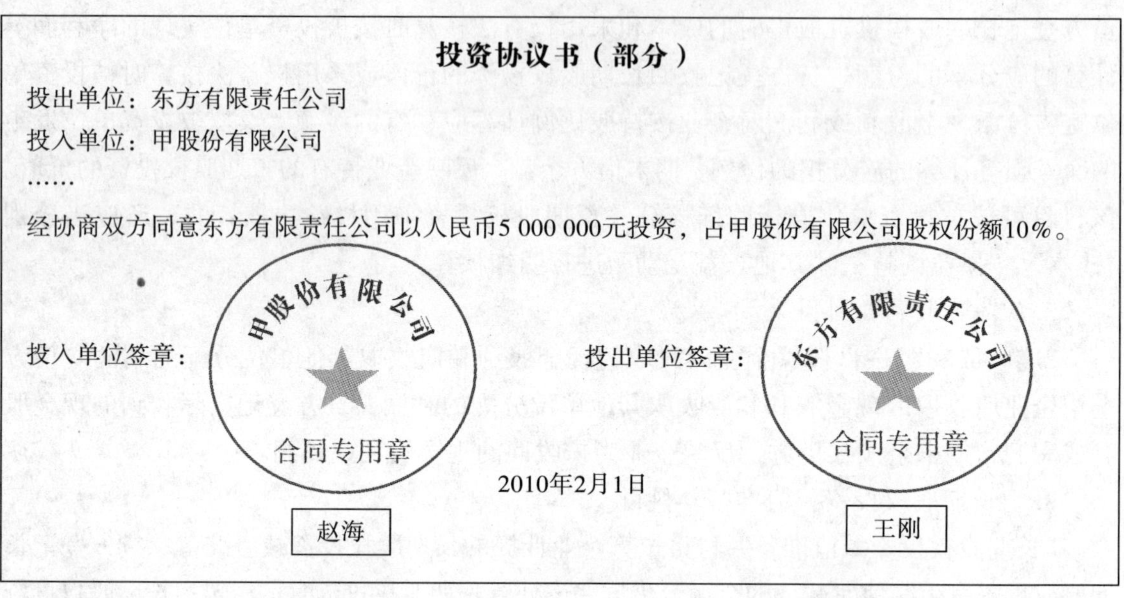
投资协议书（部分）

投出单位：东方有限责任公司

投入单位：甲股份有限公司

……

经协商双方同意东方有限责任公司以人民币5 000 000元投资，占甲股份有限公司股权份额10%。

投入单位签章：　　投出单位签章：

2010年2月1日

赵海　　王刚

表6-2　转账支票存根（1）

中国工商银行

转账支票存根

No.156534

科目：

对方科目：

签发日期：2010年2月1日

收款人：甲股份有限公司

金额：　¥5 000 000.00

用途：　投资款

备注：

单位主管　　会计

复核　　记账

表6-3　转账支票存根（2）

中国工商银行

转账支票存根

No.156534

科目：

对方科目：

签发日期：2010年2月1日

收款人：某证券经营机构

金额：　¥50 000.00

用途：　投资费用

备注：

单位主管　　会计

复核　　记账

【例6-2】承例6-1，4月25日，甲公司宣告发放现金股利250 000元，东方公司可以得到25 000元。东方公司根据表6-4做下账务处理：

借：应收股利　　25 000

　　贷：投资收益　　25 000

表6-4　股份公司股东大会决议公告（样本）

<table>
<tr><td>

甲股份有限公司

2009年年度股东大会决议公告（部分）

……

2009年度本公司法定财务报告的利润情况为：净利润为人民币6 000 000元，可供分配的利润为人民币10 000 000元。

本公司在2009年应按照全年净利润的10%计算提取法定盈余公积人民币600 000元，同时本公司派发现金股利人民币250 000元。

特此公告。

甲股份有限公司董事会

2010年4月25日

</td></tr>
</table>

【例6-3】东方公司2010年4月9日以银行存款购入乙公司的股票20 000股作为长期股权投资，买入价8元/股，其中每股价格中含有已宣告但尚未分派的现金股利0.1元，另支付相关税费1 500元。

（1）计算初始投资成本

股票成交金额（20 000×8）	160 000
加：相关税费	1 500
减：已宣告但尚未分派的现金股利	2 000
	159 500

（2）编制购入股票时的分录

借：长期股权投资　　159 500

　　应收股利　　2 000

　　贷：银行存款　　161 500

（3）若东方公司于2010年4月20日收到购入时已宣告的现金股利2 000元

此时应做如下账务处理：

借：银行存款　　2 000

　　贷：应收股利　　2 000

（4）若乙公司于2011年4月5日宣告发放现金股利，东方公司可以得到2 500元

东方公司根据乙公司的股东大会决议做如下账务处理：

借：应收股利　　2 500

　　贷：投资收益　　2 500

【例6-4】东方公司将其作为长期投资持有的丙股份有限公司10 000股股票，以每股20元的价格出售，支付相关税费2 500元，取得价款197 500元，款项已收存银行。该长期股权投资的账面价值为160 000元，假定东方公司没有计提减值准备。东方公司的账务处理如下：

借：银行存款　　197 500

　　贷：长期股权投资　　160 000

　　　　投资收益　　37 500

第三节　采用权益法核算的长期股权投资

一、权益法适用范围

按照《企业会计准则第2号——长期股权投资》规定，应当采用权益法的，一是投资企业对被投资单位具有共同控制的长期股权投资，即对合营企业投资；二是投资企业对被投资单位能够施加重大影响的长期股权投资，即对联营企业投资。

二、采用权益法核算长期股权投资的账务处理

由于采用权益法核算长期股权投资时，其长期股权投资的账面价值不断变化（长期股权投资的账面价值随着被投资企业所有者权益的变动而变动），因此“长期股权投资”科目应分别设置“成本”、“损益调整”、“其他权益变动”进行明细核算。

（一）初始投资成本的调整

投资企业在取得投资时，应当比较长期股权投资的初始投资成本与投资时被投资单位可辨认净资产公允价值份额。

（1）初始投资成本高于投资时被投资单位可辨认净资产公允价值份额的，不调整长期股权投资的初始投资成本。

（2）初始投资成本低于投资时被投资单位可辨认净资产公允价值份额的，二者差额计入营业外收入，同时调高长期股权投资的成本。

【例6-5】东方公司出资300 000元购买丙公司25%的股份，对丙公司具有重大影响。购买时丙公司可辨认净资产的公允价值为1 000 000元，则东方公司应做如下账务处理：

借：长期股权投资——丙公司（成本）	300 000	
贷：银行存款		300 000

因东方公司占丙公司可辨认净资产公允价值的份额为250 000元（1 000 000×25%），而东方公司共出资300 000元，高于被投资单位可辨认净资产公允价值份额，所以东方公司长期股权投资的初始投资成本不变。

假如东方公司的出资额变为220 000元，其他条件不变，则220 000元的出资额低于被投资单位可辨认净资产公允价值份额30 000元，则东方公司应做如下账务处理：

借：长期股权投资——丙公司（成本）	250 000	
贷：银行存款		220 000
营业外收入		30 000

（二）持有长期股权投资期间被投资单位实现净利润

按照被投资单位实现的净利润计算应享有的份额，借记“长期股权投资——损益调整”科目，贷记“投资收益”科目。被投资单位以后宣告发放现金股利或利润时，企业根据应得的部分，借记“应收股利”科目，贷记“长期股权投资——损益调整”科目。

收到被投资单位宣告发放的股票股利，不进行账务处理，记录在备查簿中。

【例6-6】东方公司2010年1月出资320 000元购买丁公司30%的股份，具有重大影响。购买时丁公司的可辨认净资产的公允价值与账面价值均为1 000 000元，则东方公司应做

如下账务处理：

借：长期股权投资——丁公司（成本） 320 000

贷：银行存款 320 000

2010年，丁公司全年实现净利润600 000元。东方公司应当按照应享有的丁公司实现净利润的份额180 000元（600 000×30%），确认投资损益并调整长期股权投资的账面价值。其账务处理如下：

借：长期股权投资——丁公司（损益调整） 180 000

贷：投资收益 180 000

2011年4月，丁公司宣告发放现金股利500 000元，东方公司可得150 000元。其账务处理如下：

借：应收股利 150 000

贷：长期股权投资——丁公司（损益调整） 150 000

东方公司收到现金股利时，做如下账务处理：

借：银行存款 150 000

贷：应收股利 150 000

（三）持有长期股权投资期间被投资单位实现净亏损

投资企业确认被投资单位发生的净亏损，应当以长期股权投资的账面价值以及其他实质上构成对被投资单位净投资的长期权益减记至零为限，因为按照股份公司有限责任的法律规定，投资方对自己的投资责任只能以其出资额为限。

其他实质上构成对被投资单位净投资的长期权益，通常是指长期性的应收项目，如企业对被投资单位的长期债权，该债权没有明确的清收计划且在可预见的未来期间不准备收回，这实质上构成对被投资单位的净投资。

1. 被投资单位发生亏损

当被投资单位发生亏损时，应当按照以下顺序进行处理。

首先，冲减长期股权投资的账面价值。

其次，长期股权投资的账面价值不足以冲减的，应当以其他实质上构成对被投资单位净投资的长期权益账面价值为限继续确认投资损失，冲减长期应收项目等的账面价值。

最后，经过上述处理，按照投资合同或协议约定企业仍承担额外义务的，应按预计承担的义务确认预计负债，计入当期投资损失。

【例6-7】东方公司持有C公司40%的股权，对C公司具有重大影响。2009年12月31日东方公司长期股权投资的账面价值为1 000万元。C公司2010年亏损2 000万元。假定取得投资时C公司各项资产公允价值等于其账面价值，双方采用的会计政策、会计期间均相同。东方公司的账务处理如下：

东方公司2010年应确认投资损失800万元。

借：投资收益 8 000 000

贷：长期股权投资——C公司（损益调整） 8 000 000

如果上述C公司2010年度的亏损额为3 000万元，并且东方公司账上有应收C公司的长期应收款500万元，则2010年度东方公司应分担损失1 200万元，长期股权投资账面价值减至零。

借：投资收益　　10 000 000

　　贷：长期股权投资——C公司（损益调整）　　10 000 000

借：投资收益　　2 000 000

　　贷：长期应收款　　2 000 000

2. 被投资单位亏损后又盈利

被投资单位亏损后又实现盈利时，投资企业在以其收益分享额弥补未确认的亏损分担额后，恢复确认收益分享额。

确认了投资损失后，被投资单位以后期间又实现盈利的，应按亏损确认时的相反顺序逐次恢复：分别减记已确认的预计负债，恢复其他长期权益，最后恢复长期股权投资的账面价值，同时确认投资收益。

【例6-8】承例6-7，2011年，C公司发生经营收益1 000万元，东方公司应得到的投资收益增加份额为1000×40%=400万元。由于上期亏损3 000万元中有200万元冲减了长期应收款，所以本期收益应该先恢复长期应收款，剩余200万元再恢复长期股权投资的账面价值。

借：长期股权投资——C公司（损益调整）　　2 000 000

　　长期应收款　　2 000 000

　　贷：投资收益　　4 000 000

（四）投资企业对于被投资单位除净损益以外所有者权益的其他变动

投资企业对于被投资单位除净损益以外所有者权益的其他变动，在持股比例不变的情况下，企业应按照持股比例计算应享有的份额，借记或贷记“长期股权投资——其他权益变动”科目，贷记或借记“资本公积——其他资本公积”。

【例6-9】2010年丙公司持有的可供出售金融资产公允价值的增加了90 000元，东方公司持有丙公司的股份为25%。则东方公司应编制如下会计分录：

借：长期股权投资——丙公司（其他权益变动）　　22 500

　　贷：资本公积——其他资本公积　　22 500

（五）长期股权投资的处置

处置长期股权投资时，其账面价值与实际取得价款的差额，应当计入当期损益。采用权益法核算的长期股权投资，因被投资单位除净损益以外所有者权益的其他变动而计入所有者权益的，处置该项投资时应当将原计入所有者权益的部分按相应比例转入当期损益。

处置长期股权投资时，应按实际收到的金额，借记“银行存款”等账户，按其账面余额，贷记“长期股权投资”账户，按尚未领取的现金股利或利润，贷记“应收股利”账户，按其差额，贷记或借记“投资收益”账户。已计提减值准备的，还应同时结转减值准备。

采用权益法核算长期股权投资的处置，还应结转原记入“资本公积”的相关金额，借记或贷记“资本公积——其他资本公积”账户，贷记或借记“投资收益”账户。

【例6-10】2010年3月1日，东方公司出售所持丙公司股票的10%，取得收入250 000元，款项已收存银行。出售时，东方公司对丙公司的长期股权投资各明细账户如下：成本1 000 000元、损益调整1 250 000元、其他权益变动22 500元。

东方公司根据出售丙公司股份的比例相应结转“成本”、“损益调整”和“其他权益变动”的金额：

借：银行存款　　250 000

　　贷：长期股权投资——丙公司（成本）　　100 000

　　　　　　　　　　——丙公司（损益调整）　　125 000

　　　　　　　　　　——丙公司（其他权益变动）　　2 250

　　　　投资收益　　22 750

同时按出售比例结转“资本公积——其他资本公积”：

借：资本公积——其他资本公积　　2 250

　　贷：投资收益　　2 250

第四节　长期股权投资的减值

一、长期股权投资减值的确认

控制、共同控制、重大影响的长期股权投资，在资产负债表日存在可能发生减值的迹象时，其可收回金额低于账面价值的，应当将该长期股权投资的账面价值减记至可收回金额，减记的金额应确认为资产减值损失，同时计提相应的资产减值准备。

成本法核算的在活跃市场中没有报价、公允价值不能可靠计量的长期股权投资，若该长期股权投资的账面价值高于按照类似金融资产当时市场收益率对未来现金流量折现确定的现值，按其差额确认为资产减值损失，计入当期损益。

二、长期股权投资减值的账务处理

资产负债表日，长期股权投资发生减值的，按应减记的金额，借记“资产减值损失”科目，贷记“长期股权投资减值准备”科目。长期股权投资减值损失一经确认，在以后会计期间不得转回。

【例6-11】东方公司2010年3月以400万元购得丁公司的股票80万股，每股市价5元，占丁公司60%的股份，东方公司按成本法核算。近两年，丁公司的股票价格如下。

时间	每股市价（元）
2010年6月30日	5.2
2010年12月31日	4.9
2011年6月30日	4.5
2011年12月31日	5.6

2010年6月30日丁公司的每股市价上涨，东方公司不调整长期股权投资的账面价值。12月31日丁公司的每股市价降至4.9元时，东方公司长期股权投资的可收回金额为392万元（800 000×4.9），低于账面价值8万元（4 000 000−3 920 000），则东方公司依据计提资产减值损失的计算单，确认资产减值损失，同时计提长期股权减值准备。

借：资产减值损失　　80 000

　　贷：长期股权投资减值准备　　80 000

2011年6月30日，丁公司的每股市价继续降至4.5元时，东方公司长期股权投资的可收回金额为360万元（800 000×4.5），低于账面价值32万元（3 920 000−3 600 000），则东方公司应做如下账务处理：

借：资产减值损失　　320 000

　　贷：长期股权投资减值准备　　320 000

2011年12月31日，丁公司的每股市价涨至5.6元时，东方公司长期股权投资的可收回金额为448万元（800 000×5.6），高于账面价值88万元（4 480 000−3 600 000），此时东方公司不做任何处理，因我国《企业会计准则》规定长期股权投资减值损失一经确认，在以后会计期间不得转回。

上市公司股利发放程序

一般来讲，上市公司在财会年度结算以后，会根据股东的持股数将一部分利润作为股息分配给股东。

根据《公司法》的规定，上市公司分红的基本程序是：首先由公司董事会根据公司盈利水平和股息政策，确定股利分派方案，然后提交股东大会审议通过方能生效。当股利分配方案通过后，董事会即可依据股利分配方案向股东宣布，此日即为“宣告日”。

当一家上市公司宣布上年度有利润可供分配并准予实施时，上市公司一般要宣布一个时间称为“股权登记日”，即在该日收市时持有该股票的股东就享有分红的权利。在以前的股票有纸交易中，为了证明对上市公司享有分红权，股东们要在公司宣布的股权登记日予以登记，且只有在此日被记录在公司股东名册上的股票持有者，才有资格领取上市公司分派的股息红利。现在，股权登记都通过计算机交易系统自动进行，股民不必到上市公司或登记公司进行专门的登记，只要在股权登记日收市时还拥有该公司股票，股东就自动享有分红的权利。

进行股权登记后，股票将要除权，一般股权登记日后的第一个工作日为“除权日”。除权之后再购买股票的股东将不再享有分红派息的权利。

最后到了股利“发放日”，由证券交易所及登记公司协助进行发放。例如，上市公司将会把分派的红股直接登录到股民的股票账户中，将现金股利通过股民开户的证券公司直接划拨到股民的资金账户中。

成本法和权益法

注册会计师在审计A公司2009年度合并会计报表时，发现以下几个情况。

（1）A公司对于自己全资投资的学校，按照成本法核算。

（2）由于自2008年B公司（A公司占45%股份）已经资不抵债，2009年12月份A公司董事会决议，自2009年A公司对B公司的投资，按成本法核算。

（3）A公司虽然占C公司35%的股权，但C公司自2005年成立以来，A公司从没有控制过C公司，因此，一直采用成本法核算。

讨论题：

1. 企业对自己举办的学校能否采用权益法进行核算？

2. 企业能够以被投资公司连续亏损或资不抵债而终止权益法核算吗？

3. A公司对C公司采用成本法核算是否正确？

分析思路：

1. 根据国家有关法规的规定，出资人从学校获取回报的能力受到限制。因此，企业对自己举办的学校应当采用成本法进行核算。

2. 企业不得随意将其仍持有股权并具有重大影响，但已发生亏损的被投资单位，或将尚未满足股权转让条件（即未满足股权转让收益确认条件）仍对被投资单位具有重大影响的股权投资，终止采用权益法核算。

3. 虽然A公司对C公司没有控制权，但也要考虑A公司对C公司有无重大影响，如果有的话要采用权益法。

能力训练

一、单项选择题

1. 企业能够对被投资单位实施控制，被投资单位为本企业的（　）。

A. 联营企业　B. 合营企业　C. 子公司　D. 分公司

2. 企业取得长期股权投资，实际支付的价款或对价中包含的已宣告但尚未发放的现金股利，应计入（　）。

A. 投资收益　B. 财务费用　C. 应收股利　D. 长期股权投资

3. 长期股权投资采用权益法核算时，长期股权投资的初始投资成本小于投资时应享有被投资单位可辨认净资产公允价值份额的，应按其差额，借记“长期股权投资——成本”科目，贷记科目是（　）。

A. “投资收益”　B. “资本公积——其他资本公积”

C. “营业外收入”　D. “长期股权投资——其他权益变动”

4. 长期股权投资采用权益法核算时，在持股比例不变的情况下，被投资单位除净损益以外所有者权益的增加时，投资企业按持股比例计算应享有的份额，借记的科目是（　）。

A. “长期股权投资——成本”　　　　B. “资本公积——其他资本公积”

C. “长期股权投资——损益调整”　　D. “长期股权投资——其他权益变动”

5. 企业购入A公司股票支付价款220 000元，其中含有已宣告尚未发放的现金股利20 000元，另支付相关税费5 000元，则该长期股权投资的入账价值为（　）元。

A. 220 000　　B. 200 000　　C. 205 000　　D. 225 000

6. A公司2010年1月1日购买甲公司发行的股票2 000万股并准备长期持有，占甲公司股份的25%，对甲公司具有重大影响，每股买入价为6元，另外购买该股票时发生相关税费40万元，2009年12月31日，甲公司的所有者权益的公允价值60 000万元，则A长期股权投资的入账价值为（　）万元。

A. 12 000　　B. 15 000　　C. 12 040　　D. 15 040

7. 2010年1月2日，A公司以银行存款300万元对B公司投资，持有B公司股权的50%，具有重大影响。B公司可辨认净资产公允价值总额为500万元。2010年3月2日，B公司宣告分配2009年现金股利50万元，2010年B企业实现净利润1 500万元，假定取得投资时点被投资单位各资产公允价值等于账面价值，双方采用的会计政策、会计期间相同。则2010年末A公司“长期股权投资”的账面余额是（　）万元。

A. 900　　B. 1 025　　C. 1 000　　D. 1 050

8. A公司2010年1月1日对B公司初始投资成本为330万元，占B公司30%的股份，B公司可辨认净资产公允价值为1 000万元，采用权益法核算。当年B公司实现净利润300万元，2011年B公司发生净亏损1 500万元（不存在长期应收款、预计负债的内容），2012年B企业实现净利润600万元，假定取得投资时点被投资单位各资产公允价值等于账面价值。则2012年年末A公司长期股权投资的账面余额是（　）万元。

A. 150　　B. 180　　C. 165　　D. 0

9. A公司2010年4月1日对B公司投资，初始投资成本为1 875万元（含支付的相关税费15万元），占B公司股份的90%，采用成本法核算。B公司2010年6月3日宣告分配2009年现金股利150万元，当年B公司实现净利润600万元（假设每月均衡）；2011年5月6日，宣告分配2010年现金股利750万元；当年B公司实现净利润900万元（假设每月均衡），A公司2011年确认的投资收益是（　）万元。

A. 270　　B. 0　　C. 675　　D. 405

二、多项选择题

1. 下列各项中，应采用权益法核算的有（　）。

A. 对子公司投资

B. 对合营企业投资

C. 对联营企业投资

D. 对被投资单位不具有控制、共同控制或重大影响，且在活跃市场中没有报价、公允价值不能可靠计量的权益性投资

2. 对于采用权益法核算的长期股权投资，下列处理方法正确的有（　）。

A. 长期股权投资的初始投资成本大于投资时应享有被投资单位可辨认净资产公允价值份额的，不调整长期股权投资的初始投资成本

B. 长期股权投资的初始投资成本小于投资时应享有被投资单位可辨认净资产公允价值份额的，其差额应当计入当期营业外收入，同时调整长期股权投资的成本

C. 企业取得长期股权投资时，实际支付的价款中包含的已宣告但尚未发放的现金股利不应计入初始投资成本

D. 在权益法下，被投资企业宣告发放股票股利时，投资企业应按享有的金额调整长期股权投资的账面价值，并确认投资收益

3. 下列项目中，应采用长期股权投资成本法核算的有（　）。

A. 对子公司的投资

B. 对联营企业的投资

C. 投资企业对被投资单位不具有控制、共同控制或重大影响，并且在活跃市场中没有报价、公允价值不能可靠计量的投资

D. 投资企业对被投资单位不具有控制、共同控制或重大影响，在活跃市场中有报价、公允价值能可靠计量的投资

4. 采用成本法核算时，下列不会引起投资方长期股权投资账面价值变化的有（　）。

A. 被投资企业年末实现净利润　B. 被投资企业其他所有者权益发生增减变动

C. 被投资企业发放股票股利　D. 投资企业追加投资或收回投资

5. 企业采用权益法核算时，下列事项中能引起长期股权投资账面价值发生增减变动的有（　）。

A. 长期股权投资的初始投资成本小于投资时应享有被投资单位可辨认净资产公允价值份额

B. 计提长期股权投资减值准备

C. 被投资单位因可供出售金融资产公允价值变动而调整资本公积

D. 长期股权投资的初始投资成本大于投资时应享有被投资单位可辨认净资产公允价值份额

6. 下列各项中，可能计入投资收益核算的有（　）。

A. 期末长期股权投资账面价值大于可收回金额的差额

B. 处置长期股权投资时结转的“资本公积——其他资本公积”

C. 长期股权投资采用权益法下被投资方宣告发放的现金股利

D. 长期股权投资采用成本法下被投资方宣告发放的现金股利

三、判断题

1. 企业无论以何种方式取得长期股权投资，实际支付的价款中包含的已宣告但尚未领取的现金股利或利润，应作为取得的长期股权投资的成本。（　）

2. 对被投资单位的影响力在重大影响以下，且在活跃市场中有报价、公允价值能可

靠计量的投资应采用成本法核算。(　)

3. 企业的长期股权投资采用权益法核算时，初始投资成本大于投资时应享有被投资单位可辨认净资产公允价值份额的，不调整已确认的初始投资成本。(　)

4. 企业的长期股权投资采用权益法核算的，初始投资成本小于投资时应享有被投资单位可辨认净资产公允价值份额的，应按其差额，借记“长期股权投资——成本”科目，贷记“投资收益”科目。(　)

5. 收到被投资单位发放的股票股利，不进行账务处理，但应在备查簿中登记。(　)

6. 在持股比例不变的情况下，被投资单位除净损益以外所有者权益的其他变动，企业按持股比例计算应享有的份额。借记“长期股权投资——其他权益变动”科目，贷记“资本公积——其他资本公积”科目。(　)

四、业务题

1. 2010年1月2日A公司以3 000万元投资于B公司，占B公司有表决权资本的10%，投资企业对被投资单位不具有共同控制或重大影响，并且在活跃市场中没有报价、公允价值不能可靠计量，采用成本法核算。B公司有关资料如下：（1）2010年4月20日B公司宣告2009年度的现金股利75万元；2010年实现净利润300万元；（2）2011年4月20日B公司宣告2010年度的现金股利375万元；2011年实现净利润350万元。

要求：编制A公司各年度有关会计分录。(单位以万元表示)

2. 2010年1月1日B公司以银行存款600万元取得C公司20%的股份，对C公司具有重大影响。B公司取得股权投资时，C公司可辨认净资产的公允价值与账面价值均为2000万元。

(1) 2010年度C公司实现净利润200万元。本年度暂不分配现金股利。

(2) 2011年度C公司发生亏损为400万元。

(3) 2012年度C公司实现净利润900万元，本年度C公司向投资者分配现金股利400万元。

(4) 2013年度C公司实现净利润200万元，本年度C公司向投资者分配现金股利500万元。

要求：根据上述经济业务，编制B公司关于投资的有关会计分录(单位以万元表示)。

3. 甲公司2010年6月5日购入乙公司股份5 000股，每股价格12.12元，另支付相关税费320元，甲公司购入乙公司股份占乙公司有表决权资本的3%，并准备长期持有。乙公司于2010年7月10日宣告分派2009年度的现金股利，每股0.2元。

要求：根据上述资料，编制甲公司的有关会计分录。

4. 乙公司2009年1月1日购买丙公司发行的股票2 000万股并准备长期持有，占丙公司股份的25%，采用权益法核算，每股买入价为6元，另外购买该股票时发生相关税费60万元，2008年12月31日，丙公司的所有者权益的公允价值60 000万元，2009年丙公司实现净利润1 000万元，2010年4月30日丙公司宣告发放现金股利，每10股派发1元，2010年6月5日，乙公司收到丙公司分派的现金股利。2010年丙公司可供出售金融资产的公允价值增加400万元。2011年1月，乙公司出售所持有的丙公司的股票2 000万股，每股出售价格为10元，款项已经收回。

要求：编制乙公司上述业务的相关会计分录。(单位以万元表示)

第七章　固定资产

学习目标与要求

通过对本章的学习，了解固定资产的概念、特征和分类；熟悉固定资产清查和期末减值的会计核算；理解投资性房地产的确认和计量方法；掌握固定资产取得、计提折旧以及处置的核算方法。

第一节　固定资产概述

一、固定资产的概念

固定资产是指同时具有下列特征的有形资产：（1）为生产商品、提供劳务、出租或经营管理而持有的；（2）使用寿命超过一个会计年度。

二、固定资产的特征

从固定资产的定义可以看出，固定资产具有如下基本特征。

第一，固定资产是为生产商品、提供劳务、出租或经营管理而持有。这一特征意味着，企业持有的固定资产是企业的劳动工具或手段，而不是直接用于出售的产品。其中"出租"的固定资产是指用以出租的机器设备等固定资产，不包括以经营租赁方式出租的建筑物，后者属于企业的投资性房地产，不属于固定资产。

第二，固定资产的使用寿命超过一个会计年度。通常情况下，固定资产的使用寿命是指使用固定资产的预计期间，如自用房屋建筑物的使用寿命按使用年限表示，发电设备按其预计发电量估计使用寿命，汽车或飞机等按其行驶里程估计使用寿命等。

第三，固定资产为有形资产。这一特征将固定资产与无形资产区别开来。有些无形资产可能同时符合固定资产的其他特征，但是由于其没有实物形态，所以，不属于固定资产。

三、固定资产的分类

企业的固定资产种类繁多、规格不一，为加强管理、便于组织会计核算，可根据不同的管理需要和核算要求以及不同的分类标准对固定资产进行不同的分类。

（一）按固定资产的经济用途分类

固定资产按经济用途的不同，可以分为生产经营用固定资产和非生产经营用固定资产。

1. 生产经营用固定资产

这是指直接服务于生产、经营过程的各种固定资产，如生产经营用的房屋、建筑物、机器、设备、工具、器具等。

2. 非生产经营用固定资产

这是指不直接服务于生产、经营过程的各种固定资产，如职工宿舍、食堂、浴室、理发室等使用的房屋、设备和其他固定资产。

（二）按固定资产使用情况分类

固定资产按使用情况的不同，可以分为使用中固定资产、未使用固定资产和不需用固定资产。

1. 使用中固定资产

这是指正在使用中的生产经营用和非生产经营用固定资产。由于季节性经营或大修理等原因，暂时停止使用的固定资产仍属于使用中的固定资产；企业出租给其他单位使用的固定资产和内部替换使用的固定资产也属于使用中的固定资产。

2. 未使用固定资产

这是指已完工或已购建的尚未交付使用的新增固定资产以及因进行改建、扩建等原因暂停使用的固定资产，如企业因经营任务变更而停止使用的固定资产等。

3. 不需用固定资产

这是指本企业多余或不适用、需要调配处理的固定资产。

（三）综合分类

按固定资产的经济用途和使用情况进行综合分类，可以把固定资产分为七大类：（1）生产经营用固定资产；（2）非生产经营用固定资产；（3）租出固定资产（指在经营租赁方式下出租给外单位使用的固定资产）；（4）不需用固定资产；（5）未使用固定资产；（6）土地（指过去已经估价单独入账的土地。因征地而支付的补偿费，应计入与土地有关的房屋、建筑物的价值内，不单独作为土地价值入账。企业取得的土地使用权，应作为无形资产管理，不作为固定资产管理）；（7）融资租入固定资产（指企业以融资租赁方式租入的固定资产，在租赁期内，应视同自有固定资产进行管理）。

四、固定资产核算的科目设置

为了核算固定资产，企业一般需要设置“固定资产”、“累计折旧”、“在建工程”、“工程物资”、“固定资产清理”等科目，核算固定资产取得、计提折旧、处置等情况。

“固定资产”科目核算企业固定资产的原价，借方登记企业增加的固定资产原价，贷方登记企业减少的固定资产原价，期末借方余额反映企业期末固定资产的账面原价。企业应当设置“固定资产登记簿”和“固定资产卡片”，按固定资产类别、使用部门和每项固定资产进行明细核算。

“累计折旧”科目属于“固定资产”的调整科目，核算企业固定资产的累计折旧，贷方登记企业计提的固定资产折旧，借方登记处置固定资产转出的累计折旧，期末贷方余额反映企业固定资产的累计折旧额。本科目可按固定资产的类别或项目进行明细核算。

“在建工程”科目核算企业基建、更新改造等在建工程发生的支出，借方登记企业各项在建工程的实际支出，贷方登记完工工程转出的成本，期末借方余额反映企业尚未达到预定可使用状态的在建工程的成本。

“工程物资”科目核算企业为在建工程而准备的各种物资的实际成本，包括工程用材料、尚未安装的设备以及为生产准备的工器具等。该科目借方登记企业购入工程物资的成本，贷方登记领用工程物资的成本，期末借方余额反映企业为在建工程准备的各种物资的成本。

“固定资产清理”科目核算企业因出售、报废、毁损、对外投资、非货币性资产交换、债务重组等原因转出的固定资产价值以及在清理过程中发生的费用等。该科目借方登记转出的固定资产价值、清理过程中应支付的相关税费及其他费用，贷方登记固定资产清理完成的情况，期末借方余额反映企业尚未清理完毕的固定资产及清理净损失。该科目应按被清理的固定资产项目设置明细账，进行明细核算。

此外，企业固定资产、在建工程、工程物资发生减值的，还应当设置“固定资产减值准备”、“在建工程减值准备”、“工程物资减值准备”等科目进行核算。

第二节　固定资产的取得

固定资产的取得，按其来源不同可以分为外购的固定资产、自行建造的固定资产、投资者投入的固定资产等，企业应当根据不同来源进行账务处理。

一、外购固定资产

（一）购入不需要安装的固定资产

企业购入不需要安装的固定资产，应按实际支付的购买价款、相关税费、使固定资产达到预定可使用状态前所发生的可归属于该项资产的运输费、装卸费、安装费和专业人员服务费等作为固定资产成本，借记“固定资产”科目，贷记“银行存款”等科目。

若企业为增值税一般纳税人，则企业购进机器设备等固定资产的进项税额不纳入固定资产成本核算，可以在销项税额中抵扣。

【例7-1】2010年1月5日，东方有限公司购入一台不需要安装就可投入使用的设备，取得的增值税专用发票上注明的设备价款为40 000元，增值税税额为6 800元，发生运杂费2 000元，全部款项以银行存款支付。

表7–1　××省增值税专用发票

发票联　　　　No 00666601

开票日期：2010年01月05日

<table>
<tr><td rowspan="4">购货单位</td><td colspan="5">名　　称：A市东方有限责任公司</td><td rowspan="4">密码区</td><td colspan="2" rowspan="4"></td></tr>
<tr><td colspan="5">纳税人识别号：12345678</td></tr>
<tr><td colspan="5">地址、电话：A市开发区18号</td></tr>
<tr><td colspan="5">开户行及账号：工商银行开发区支行1122345688</td></tr>
<tr><td colspan="2">货物或应税劳务名称</td><td>规格型号</td><td>单位</td><td>数量</td><td>单价</td><td>金额</td><td>税率</td><td>税额</td></tr>
<tr><td colspan="2">X设备</td><td></td><td>台</td><td>1</td><td>40 000.00</td><td>40 000.00</td><td>17%</td><td>6 800.00</td></tr>
<tr><td colspan="2">合计</td><td></td><td></td><td></td><td></td><td>¥40 000.00</td><td></td><td>¥6 800.00</td></tr>
<tr><td colspan="2">价税合计（大写）</td><td colspan="7">⊗肆万陆仟捌佰元整　　（小写）¥46 800.00</td></tr>
<tr><td rowspan="4">销货单位</td><td colspan="5">名　　称：E市机械厂</td><td rowspan="4">备注</td><td colspan="2" rowspan="4"></td></tr>
<tr><td colspan="5">纳税人识别号：32245909</td></tr>
<tr><td colspan="5">地址、电话：E市安次区金光道201号</td></tr>
<tr><td colspan="5">开户行及账号：工商银行安次区支行1332478399</td></tr>
</table>

收款人：　　复核：　　开票人：王军　　销货单位（章）

第二联：发票联　购货方记账凭证

表7-2　铁路局运杂费收据

付款单位或姓名：E市机械厂　　2010年1月5日　　No.032455

<table>
<tr><td>原运输票据</td><td colspan="2">年　月　日第　号</td><td>办理种别</td><td></td></tr>
<tr><td>发站</td><td colspan="2">E市站</td><td>到站</td><td>A市站</td></tr>
<tr><td>车种车号</td><td colspan="2"></td><td>标重</td><td></td></tr>
<tr><td>货物名称</td><td>件数</td><td>包装</td><td>重量</td><td>计费重量</td></tr>
<tr><td>X设备</td><td></td><td></td><td></td><td></td></tr>
<tr><td></td><td></td><td></td><td></td><td></td></tr>
<tr><td>类别</td><td>费率</td><td>数量</td><td>金额</td><td>附记</td></tr>
<tr><td>运杂费</td><td></td><td></td><td>2 000.00</td><td rowspan="2"></td></tr>
<tr><td></td><td></td><td></td><td></td></tr>
<tr><td colspan="3">合计金额（大写）：贰仟元整</td><td>¥2 000.00</td><td></td></tr>
<tr><td colspan="3">收款单位：E市铁路局　　经办人：李宁</td><td></td><td></td></tr>
</table>

表7-3 转账支票存根

中国工商银行 转账支票存根 No.123035
科目：______
对方科目：______
签发日期：2010年1月5日
收款人：E市机械厂 金额：¥48 800.00 用途：设备款及运杂费 备注：
单位主管 会计
复核 记账

表7-4 固定资产验收交接单 No.0008759

2010年1月5日

资产编号	资产名称	型号规格或结构面积	计量单位	数量	设备价值或工程造价	设备基础及安装费用		附加费用	合计
	X设备		台	1	40 000.00			2 000.00	¥42 000.00
资产来源		购入	耐用年限		20年	主要附属设备	1		
制造厂名		E市机械厂	估计残值		5 000.00		2		
制造日期及编号		2009.12.10	基本折旧率		2%		3		
工程项目或使用部门		一车间	复杂系数		机械电器		4		

交验部门 点交人 接管部门 接管人

主 管 主 管

依据增值税专用发票（表7-1）、运杂费收据（表7-2）、转账支票存根（表7-3）、固定资产验收交接单（表7-4），做如下账务处理：

借：固定资产 42 000

应交税费——应交增值税（进项税额） 6 800

贷：银行存款 48 800

（二）购入需要安装的固定资产

需要安装的固定资产，是指必须在完成安装后才能交付使用的固定资产。因此，应先通过“在建工程”科目归集购置和安装过程中所发生的全部支出，以确定其总成本，待安装完毕交付使用时，再从“在建工程”科目转入“固定资产”科目。

【例7-2】2010年1月5日，东方有限公司购入一台需要安装的设备，取得的增值税专用发票上注明的设备价款为40 000元，增值税税额为6 800元，发生运杂费2 000元，全部款项以银行存款支付。安装过程中以银行存款支付安装费10 000元。设备安装完毕，交付使用。

（1）支付设备价款、增值税、运杂费

依据增值税专用发票（表7-1）、运杂费收据（表7-2）、转账支票存根（表7-3）、固定资产验收交接单（表7-4），做如下账务处理：

借：在建工程 42 000

应交税费——应交增值税（进项税额） 6 800

贷：银行存款 48 800

（2）支付安装费

借：在建工程 10 000

贷：银行存款 10 000

（3）设备安装完毕，并交付使用

表7-5 固定资产竣工验收单

No. 000147

名称	X设备	验收日期	2010年1月9日	使用或保管部门	一车间
型号规格		始建日期	2010年1月5日	建造单位或部门	E市机械厂
固定资产编号	1432	竣工日期	2010年1月9日	工程成本	52 000.00
主要技术参数：			验收意见： 功能达到要求，验收通过。 李彬 2010.1.9		

财产管理部门及主管： 接管部门主管： 接管部门验收：

依据固定资产竣工验收单（表7-5），做如下账务处理：

借：固定资产 52 000

贷：在建工程 52 000

二、自行建造固定资产

企业自行建造固定资产，是指企业自行制造生产经营所需的机器设备等或自行建造房屋、建筑物、各种设施等。

企业自行建造固定资产，按其采用的建设方式不同分为自营方式和出包方式两种。

（一）自营工程

自营工程是指企业自行组织工程物资采购、自行组织施工人员施工的建筑工程和安装工程。企业以自营方式建造固定资产，其入账价值按照建造该项固定资产达到预定可使用状态前所发生的必要支出确定，包括直接材料、直接人工、直接机械施工费等。

发生成本支出时，应先通过“在建工程”科目核算，待工程完工达到预定可使用状态时，再从“在建工程”科目转入“固定资产”科目。工程完工后，剩余的工程物资转为本企业存货的，按其实际成本结转。

【例7-3】东方有限公司自行建造厂房一座，购入为工程准备的各种专用物资100 000元，增值税额17 000元，款项以银行存款付讫。实际领用工程物资93 600元，剩余部分转作原材料。另外，还领用了公司生产用的原材料一批，实际成本20 000元，涉及增值税进项税额3 400元；应付工程人员工资20 000元；公司辅助生产车间为工程提供有关劳务支出10 000元。工程完工并达到预定可使用状态。

（1）购入工程物资时

借：工程物资　117 000

　贷：银行存款　117 000

（2）工程领用物资时

借：在建工程　93 600

　贷：工程物资　93 600

（3）工程领用本公司材料时

借：在建工程　23 400

　贷：原材料　20 000

　　应交税费——应交增值税（进项税额转出）　3 400

（4）结算应付工程人员工资时

借：在建工程　20 000

　贷：应付职工薪酬　20 000

（5）分配辅助生产费用时

借：在建工程　10 000

　贷：生产成本——辅助生产成本　10 000

（6）工程达到预定可使用状态时

借：固定资产　147 000

　贷：在建工程　147 000

（7）剩余工程物资转作原材料时

借：原材料　20 000

　应交税费——应交增值税（进项税额）　3 400

　贷：工程物资　23 400

（二）出包工程

出包工程是指企业通过招标方式将工程项目发包给建造承包商，由建造承包商组织施工的建筑工程和安装工程。企业采用出包方式进行的工程，其工程的具体支出主要由建造承包商核算，在这种方式下，“在建工程”科目主要是企业与建造承包商办理工程价款的结算科目，企业支付给建造承包商的工程价款作为工程成本，通过“在建工程”科目核算。企业按合理估计的发包工程进度和合同规定向建造承包商结算的进度款，借记“在建工程”科目，贷记“银行存款”等科目；工程完成时，按合同规定补付的工程款，借记“在建工程”科目，贷记“银行存款”等科目；工程到达预定可使用状态时，按其成本，借记“固定资产”科目，贷记“在建工程”科目。

【例7-4】东方有限公司拟建一座厂房，采用出包方式交由某建筑公司承建。按合理估计的发包工程进度和合同规定向承包公司结算进度款1 000 000元。工程完工后再补付剩余工程款1 000 000元，6个月后工程完工并达到预定可使用状态。

（1）按合理估计的发包工程进度和合同规定向承包公司结算进度款时

借：在建工程　　1 000 000

　　贷：银行存款　　1 000 000

（2）补付工程款时

借：在建工程　　1 000 000

　　贷：银行存款　　1 000 000

（3）工程完工达到可使用状态时

借：固定资产　　2 000 000

　　贷：在建工程　　2 000 000

三、投资者投入固定资产

投资者投入固定资产，其成本应当按照投资合同或协议约定的价值确定，但合同或协议约定价值不公允的除外。具体核算方法见第十一章所有者权益。

第三节　固定资产折旧

一、固定资产折旧概述

固定资产在使用过程中，由于机械磨损、自然侵蚀、技术进步等原因，其价值在不断减少。为了维持固定资产再生产的需要，并且也为了正确计算产品成本（或营业成本），企业应当计提固定资产折旧。

（一）固定资产折旧的概念及折旧范围

所谓固定资产折旧，是指一定时期内为弥补固定资产损耗按照规定的方法提取的价值。固定资产准则规定，企业应对所有的固定资产计提折旧，但是，以下情况除外：

（1）已提足折旧仍继续使用的固定资产；

（2）单独计价入账的土地。

在确定计提折旧的范围时，还应注意以下几点。

（1）固定资产应当按月计提折旧。当月增加的固定资产，当月不计提折旧，从下月起计提折旧；当月减少的固定资产，当月仍计提折旧，从下月起不计提折旧。

（2）固定资产提足折旧后，不论能否继续使用，均不再计提折旧；提前报废的固定资产，也不再补提折旧。所谓提足折旧，是指已经提足该项固定资产的应计折旧额。

（3）已达到预定可使用状态但尚未办理竣工决算的固定资产，应按估计价值确定其成本，并计提折旧；待办理竣工决算手续后，再按实际价值对原暂估价值进行调整，但不调整已计提折旧额。

（4）融资租入固定资产，应视同自有固定资产计提折旧，但经营租入的固定资产不应计提折旧。

（5）经营租出的固定资产应计提折旧。

（二）影响固定资产折旧的因素

固定资产计提的折旧主要受以下几个方面的影响。

（1）固定资产原价。这是指固定资产的成本。与折旧额成正向变动关系。

（2）预计净残值。这是指假定固定资产预计使用寿命已满并处于使用寿命终了时的预期状态，企业目前从该项资产处置中获得的扣除预计处置费用后的金额。与折旧额成反向变动关系。

（3）固定资产减值准备。这是指固定资产已计提的固定资产减值准备累计金额。

（4）固定资产的使用寿命。这是指企业使用固定资产的预计期间，或者该固定资产所能生产产品或提供劳务的数量。与折旧额成反向变动关系。

企业应当根据固定资产的性质和使用情况，合理确定固定资产的使用寿命和预计净残值；并且，企业至少应当于每年年度终了，对固定资产的使用寿命、预计净残值和折旧方法进行复核。使用寿命、预计净残值与原先估计数有差异的，应当进行调整；与固定资产有关的经济利益预期实现方式有重大改变的，应当改变固定资产折旧方法。固定资产使用寿命、预计净残值和折旧方法的改变应当作为会计估计变更。

二、固定资产折旧方法

企业可选择使用的折旧方法有年限平均法、工作量法、双倍余额递减法和年数总和法。企业应当根据与固定资产有关的经济利益的预期实现方式，合理选择固定资产折旧方法。

固定资产的折旧方法一经确定，不得随意变更。但是，与固定资产有关的经济利益的预期实现方式有重大改变的，应当改变固定资产的折旧方法，并按会计估计变更处理。

（一）年限平均法

年限平均法又称直线法，是指将固定资产的应计折旧额均衡地分摊到固定资产预计使用寿命内的一种方法。采用这种方法计算的每期折旧额均相等。其基本计算公式如下：

年折旧率=（1-预计净残值率）÷预计使用寿命（年）×100%

月折旧率=年折旧率÷12

月折旧额=固定资产原价×月折旧率

也可按下列公式计算折旧额和折旧率：

年折旧额=（固定资产原价-预计净残值）÷预计使用寿命（年）

月折旧额=年折旧额÷12

年折旧率=年折旧额÷固定资产原价×100%

月折旧率=月折旧额÷固定资产原价×100%

【例7-5】东方有限公司某项固定资产原值为700 000元，预计使用寿命为10年，预计净残值率为4%，则该固定资产的折旧率和折旧额计算如下：

年折旧率=（1-4%）÷10×100%=9.6%

月折旧率=9.6%÷12=0.8%

年折旧额=700 000×9.6%=67 200（元）

月折旧额=700 000×0.8%=5 600（元）

（二）工作量法

工作量法是指根据实际工作量（如行驶里程、工作小时等）计算每期应提折旧额的一种方法。其基本计算公式如下：

单位工作量折旧额=固定资产原价×（1-预计净残值率）÷预计总工作量

或者

单位工作量折旧额=（固定资产原价-预计净残值）÷预计总工作量

某项固定资产月折旧额=该项固定资产当月实际工作量×单位工作量折旧额

工作量法一般适用于价值较高的大型精密机床以及运输设备等固定资产的折旧计算。这些固定资产的价值较高，各月的工作量一般不很均衡，如果采用年限平均法计提折旧，会使各月成本费用的负担不够合理。

【例7-6】东方有限公司一台机床，其原值为155 000元，预计总工作时数为50 000小时，预计净残值为5 000元。该机床2010年5月份实际工作时数为400小时。则本月折旧额计算如下：

单位工作量折旧额=（155 000-5 000）÷50 000=3（元/小时）

本月折旧额=400×3=1 200（元）

（三）双倍余额递减法

双倍余额递减法是指在不考虑固定资产预计净残值的情况下，根据每期期初固定资产原价减去累计折旧后的金额和双倍的直线法折旧率，计算固定资产折旧的一种方法。采用这种方法计算折旧额时，由于每年年初固定资产净值（折余价值）没有扣除预计净残值，所以，应在其折旧年限到期前两年内，将固定资产账面净值扣除预计净残值后的余额平均摊销。其计算公式如下：

年折旧率=2÷预计使用寿命（年）×100%

月折旧率=年折旧率÷12

月折旧额=（固定资产原价-累计折旧）×月折旧率

为简化计算，实务中在计算每年各月的折旧额时，可根据年折旧额除以12个月来计算，即同一年内各月的折旧额均相等。

【例7-7】东方有限公司某项固定资产，其账面原价为60 000元，预计使用寿命5年，预计净残值为1 000元。则每年折旧额计算如下：

年折旧率=2 ÷ 5 × 100%=40%

第一年年折旧额=60 000 × 40%=24 000（元）

第二年年折旧额=（60 000−24 000）× 40%=14 400（元）

第三年年折旧额=（60 000−24 000−14 400）× 40%=8 640（元）

注意：折旧年限到期前两年，改按直线法提取折旧。

第四、第五年年折旧额=［（60 000−24 000−14 400−8 640）−1 000］÷ 2=5 980（元）

（四）年数总和法

年数总和法又称年限合计法，是指用固定资产的原价减去预计净残值后的余额，乘以一个逐年递减的分数，计算每年折旧额的一种方法。该分数的分子为固定资产尚可使用寿命，分母为预计使用寿命逐年数字之和。

其计算公式如下：

年折旧率=尚可使用年限 ÷ 预计使用寿命的年数总和 × 100%

月折旧率=年折旧率 ÷ 12

月折旧额=（固定资产原价−预计净残值）× 月折旧率

为简化计算，实务中在计算每年各月的折旧额时，可根据年折旧额除以12个月来计算，即同一年内各月的折旧额均相等。

【例7-8】东方有限公司某项固定资产，其账面原价为70 000元，预计使用寿命5年，预计净残值为10 000元，则每年折旧额计算如下：

第一年年折旧额=（70 000−10 000）× 5/15=20 000（元）

第二年年折旧额=（70 000−10 000）× 4/15=16 000（元）

第三年年折旧额=（70 000−10 000）× 3/15=12 000（元）

第四年年折旧额=（70 000−10 000）× 2/15=8 000（元）

第五年年折旧额=（70 000−10 000）× 1/15=4 000（元）

（五）各种折旧方法的比较

年限平均法易于理解、计算简便，因而被广泛采用。但是，这种方法不考虑固定资产在各个期间的使用程度如何，均一律等额计提折旧。因此，它适用于各期使用程度或损耗程度大致相同的固定资产。

工作量法因为是以固定资产的实际使用情况为依据计提折旧，所以，在固定资产的价值损耗与其产出相关性较大的情况下，采用这种方法较为合理。但这种方法的局限性在于对固定资产所能提供服务的数量有时难以较准确地确定。

双倍余额递减法和年数总和法，均属于加速折旧法，采用这两种方法，各期所提折旧呈递减趋势。其理论依据是，随着固定资产的使用，其效能将逐渐降低，所能带来的经济利益也将逐渐减少，而各种维修费用却会增加。因此，采用加速折旧法更符合收入与费用的配比，而且能使各期负担的固定资产使用成本（折旧费和维修费）趋于均衡。

此外，在固定资产使用前期多提折旧，能避免或降低无形损耗带来的损失，无疑符合谨慎性要求；同时，也有利于加速固定资产的更新。

三、固定资产折旧的核算

在固定资产折旧的核算中，计提的折旧应当记入“累计折旧”科目，并根据固定资产的不同使用部门或用途计入相关资产的成本或者当期损益，即基本生产车间使用的固定资产记入“制造费用”科目；行政管理部门使用以及未使用、不需用的固定资产记入“管理费用”科目；专设销售机构使用的固定资产记入“销售费用”科目；在建工程使用的固定资产记入“在建工程”科目；内部研发项目使用的固定资产记入“研发支出”科目；经营性出租使用的固定资产记入“其他业务成本”科目。

此外，企业在按月计提折旧时，是通过编制“固定资产折旧计算表”作为固定资产折旧会计处理的依据，并可在上月计提的折旧额的基础上根据上月固定资产的增减变动情况调整计算出当月应计提的折旧额。

其计算公式如下：

当月应计提的折旧额=上月计提的折旧额+上月增加固定资产应计提的折旧额

–上月减少固定资产应计提的折旧额

【例7-9】东方有限公司计提2010年6月份的固定资产折旧额。

表7-6　固定资产折旧计算表

2010年6月30日　　单位：元

使用部门	上月折旧额	上月增加固定资产增加的折旧额	上月减少固定资产减少的折旧额	当月折旧额
第一车间	600 000	20 000	6 000	614 000
第二车间	200 000	10 000	2 000	208 000
管理部门	20 000	4 000	1 000	23 000
销售机构	5 000	500		5 500
合计	825 000	34 500	9 000	850 500

依据固定资产折旧计算表（表7-6），做如下账务处理：

借：制造费用——第一车间　614 000

　　　　　　——第二车间　208 000

　　管理费用　23 000

　　销售费用　5 500

　　贷：累计折旧　850 500

第四节　固定资产的后续支出

固定资产的后续支出，是指固定资产使用过程中发生的更新改造支出、修理费用等。

企业的固定资产投入使用后，由于各个组成部分耐用程度不同或者使用条件不同，因而往往发生固定资产的局部损坏。为了保持固定资产的正常运转和使用，充分发挥其使用效能，必须对其进行必要的后续支出。后续支出的处理原则为：与固定资产有关的更新改造等后续支出，符合固定资产确认条件的，应当计入固定资产成本，同时将被替换部分的账面价值扣除；与固定资产有关的修理费用等后续支出，不符合固定资产确认条件的，应当计入当期损益。

一、资本化支出

固定资产发生可资本化的后续支出时，企业一般应将该固定资产的原价、已计提的累计折旧和减值准备转销，同时将其账面价值转入在建工程，并停止计提折旧。当该项在建工程完工并达到预定可使用状态时，再转为固定资产，并按重新确定的使用寿命、预计净残值和折旧方法计提折旧。

【例7-10】东方有限公司扩建一厂房，扩建中实际耗用价值600 000元的工程物资，应付相关人员工资100 000元，扩建中拆除的部分材料变价收入（与其账面价值相等）10 000元，款项已收存银行。该厂房原价1 000 000元，累计折旧500 000元。该扩建工程已完工交付使用，预计使用年限比原来延长了10年（假设不考虑相关税费）。

（1）结转原账面价值时

借：在建工程	500 000	
累计折旧	500 000	
贷：固定资产		1 000 000

（2）发生有关支出时

借：在建工程	700 000	
贷：工程物资		600 000
应付职工薪酬		100 000

（3）取得材料变价收入时

借：银行存款	10 000	
贷：在建工程		10 000

（4）工程完工交付使用时

借：固定资产	1 190 000	
贷：在建工程		1 190 000

二、费用化支出

费用化支出是指固定资产的日常维护支出，这种支出只是确保固定资产的正常工作状态，通常不满足固定资产的确认条件，所以，应在发生时计入当期损益。

【例7-11】2010年8月，东方有限公司对其现有的一台管理部门使用的设备进行修理，修理过程中应支付维修人员工资为6 000元。东方公司应做如下账务处理：

借：管理费用　　6 000
　贷：应付职工薪酬　　6 000

在具体实务中，对于固定资产发生的下列各项后续支出，通常的处理方法如下。

① 固定资产修理费用，应当直接计入当期费用。

② 符合资本化条件的固定资产改良支出，应当计入固定资产成本。

③ 如果不能区分是固定资产修理还是固定资产改良，或固定资产修理和固定资产改良结合在一起，则应判断后区别对待：如果该后续支出满足了固定资产的确认条件，则应当计入固定资产成本；否则，该后续支出应当直接计入当期费用。

④ 固定资产装修费用，如果满足了固定资产的确认条件，则应当计入固定资产成本，并在“固定资产”科目下单设“固定资产装修”明细科目进行核算，在两次装修间隔期间与固定资产尚可使用年限两者中较短的期间内，采用合理的方法单独计提折旧。如果在下次装修时，该明细科目仍有余额，则应将该余额一次全部计入当期营业外支出。

⑤ 融资租入固定资产发生的固定资产后续支出，比照上述原则处理。发生的固定资产装修费用等，如果满足了固定资产的确认条件的，应在两次装修间隔期间、固定资产尚可使用年限、剩余租赁期三者中较短的期间内，采用合理的方法单独计提折旧。

⑥ 经营租入固定资产发生的改良支出，应通过“长期待摊费用”科目核算，并在剩余租赁期与租赁资产尚可使用年限两者中较短的期间内，采用合理的方法进行摊销。

第五节　固定资产的清查及减值

一、固定资产清查

企业应对固定资产定期或者至少每年年末实地盘点一次。对盘盈、盘亏、毁损的固定资产，应当查明原因，写出书面报告，并根据企业的管理权限，经股东大会或董事会，或经理（厂长）会议或类似机构批准后，在期末结账前处理完毕。如果在期末结账前尚未批准处理的，在对外提供财务报表时，应按上述规定进行处理，并在财务报表附注中作出说明；如果其后批准处理的金额与已处理的金额不一致，应按其差额调整财务报表相关项目的年初数。需注意的是，由于固定资产是一种单位价值较高、使用期限较长的有形资产，因此，对于管理规范的企业而言，在清查中发现盘盈、盘亏的固定资产是比较少见的，也是不正常的。

（一）固定资产盘盈

企业盘盈的固定资产，应作为前期差错进行处理，通过“以前年度损益调整”科目核算。具体处理方法如下。

盘盈的固定资产应按规定确定其入账价值：如果同类或类似固定资产存在活跃市场的，按同类或类似固定资产的市场价格，减去按该项固定资产的新旧程度估计的价值损耗后的余额，作为入账价值；如果同类或类似固定资产不存在活跃市场的，按该项固定定资产的预计未来现金流量的现值，作为入账价值。企业应按上述规定确定的入账价值，借记“固定资产”科目，同时调整增加以前年度利润，贷记“以前年度损益调整”科目。

【例7-12】东方有限公司在财产清查中，发现一台未入账的设备，按有关规定确定的入账价值为200 000元。假定该公司适用的所得税率为25%，按净利润的10%计提法定盈余公积。

（1）盘盈固定资产时

借：固定资产　200 000

　贷：以前年度损益调整　200 000

（2）确定应交纳的所得税

借：以前年度损益调整　50 000

　贷：应交税费——应交所得税　50 000

（3）确定增加的盈余公积

借：以前年度损益调整　15 000

　贷：盈余公积　15 000

（4）结转“以前年度损益调整”科目的余额

借：以前年度损益调整　135 000

　贷：利润分配——未分配利润　135 000

（二）固定资产盘亏

企业盘亏的固定资产，应按其账面价值借记“待处理财产损溢”科目，按已计提的累计折旧借记“累计折旧”科目，按已计提的减值准备借记“固定资产减值准备”科目，按固定资产的原价贷记“固定资产”科目。按管理权限报经批准处理时，按可收回的保险赔偿或过失人赔偿借记“其他应收款”科目，按应结转的盘亏净损失借记“营业外支出——盘亏损失”科目，同时贷记“待处理财产损溢”科目。

【例7-13】东方有限公司在对财产进行清查中，发现短缺一台笔记本电脑，其原价为10 000元，已计提累计折旧为6 000元，应由过失人赔偿2 000元。假定不考虑相关税费。

（1）盘亏固定资产时

借：待处理财产损溢——待处理固定资产损溢　4 000

　　累计折旧　6 000

　贷：固定资产　10 000

（2）报经批准转销时

借：其他应收款　2 000

　　营业外支出——盘亏损失　2 000

　贷：待处理财产损溢——待处理固定资产损溢　4 000

二、固定资产减值

固定资产作为一项长期资产，它在为企业提供长期服务的过程中，会因企业外部或内部经济环境等诸多因素的重大变化，而使其为企业创造未来经济利益的能力受到不利影响，导致其发生减值。所谓固定资产减值，是指固定资产的可收回金额低于其账面价值。固定资产的可收回金额应当按以下两项金额中的较高者确定。（1）资产的公允价值减去处置费用后的净额。这一般是指根据公平交易中有法律约束力的销售协议价格减去直接归属于该资产处置费用的金额，其中，处置费用包括与处置资产有关的法律费用、相关税金、运杂费，以及为使该资产达到可销售状态所发生的直接费用等。（2）资产预计未来现金流量的现值。这一般是指预计从该资产的持续使用和最终处置中所产生的未来现金流量的现值。但是，需要注意的是，上述两者中，只要有一项超过了资产的账面价值，就表明资产没有发生减值，不需要再估计另一项金额。

企业应设置“固定资产减值准备”科目，以对固定资产减值准备进行核算，该科目是“固定资产”科目的调整科目。固定资产的账面价值，是指“固定资产”科目的余额减去“累计折旧”和“固定资产减值准备”科目余额后的净额。

在资产负债表日，企业应根据固定资产的可收回金额低于其账面价值的差额，确认为减值损失，并计提相应的减值准备，借记“资产减值损失——计提的固定资产减值准备”科目，贷记“固定资产减值准备”科目，使固定资产的账面价值减记至可收回金额。固定资产减值损失一经确认，在以后的会计期间不得转回。

【例7-14】 2010年12月31日，东方有限公司生产车间的一台机床存在发生减值的迹象，经计算该机床的可收回金额为100 000，账面价值为150 000，以前年度未对该机床计提过减值准备。东方有限公司应做如下账务处理：

借：资产减值损失——计提的固定资产减值准备　　50 000

　　贷：固定资产减值准备　　50 000

第六节　固定资产的处置

固定资产处置包括固定资产的出售、报废、毁损、对外投资、非货币性资产交换、债务重组等。企业在生产经营过程中，可能将不适用或不需用的固定资产对外出售转让，或因磨损、技术进步等原因对固定资产进行报废，或因遭受自然灾害而对毁损的固定资产进行处理。对于上述事项在进行会计核算时，应按规定程序办理有关手续，结转固定资产的账面价值，计算有关的清理收入、清理费用及残料价值等。

企业出售、报废固定资产或发生固定资产毁损，应当将处置收入扣除账面价值和相关税费后的金额，计入当期损益。固定资产处置一般通过“固定资产清理”科目进行核算。其账务处理一般经过以下几个步骤。

（1）固定资产转入清理。固定资产转入清理时，按固定资产账面价值，借记“固定资产清理”科目；按已计提的累计折旧，借记“累计折旧”科目；按已计提的减值准备，借记“固定资产减值准备”科目；按固定资产的原价，贷记“固定资产”科目。

（2）发生的清理费用。固定资产清理过程中发生的有关费用以及应支付的相关税费，借记“固定资产清理”科目，贷记“银行存款”、“应交税费”等科目。

（3）出售收入和残料的处理。企业收回出售固定资产的价款、残料价值和变价收入等，应冲减清理支出。按实际收到的出售价款、估计的残料价值或残料变价收入等，借记“银行存款”、“原材料”等科目，贷记“固定资产清理”科目。

（4）保险赔偿或过失人赔偿的处理。企业计算或收到的应由保险公司或过失人赔偿的损失，应冲减清理支出，借记“其他应收款”、“银行存款”等科目，贷记“固定资产清理”科目。

（5）清理净损益的结转。固定资产清理完成后的净损失，如果属于生产经营期间正常的处理损失，则借记“营业外支出——处置非流动资产损失”科目，贷记“固定资产清理”科目；如果属于生产经营期间由于自然灾害等非正常原因造成的损失，则借记“营业外支出——非常损失”科目，贷记“固定资产清理”科目。固定资产清理完成后的净收益，应借记“固定资产清理”科目，贷记“营业外收入——处置非流动资产利得”科目。

【例7-15】东方有限公司出售一座建筑物，原价为2 000 000元，已提折旧500 000元，未计提减值准备，实际出售价格为1 800 000元，已通过银行收回价款。

（1）固定资产转入清理时

表7-7　固定资产处置申请书

申报单位：东方有限责任公司办公室　　　　　　　　　　　　固定资产编号：

<table>
<tr><td>名称</td><td>办公大厦</td><td>出厂时间</td><td></td><td>出厂编号</td><td></td></tr>
<tr><td>型号、规格</td><td></td><td>投产时间</td><td></td><td>单位</td><td>座</td></tr>
<tr><td>制造厂</td><td>A市建筑公司</td><td>使用单位</td><td colspan="3"></td></tr>
<tr><td>原值（元）</td><td>2 000 000.00</td><td>净值（元）</td><td colspan="3">1 500 000.00</td></tr>
<tr><td>已提折旧（元）</td><td>500 000.00</td><td>残值（元）</td><td colspan="3"></td></tr>
<tr><td colspan="6">处置原因：
因公司资金紧张且办公大厦利用率不高，故拟出售。
报告人：李丽
2010年12月5日</td></tr>
<tr><td>资产管理部门意见</td><td colspan="2">同意出售。
李洪
2010年12月10日</td><td>厂部意见</td><td colspan="2">同意出售。
李江
2010年12月12日</td></tr>
</table>

依据固定资产处置申请书（表7-7），做如下账务处理：

借：固定资产清理　　　　　　　　　　1 500 000

　　累计折旧　　　　　　　　　　　　500 000

　　贷：固定资产　　　　　　　　　　　2 000 000

（2）收到出售价款时

表7-8 中国工商银行进账单（收账通知）

2010年12月20日

<table>
<tr><td rowspan="3">出票人</td><td>全称</td><td colspan="2">泰安有限公司</td><td rowspan="3">收款人</td><td>全称</td><td colspan="10">东方有限责任公司</td></tr>
<tr><td>账号</td><td colspan="2">1138251677</td><td>账号</td><td colspan="10">1122345688</td></tr>
<tr><td>开户银行</td><td colspan="2">工商银行桥西区支行</td><td>开户银行</td><td colspan="10">工商银行开发区支行</td></tr>
<tr><td colspan="2" rowspan="2">人民币
（大写）</td><td colspan="4" rowspan="2">壹佰捌拾万元整</td><td>千</td><td>百</td><td>十</td><td>万</td><td>千</td><td>百</td><td>十</td><td>元</td><td>角</td><td>分</td></tr>
<tr><td>¥</td><td>1</td><td>8</td><td>0</td><td>0</td><td>0</td><td>0</td><td>0</td><td>0</td><td>0</td></tr>
<tr><td colspan="2">票据种类</td><td colspan="4">转账支票</td><td colspan="10" rowspan="3">收款人开户银行盖章</td></tr>
<tr><td colspan="2">票据张数</td><td colspan="4">1</td></tr>
<tr><td colspan="2">单位主管</td><td colspan="4">会计　　复核</td></tr>
</table>

依据银行进账单（表7-8），做如下账务处理：

借：银行存款　　1 800 000

　　贷：固定资产清理　　1 800 000

（3）计算应交纳的营业税（假定适用营业税率为5%）时

表7-9 营业税计算表

2010年12月20日

交税事由	计税额（元）	税率（%）	应交税额（元）
出售固定资产	1 800 000.00	5	90 000.00
合计			¥90 000.00

依据营业税计算表（表7-9），做如下账务处理：

借：固定资产清理　　90 000

　　贷：应交税费——应交营业税　　90 000

（4）结转固定资产清理净收益时

表7-10 固定资产出售申报清单

2010年12月25日

事由：

因公司资金紧张且办公大厦利用率不高，经批准于2010年12月12日将办公大厦出售。该大厦原值2 000 000元，已提折旧500 000元，出售价款1 800 000元已收到，应交营业税90 000元，该出售事宜已全部结束。

固定资产清理账户余额210 000元，予以结转。

经办人：王华

人民币（大写）：贰拾壹万元整　　¥210 000.00

依据固定资产出售申报清单（表7-10），做如下账务处理：

借：固定资产清理　　210 000

　　贷：营业外收入　　210 000

【例7-16】东方有限公司对一台因超负荷使用的机器决定提前报废。该机器原价为400 000元，已提折旧为300 000元，已提减值准备为50 000元。在清理过程中，以银行存款支付清理费用1 000元，残料变价收入为20 000元。假定不考虑相关税费的影响。

（1）固定资产转入清理时

	借方	贷方
借：固定资产清理	50 000	
累计折旧	300 000	
固定资产减值准备	50 000	
贷：固定资产		400 000

（2）发生清理费用时

	借方	贷方
借：固定资产清理	1 000	
贷：银行存款		1 000

（3）收到残料变价收入时

	借方	贷方
借：银行存款	20 000	
贷：固定资产清理		20 000

（4）结转清理净损失时

	借方	贷方
借：营业外支出	31 000	
贷：固定资产清理		31 000

【例7-17】东方有限公司因遭受火灾而毁损一厂房，该厂房原价为5 000 000元，已计提折旧2 000 000元，未计提减值准备。其残料价值为80 000元，残料已办理入库。发生的清理费用为10 000元，以银行存款支付。经保险公司核定应赔偿损失为1 500 000元，尚未收到赔款。假定不考虑相关税费的影响。

（1）固定资产转入清理时

表7-11 A市公安局

火灾原因鉴定书

（市）公消监（2010）字第342号

2010年12月26日，东方有限公司1 000平方米厂房失火，经我方与该厂职工奋力扑救，终因火势过大厂房被毁。事后勘察现场，发现供电线路有明显熔化块和汽油桶穿孔痕迹，这些均与目击者提供情况及我方技术鉴定结果相吻合。因此，火灾原因系线路超载，短路产生电弧高温，引起熔金击穿汽油桶（系厂房清洁使用）所致。

特此鉴定。

抄送：A市保险公司　　　　2010年12月27日

依据火灾原因鉴定书（表7-11）、固定资产处置申请书，做如下账务处理：

	借方	贷方
借：固定资产清理	3 000 000	
累计折旧	2 000 000	
贷：固定资产		5 000 000

（2）残料入库时

借：原材料　　80 000

　　贷：固定资产清理　　80 000

（3）发生清理费用时

借：固定资产清理　　10 000

　　贷：银行存款　　10 000

（4）确定应由保险公司理赔的损失时

借：其他应收款　　1 500 000

　　贷：固定资产清理　　1 500 000

（5）结转清理净损失时

借：营业外支出　　1 430 000

　　贷：固定资产清理　　1 430 000

第七节　投资性房地产

一、投资性房地产概述

投资性房地产是指为赚取租金或资本增值，或两者兼有而持有的房地产。投资性房地产应当能够单独计量和出售。

（一）属于投资性房地产的项目

投资性房地产主要包括已出租的土地使用权、持有并准备增值后转让的土地使用权和已出租的建筑物。

1. 已出租的土地使用权

这是指企业通过出让或转让方式取得，并以经营租赁方式出租的土地使用权。企业计划用于出租但尚未出租的土地使用权，不属于此类。对于以经营租赁方式租入土地使用权再转租给其他单位的，不能确认为投资性房地产。

【例7-18】甲企业与乙企业签订了一项经营租赁合同，乙企业将其拥有使用权的一块土地出租给甲企业，以赚取租金，为期15年。甲企业又将这块土地转租给丙企业，以赚取租金差价，为期5年。假设不违反国家有关规定。

本例中，对于甲企业而言，这项土地使用权不能予以确认，也不属于其投资性房地产。对于乙企业而言，自租赁期开始日起，这项土地使用权属于其投资性房地产。

2. 持有并准备增值后转让的土地使用权

这是指企业取得的、准备增值后转让的土地使用权。这类土地使用权很可能给企业带来资本增值收益，符合投资性房地产的定义。例如，企业发生转产或厂址搬迁，部分土地使用权停止自用，管理层决定继续持有这部分土地使用权，待其增值后转让以赚取增值收益。但是，按照国家有关规定认定的闲置土地，不属于持有并准备增值后转让的土地使用权。

3. 已出租的建筑物

这是指企业拥有产权并以经营租赁方式出租的房屋等建筑物。企业计划用于出租但尚未出租的建筑物，不属于此类。

企业将建筑物出租，按租赁协议向承租人提供的相关辅助服务在整个协议中不属于重大的，如企业将办公楼出租并向承租人提供保安、维修等辅助服务，应当将该建筑物确认为投资性房地产。

【例7-19】甲企业与乙企业签订了一项经营租赁合同，乙企业将其拥有产权的两间门面房出租给甲企业，为期5年。甲企业一开始将这两间门面房用于自行经营餐馆。两年后，由于连续亏损，甲企业将餐馆转租给丙企业，以赚取租金差价。

本例中，对于甲企业而言，这两间门面房产权不能予以确认，也不属于其投资性房地产。对于乙企业而言，则属于其投资性房地产。

【例7-20】甲企业在中关村购买了一栋写字楼，共12层。其中，5个楼层经营出租给乙企业，6个楼层经营出租给丙企业，底层经营出租给某家大型超市。甲企业同时为整栋楼提供保安、清洁、维修等日常辅助服务。

本例中，甲企业将写字楼出租，同时提供的辅助服务不重大。对于甲企业而言，这栋写字楼属于甲企业的投资性房地产。

【例7-21】甲企业在当地房地产交易中心通过竞拍取得一块土地的使用权。甲企业按照合同规定对这块土地进行了开发，并在这块土地上建造了一栋商铺，拟用于整体出租，但尚未找到合适的承租人。

本例中，这栋商铺不属于投资性房地产。直到甲企业与承租人签订经营租赁合同，自租赁期开始日起，这栋商铺才能转换为投资性房地产。

（二）不属于投资性房地产的项目

1. 自用房地产

自用房地产是指为生产商品、提供劳务或者经营管理而持有的房地产，包括自用建筑物（固定资产）和自用土地使用权（无形资产）。例如，企业拥有并自行经营的旅馆，其持有目的主要是通过提供客房服务赚取服务收入，该旅馆不确认为投资性房地产。

2. 作为存货的房地产

这通常是指房地产开发企业在正常经营过程中销售的或为销售而正在开发的商品房和土地。

某项房地产，部分用于赚取租金或资本增值，部分自用（即用于生产商品、提供劳务或经营管理），能够单独计量和出售的、用于赚取租金或资本增值的部分，应当确认为投资性房地产；不能够单独计量和出售的、用于赚取租金或资本增值的部分，不确认为投资性房地产。该项房地产自用的部分，以及不能够单独计量和出售的、用于赚取租金或资本增值的部分，应当确认为固定资产或无形资产。

二、投资性房地产的确认和初始计量

将某个项目确认为投资性房地产，首先应当符合投资性房地产的定义，其次要同时满足投资性房地产的两个确认条件：（1）与该投资性房地产相关的经济利益很可能流入企业；（2）该投资性房地产的成本能够可靠地计量。

投资性房地产应当按照其取得时的成本进行计量。

（一）外购的投资性房地产

对于企业外购的房地产，只有在购入房地产的同时开始对外出租（自租赁期开始日起，下同）或用于资本增值，才能称之为外购的投资性房地产。

企业购入房地产，自用一段时间之后再改为出租或用于资本增值的，应当先将外购的房地产确认为固定资产或无形资产，自租赁期开始日或用于资本增值之日开始，才能从固定资产或无形资产转换为投资性房地产。

（二）自行建造的投资性房地产

企业自行建造（或开发，下同）的房地产，只有在自行建造或开发活动完成（即达到预定可使用状态）的同时开始对外出租或用于资本增值，才能将自行建造的房地产确认为投资性房地产。自行建造投资性房地产的成本，由建造该项房地产达到预定可使用状态前发生的必要支出构成。

企业自行建造房地产达到预定可使用状态后一段时间才对外出租或用于资本增值的，应当先将自行建造的房地产确认为固定资产或无形资产，自租赁期开始日或用于资本增值之日开始，从固定资产或无形资产转换为投资性房地产。

三、投资性房地产的后续计量

投资性房地产的计量有成本和公允价值两种模式，通常应当采用成本模式计量，满足特定条件时可以采用公允价值模式计量。但是，同一企业只能采用一种模式对所有投资性房地产进行计量，不得同时采用两种计量模式。

（一）采用成本模式计量的投资性房地产

在成本模式下，应当按照固定资产或无形资产的有关规定，对投资性房地产进行后续计量，计提折旧或摊销；存在减值迹象的，还应当按照资产减值的有关规定进行处理。

成本模式的账务处理，主要涉及“投资性房地产”、“投资性房地产累计折旧（摊销）”、“投资性房地产减值准备”等科目，可比照“固定资产”、“无形资产”、“累计折旧”、“累计摊销”、“固定资产减值准备”、“无形资产减值准备”等相关科目进行处理。

1. 外购或自行建造的投资性房地产

外购或自行建造的投资性房地产达到预定可使用状态时，按照发生的实际成本，借记“投资性房地产”科目，贷记“银行存款”、“在建工程”等科目。

外购投资性房地产的成本，包括购买价款、相关税费和可直接归属于该资产的其他支出。自行建造投资性房地产的成本，由建造该项房地产达到预定可使用状态前发生的必要支出构成。

【例7-22】2010年1月，东方有限公司计划购入一栋写字楼用于对外出租。2月10日，东方有限公司与乙企业签订了经营租赁合同，约定自写字楼购买日起将这栋写字楼出租给乙企业，为期8年。3月1日，东方有限公司实际购入写字楼，支付价款共计10 000 000元。假设不考虑其他因素，东方有限公司采用成本模式进行后续计量。

2010年3月1日东方有限公司做如下账务处理：

借：投资性房地产——写字楼　　10 000 000

　　贷：银行存款　　10 000 000

2. 投资性房地产的折旧与摊销

按期（月）对投资性房地产计提折旧或进行摊销时，借记“其他业务成本”科目，贷记“投资性房地产累计折旧（摊销）”科目。取得的租金收入，借记“银行存款”等科目，贷记“其他业务收入”科目。投资性房地产存在减值迹象的，经减值测试后确定发生减值的，应当计提减值准备，借记“资产减值损失”科目，贷记“投资性房地产减值准备”科目。已经计提减值准备的投资性房地产，其减值损失在以后的会计期间不得转回。

【例7-23】东方有限公司将一栋办公楼出租给乙企业使用，已确认为投资性房地产，采用成本模式进行后续计量。假设这栋办公楼的成本为24 000 000元，按照直线法计提折旧，使用寿命为20年，预计净残值为零。按照经营租赁合同，乙企业每月支付东方有限公司租金300 000元。当年12月，这栋办公楼发生减值迹象，经减值测试，其可收回金额为8 000 000元，此时办公楼的账面价值为12 000 000元，以前未计提减值准备。东方有限公司应做如下账务处理。

（1）计提折旧时

每月计提的折旧=24 000 000÷20÷12=100 000（元）

借：其他业务成本　　100 000

　　贷：投资性房地产累计折旧　　100 000

（2）确认租金时

借：银行存款（或其他应收款）　　300 000

　　贷：其他业务收入　　300 000

（3）计提减值准备时

借：资产减值损失　　4 000 000

　　贷：投资性房地产减值准备　　4 000 000

3. 投资性房地产的处置

处置投资性房地产时，应按实际收到的金额，借记“银行存款”等科目，贷记“其他业务收入”科目；按该项投资性房地产的累计折旧或累计摊销，借记“投资性房地产累计折旧（摊销）”科目；按该项投资性房地产的账面余额，贷记“投资性房地产”科目；按其差额，借记“其他业务成本”科目。已计提减值准备的，还应同时结转减值准备。

【例7-24】东方有限公司将其出租的一栋写字楼确认为投资性房地产，采用成本模式计量。租赁期届满后，东方有限公司将该栋写字楼出售给乙企业，合同价款为200 000 000元，乙企业已用银行存款付清。出售时，该栋写字楼的成本为180 000 000元，已计提折旧10 000 000元。假定不考虑相关税费。东方有限公司应做如下账务处理：

（1）取得处置收入时

借：银行存款　　200 000 000

　　贷：其他业务收入　　200 000 000

（2）结转处置成本时

借：其他业务成本　　170 000 000

　　投资性房地产累计折旧　　10 000 000

　　贷：投资性房地产——写字楼　　180 000 000

（二）采用公允价值模式计量的投资性房地产

企业只有存在确凿证据表明投资性房地产的公允价值能够持续可靠取得，才可以采用公允价值模式对投资性房地产进行后续计量。企业一旦选择采用公允价值计量模式，就应当对其所有投资性房地产均采用公允价值模式进行后续计量。

采用公允价值模式进行后续计量的投资性房地产，应当同时满足下列条件：（1）投资性房地产所在地有活跃的房地产交易市场；（2）企业能够从活跃的房地产交易市场上取得同类或类似房地产的市场价格及其他相关信息，从而对投资性房地产的公允价值作出合理的估计。

1. 企业外购、自行建造的投资性房地产

企业外购、自行建造等取得的投资性房地产，按应计入投资性房地产成本的金额，借记“投资性房地产——成本”科目，贷记“银行存款”、“在建工程”等科目。

【例7-25】2010年1月，东方有限公司计划购入一栋写字楼用于对外出租。2月10日，东方有限公司与乙企业签订了经营租赁合同，约定自写字楼购买日起将这栋写字楼出租给乙企业，为期8年。3月1日，东方有限公司实际购入写字楼，支付价款共计10 000 000元。假设不考虑其他因素，东方有限公司采用公允价值模式进行后续计量。

2010年3月1日东方有限公司应做如下账务处理：

借：投资性房地产——写字楼（成本）　　10 000 000

　　贷：银行存款　　10 000 000

2. 不对投资性房地产计提折旧或摊销

不对投资性房地产计提折旧或摊销，企业应当以资产负债表日的公允价值为基础，调整其账面价值。资产负债表日，投资性房地产的公允价值高于其账面余额的差额，借记“投资性房地产——公允价值变动”科目，贷记“公允价值变动损益”科目；公允价值低于其账面余额的差额做相反的会计分录。

【例7-26】东方有限公司为从事房地产经营开发的企业。2009年6月，东方有限公司与乙企业签订租赁协议，约定将东方有限公司开发的一栋精装修的写字楼于开发完成的同时开始租赁给乙企业使用，租赁期为10年。当年7月1日，该写字楼开发完成并开始起租，写字楼的造价为50 000 000元。由于该栋写字楼地处商业繁华区，所在城区有活跃的房地产交易市场，而且能够从房地产交易市场上取得同类房地产的市场报价，东方有限公司决定采用公允价值模式对该项出租的房地产进行后续计量。

（1）2009年7月1日，东方有限公司开发完成写字楼并出租

借：投资性房地产——写字楼（成本）　　50 000 000

　　贷：开发产品　　50 000 000

（2）2009年12月31日，该写字楼的公允价值为55 000 000元

借：投资性房地产——写字楼（公允价值变动）　　5 000 000

　　贷：公允价值变动损益　　5 000 000

（3）2010年12月31日，该写字楼的公允价值为52 000 000元

借：公允价值变动损益　　3 000 000

　　贷：投资性房地产——写字楼（公允价值变动）　　3 000 000

3. 投资性房地产的处置

处置投资性房地产时，应按实际收到的金额，借记“银行存款”等科目，贷记“其他业务收入”科目。按该项投资性房地产的账面余额，借记“其他业务成本”科目，贷记“投资性房地产——成本”科目、贷记或借记“投资性房地产——公允价值变动”科目；同时，结转投资性房地产累计公允价值变动。若存在原转换日计入资本公积的金额，该金额也一并结转。

【例7-27】东方有限公司将其出租的一栋写字楼确认为投资性房地产，采用公允价值模式计量。租赁期届满后，东方有限公司将该栋写字楼出售给乙企业，合同价款为250 000 000元，乙企业已用银行存款付清。出售时，该栋写字楼的成本为220 000 000元，公允价值变动为借方余额20 000 000元。假定不考虑营业税等税费。东方有限公司应做如下账务处理：

（1）取得处置收入时

借：银行存款　　250 000 000

　　贷：其他业务收入　　250 000 000

（2）结转处置成本时

借：其他业务成本　　240 000 000

　　贷：投资性房地产——写字楼（成本）　　220 000 000

　　　　　　　　　　——写字楼（公允价值变动）　　20 000 000

（3）结转累计公允价值变动时

借：公允价值变动损益　　20 000 000

　　贷：其他业务成本　　20 000 000

（三）投资性房地产后续计量模式的变更

企业对投资性房地产的计量模式一经确定，不得随意变更。成本模式转为公允价值模式，应当作为会计政策变更处理，将计量模式变更时公允价值与账面价值的差额，调

整期初留存收益。已采用公允价值模式计量的投资性房地产，不得从公允价值模式转为成本模式。

固定资产增值税的相关规定

一、固定资产允许抵扣进项税额

自2009年1月1日起，在维持现行增值税税率不变的前提下，允许全国范围内的所有增值税一般纳税人抵扣其购进（包括接受捐赠、实物投资）或者自制（包括改扩建、安装）固定资产所含的进项税额，未抵扣完的进项税额结转下期继续抵扣。

① 允许抵扣的固定资产包括机器、机械、运输工具以及其他与生产经营有关的设备、工具、器具等，但不包括容易混为个人消费的应征消费税的小汽车、摩托车和游艇，房屋、建筑物等不动产不纳入抵扣范围。

② 纳税人允许抵扣的固定资产进项税额，是指纳税人2009年1月1日以后实际发生，并取得2009年1月1日以后开具的增值税扣税凭证上注明的或者依据增值税扣税凭证计算的增值税税额。这里所称的增值税扣税凭证是指增值税专用发票、海关进口增值税专用缴款书和运输费用结算单据。

二、固定资产的销售

（一）纳税人销售自己使用过的物品

纳税人销售自己使用过的物品按下列政策执行。

（1）一般纳税人销售自己使用过的属于《中华人民共和国增值税暂行条例》第十条规定，不得抵扣且未抵扣进项税额的固定资产，按简易办法依4%征收率减半征收增值税。

一般纳税人销售自己使用过的其他固定资产，按下列规定执行。

① 销售自己使用过的2009年1月1日以后购进或者自制的固定资产，按照适用税率征收增值税；

② 2008年12月31日以前未纳入扩大增值税抵扣范围试点的纳税人，销售自己使用过的2008年12月31日以前购进或者自制的固定资产，按照4%征收率减半征收增值税；

③ 2008年12月31日以前已纳入扩大增值税抵扣范围试点的纳税人，销售自己使用过的在本地区扩大增值税抵扣范围试点以前购进或者自制的固定资产，按照4%征收率减半征收增值税；销售自己使用过的在本地区扩大增值税抵扣范围试点以后购进或者自制的固定资产，按照适用税率征收增值税。

（2）小规模纳税人销售自己使用过的固定资产，减按2%征收率征收增值税

（二）纳税人销售旧货，按照简易办法依照4%征收率减半征收增值税。

所称旧货，是指进入二次流通的具有部分使用价值的货物（含旧汽车、旧摩托车和旧游艇），但不包括自己使用过的物品。

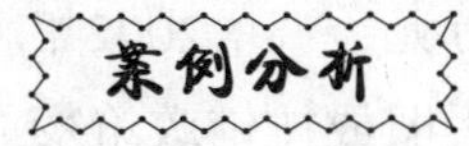

折旧也决定利润

——来自高速公路和航空业的两个例子[5]

某高速公路股份有限公司属于交通基础设施建设和经营管理的行业。2001年公司主营业务是高速公路等交通基础设施的建设、维护、经营、收费和管理。公司对公路资产的折旧是按总工作量（即车流量法）计算，即根据特定年度实际车流量与经营期间的预估总车流量的比例来计算年度折旧总额，整个经营期内的累计折旧额将等于高速公路及与之相关联的经营权的总成本值。车流量折旧法与平均年限法折旧的区别在于其折旧量会在整个折旧期间呈现前低后高的状况。虽然从高速公路的整个经营期来看，不同的折旧方法的结果是一样的，即累计折旧额将等于资产的总成本值，但在车流量法下，各个会计期间的折旧金额分布不均匀，而在平均年限法下的年度折旧金额是均匀分布的，这个差异将导致车流量法下的企业利润在高速公路运营前期可能高估。

下表所列示的是该公司2001年对公路资产按照工作量法和平均年限法计算的折旧金额对照，我们可以看到，如果公司按照平均年限法计提折旧，将比2001年报表实际计提的折旧高出近9 000万元，而当年该公司的净利润为17 000万元，所以企业如果采纳平均年限法计提折旧，将使当期的利润折半。

该高速公路股份有限公司2001年的公路资产在不同折旧方法下的折旧金额和折旧率对照表如下。

项目	原值（元）	年限	折旧方法	计提折旧（元）	年折旧率（2001）
公路	3 383 043 581	30	工作量法	27 948 324	0.8%
		30	平均年限法	112 768 119	3.3%
			差额	84 819 795	

某航空股份有限公司主要从事国内、国际和地区航空客、货、邮运输及代理业务，目前共拥有25架飞机，已开通136条营运航线，通达国内48个大中城市和5个国际城市。该公司2002年9月公开招股上市，在《招股说明书》中的特别风险提示栏揭示了从折旧政策改变中生出的利润。

“本公司1999年、2000年、2001年及2002年1—6月份利润总额分别为4 927万元、7 501万元、16 628万元和6 657万元，2000年利润总额比1999年增加2 574万元，2001年利润总额比2000年增加9 127万元，主要原因在于：本公司融资租赁的飞机及发动机，原按15年计提折旧。根据财政部批准文件，从2000年10月份起改按18年计提，因折旧年限的变更而调增2000年度利润总额1 531万元，调增2001年度利润总额6 341万元，调增2002年1—6月利润总额4 267万元；本公司高价周转件原按5年平均摊销，从2001年起

5 资料来源：毛洪涛、万云. 会计最新制度、准则——深度阐释与案例分析［M］.立信会计出版社2004年版.

改按6年平均摊销，因摊销年限的变更而调增2001年度利润总额1 025万元，调增2002年1—6月利润总额为574万元。因此，2000年和2001年因飞机和发动机折旧或摊销政策变化增加的利润占两年利润增加额的比例分别达到59.48%和80.71%；2002年1—6月因飞机和发动机折旧或摊销政策变化增加的利润占2002年1—6月利润总额的比例为72.72%。”

讨论题：

1. 固定资产计提折旧的方法有哪些？请比较其异同，并分析不同方法对利润的影响。
2. 影响固定资产折旧的因素有哪些？

分析思路：

1. 企业要按照国家会计制度和会计准则计提折旧，折旧方法一经选定不得随意变更。固定资产计提折旧的多少影响着利润的多少。
2. 考虑固定资产本身的特性、行业特点等。

能力训练

一、单项选择题

1. 购置需要安装的固定资产，先通过（　）账户核算。

   A. 固定资产　B. 管理费用　C. 销售费用　D. 在建工程

2. 下列各项，不应计提固定资产折旧的是（　）。

   A. 季节性停用的大型设备　B. 已提足折旧仍在使用的大型设备
   C. 以融资租赁方式租入的大型设备　D. 以经营租赁方式租出的大型设备

3. 企业购入需要安装的生产设备达到预定可使用状态前，其安装费用记入（　）账户。

   A. 固定资产　B. 制造费用　C. 在建工程　D. 工程物资

4. 企业的固定资产在盘亏时应通过下列（　）账户核算。

   A. 在建工程　B. 固定资产清理　C. 待处理财产损溢　D. 管理费用

5. 企业接受投资者投入的一项固定资产，应按（　）作为入账价值。

   A. 投资方的账面净值
   B. 投资方的账面原值
   C. 投资合同或协议约定的价值（但合同或协议约定的价值不公允的除外）
   D. 投资方的账面价值

6. 企业盘盈的固定资产，应在报告批准后转入（　）科目。

   A. “其他业务收入”　B. “以前年度损益调整”
   C. “资本公积”　D. “营业外收入”

7. 某项固定资产的原值为100 000元，预计净残值为1 000元，预计使用年限为5年，则在年数总和法下第二年的折旧额为（　）元。

   A. 26 400　B. 52 800　C. 40 000　D. 39 600

8. 某企业对生产线进行扩建，该生产线原价为1 300万元，已提折旧100万元，扩建生产线时发生扩建支出200万元，同时在扩建时处理废料发生变价收入10万元，扩建支出符合固定资产确认条件，则该生产线入账价值应为（　）万元。

A. 1 390　B. 1 300　C. 1 290　D. 1 205

9. 甲企业对某一生产设备进行改良，该生产设备原价为1 000万元，已提折旧400万元，改良中发生各项支出共计200万元，改良时被替换部分的账面价值为100万元，则该项固定资产的入账价值为（　）万元。

A. 1 000　B. 900　C. 700　D. 600

10. 根据《企业会计准则第3号——投资性房地产》，下列项目不属于投资性房地产的是（　）。

A. 持有并准备增值后转让的房屋建筑物　B. 已出租的土地使用权

C. 持有并准备增值后转让的土地使用权　D. 已出租的建筑物

11. 企业对成本模式进行后续计量的投资性房地产摊销时，应借记（　）科目。

A. “投资收益”　B. “其他业务成本”

C. “营业外收入”　D. “管理费用”

12. 企业出售、转让、报废投资性房地产时，应当将处置收入计入（　）。

A. 公允价值变动损益　B. 营业外收入

C. 其他业务收入　D. 资本公积

二、多项选择题

1. 固定资产加速折旧的方法有（　）。

A. 平均年限法　B. 双倍余额递减法　C. 年数总和法　D. 工作量法

2. 以下固定资产需要计提折旧的是（　）。

A. 土地　B. 已提足折旧仍继续使用的固定资产

C. 未使用的房屋　D. 修理中的机器

3. 企业计算固定资产折旧的主要依据有（　）。

A. 固定资产的预计使用年限　B. 固定资产取得时的原始价值

C. 固定资产的净残值　D. 固定资产的使用部门

4. 固定资产计提折旧的方法有（　）。

A. 年限平均法　B. 双倍余额递减法　C. 年数总和法　D. 工作量法

5. 影响固定资产折旧的因素有（　）。

A. 固定资产原价　B. 预计净残值　C. 使用寿命　D. 固定资产减值准备

6. 在采用自营方式建造固定资产的情况下，下列项目中应计入固定资产取得成本的有（　）。

A. 工程项目耗用的工程物资

B. 工程领用本企业商品涉及的增值税销项税额

C. 生产车间为工程提供的水、电等费用

D. 企业行政管理部门为组织和管理生产经营活动而发生的费用

7. 企业结转固定资产清理净损益时，可能涉及的会计科目有（ ）。

A. “待处理财产损溢” B. “营业外收入”

C. “营业外支出” D. “长期待摊费用”

8. 在固定资产开始计提折旧时，就需要考虑固定资产净残值的折旧方法是（ ）。

A. 平均年限法 B. 工作量法 C. 双倍余额递减法 D. 年数总和法

9. 下列各项支出，应通过“固定资产清理”科目核算的有（ ）。

A. 固定资产的报废 B. 固定资产的出售

C. 固定资产的盘亏 D. 固定资产的毁损

10. 双倍余额递减法和年数总和法这两种计算固定资产累计折旧的方法的共同点有（ ）。

A. 属于加速折旧法 B. 每期折旧率固定

C. 前期折旧高，后期折旧低 D. 不考虑净残值

11. “固定资产清理”账户的借方登记的项目有（ ）。

A. 转入清理的固定资产的净值 B. 变价收入

C. 结转的清理净收益 D. 结转的清理净损失

12. 下列各项中，会引起固定资产账面价值发生变化的有（ ）。

A. 计提固定资产减值准备 B. 计提固定资产折旧

C. 固定资产改扩建 D. 固定资产大修理

三、判断题

1. 当月增加的固定资产当月应计提折旧，当月减少的固定资产当月不提折旧。（ ）

2. 企业购入的固定资产，直接记入“固定资产”账户，不需要通过“在建工程”账户。（ ）

3. 工作量法计提折旧的特点是每年提取的折旧额相等。（ ）

4. 按双倍余额递减法计提的折旧额在任何时期都大于按平均年限法计提的折旧额。（ ）

5. 企业对固定资产进行更新改造时，应当将该固定资产账面价值转入在建工程，并在此基础上核算经更新改造后的固定资产原价。（ ）

6. 因进行大修理而停用的固定资产，应当照提折旧，计提的折旧应计入相关成本费用。（ ）

7. 固定资产出售、报废、由于各种不可抗拒的自然灾害而产生的毁损，均应通过“固定资产清理”科目核算，计算处置固定资产的净损益，然后直接转入本年利润。（ ）

8. 以经营租赁方式租出的固定资产，应由出租方计提该项固定资产折旧。（ ）

9. 企业接受其他单位的固定资产投资时，“固定资产”账户应按投资方的账面价值入账。（ ）

10. 固定资产出售、报废、毁损的净损益，均应转入营业外收入。（ ）

11. 企业将发生的固定资产后续支出计入固定资产成本的，应当终止确认被替换部分的账面价值。(   )

12. 企业应当对所有固定资产计提折旧。(   )

13. 固定资产提足折旧后，不论能否继续使用，均不再计提折旧；提前报废的固定资产，也不再补提折旧。(   )

14. 按照新准则的规定，对于计提的固定资产减值准备，在以后期间价值恢复时，不转回任何原已计提的减值准备金额。(   )

15. 企业不论在成本模式下，还是在公允价值模式下，投资性房地产取得的租金收入，均确认为其他业务收入。(   )

16. 已采用公允价值模式计量的投资性房地产，不得从公允价值模式转为成本模式。(   )

四、业务题

1. 甲企业为一般纳税人，要求进行下列业务的相关账务处理。

(1) 购入需要安装的生产用机器一台，买价26 000元，增值税4 420元，装卸费200元，以银行存款支付，机器已交付安装。

(2) 安装过程中，以银行存款支付安装费2 000元。

(3) 安装完毕交付使用。

2. 乙企业出售一台设备，该设备账面原值为400 000元，已提折旧160 000元，出售时用现金支付清理费用10 000元，出售收入200 000元存入银行（若不考虑相关税费）。

要求：对上述业务进行相关账务处理。

3. 丙企业固定资产原值为20 000元，预计使用年限为5年，预计净残值为320元，采用双倍余额递减法计算各年折旧额。

4. 丁企业为增值税一般纳税人。2006年1月，丁企业因生产需要，决定用自营方式建造一座仓库。相关资料如下：

(1) 2006年1月1日，购入工程用专项物资10万元，增值税额为1.7万元，该批专项物资已验收入库，款项用银行存款付讫。

(2) 领用上述专项物资，用于建造仓库。

(3) 领用本单位生产的水泥一批用于工程建设，该批水泥成本为1万元，税务部门核定的计税价格为2万元，增值税税率为17%。

(4) 领用本单位外购原材料一批用于工程建设，原材料实际成本为1万元，应负担的增值税额为0.17万元。

(5) 2006年1月至3月，应付工程人员工资2万元，用银行存款支付其他费用0.5万元。

(6) 2006年3月31日，该仓库达到预定可使用状态，预计可使用20年，预计净残值为1.2万元，采用直线法计提折旧。

（7）2010年12月31日，该仓库突遭火灾焚毁，残料估计价值5万元，验收入库，用银行存款支付清理费用2万元。经保险公司核定的应赔偿损失7万元，尚未收到赔款。丁企业确认了该仓库的毁损损失。

要求：

（1）计算该仓库的入账价值。

（2）计算2006年度该仓库应计提的折旧额。

（3）编制丁企业2006年度与上述业务相关的会计分录。

（4）编制丁企业2010年12月31日清理该仓库的会计分录。

第八章　无形资产和其他长期资产

学习目标与要求

通过对本章的学习，了解无形资产的概念、特征和内容；理解无形资产的确认条件；熟悉无形资产入账价值的构成和期末减值的核算；掌握无形资产取得、摊销以及转让的核算方法。

第一节　无形资产概述

一、无形资产的概念和特征

（一）无形资产的概念

无形资产是指企业拥有或者控制的、没有实物形态、可辨认的非货币性资产，包括专利权、非专利技术、商标权、著作权、土地使用权、特许权等。

（二）无形资产的特征

无形资产具有三个主要特征。

1. 不具有实物形态

无形资产是不具有实物形态的非货币性资产。不具有实物形态是无形资产区别于其他资产的显著标志。虽然无形资产没有实物形态，但却具有价值。其价值往往是法律或合同所赋予的某种法定或特许（如专利权、商标权）的权利，或者获得超额利润的能力，这种价值是难以通过人们感觉器官所直接触摸或感受到的，它隐形存在于企业之中。

2. 具有可辨认性

资产满足下列条件之一的，符合无形资产定义的可辨认性标准。

（1）能够从企业中分离或者划分出来，并能单独或者与相关合同、资产或负债一起，用于出售、转移、授予许可、租赁或者交换。

（2）源自合同性权利或其他法定权利，无论这些权利是否可以从企业或其他权利和义务中转移或者分离。

商誉的存在无法与企业自身分离，不具有可辨认性，因此不属于本章所指无形资产。

3. 属于非货币性长期资产

资产按其将来为企业带来的经济利益，分为货币性资产和非货币性资产。其中，货币性资产是指企业持有的现金及将以固定或可确定金额的货币收取的资产，如现金、银行存款、应收票据、应收账款，以及准备持有至到期的债权投资等。非货币性资产是指除货币性资产以外的资产，如存货、固定资产、无形资产等。无形资产之所以属于长期资产，是因其能够在多个会计期间为企业带来经济利益。无形资产的使用年限在一年以上，其价值将在各个收益期间逐渐摊销。

二、无形资产的内容

（一）专利权

专利权是指国家专利主管机关依法授予发明创造专利申请人对其发明创造在法定期限内所享有的专有权利，包括发明专利权、实用新型专利权和外观设计专利权。《中华人民共和国专利法》明确规定，专利人拥有的专利权受到国家法律保护。专利权是允许其持有者独家使用或控制的特权，但它并不保证一定能给持有者带来经济效益，如有的专利可能会被另外更有经济价值的专利所淘汰等。因此，企业不应将其所拥有的一切专利权都予以资本化，作为无形资产管理和核算。一般而言，只有从外单位购入的专利或者自行开发并按法律程序申请取得的专利，才能作为无形资产管理和核算。这种专利可以降低成本，或者提高产品质量，或者将其转让出去获得转让收入。

企业从外单位购入的专利权，应按实际支付的价款入账。企业自行开发并按法律程序申请取得的专利权，应按照无形资产准则确定的金额作为成本。

（二）商标权

商标是用来辨认特定的商品或劳务的标记。商标权是指专门在某类指定的商品或产品上使用特定的名称或图案的权利。商标经过注册登记，就获得了法律上的保护。《中华人民共和国商标法》明确规定，经商标局核准注册的商标为注册商标，商标注册人享有商标专用权，受法律的保护。

企业购买他人的商标，一次性支出费用较大的，可以将其资本化，作为无形资产管理。这时，应根据购入商标的价款、支付的手续费及有关费用作为商标的成本。

（三）土地使用权

土地使用权是指国家准许某一企业或单位在一定期间内对国有土地享有开发、利用、经营的权利。企业根据有关规定，向政府土地管理部门申请土地使用权支付的土地出让金，应将其资本化，作为无形资产核算。

（四）非专利技术

非专利技术即专有技术或技术秘密、技术诀窍，是指先进的、未公开的、未申请专利、可以带来经济效益的技术及诀窍，主要包括工业专用技术、商业（贸易）专用技术和管理专有技术等内容。非专利技术不是专利法的保护对象，专有技术所有人依靠自我保密的方式来维持其独占权，可以用于转让和投资。

企业的非专利技术，有些是自己开发研究的，有些是根据合同规定从外部购入的，如果是企业自己开发研究的，应将符合《企业会计准则第6号——无形资产》规定的开发支出资本化条件的，确认为无形资产。对于从外部购入的非专利技术，应将实际发生的支出予以资本化，作为无形资产入账。

（五）著作权

著作权又称版权，是指作者对其创造的文学、科学和艺术作品依法享有的某种特殊权利。著作权包括两方面的权利，即精神权利和经济权利。前者包括发表权、署名权、修改权和保护作品完整权；后者指使用作品以及因授权他人使用作品而获得经济利益的权利。

（六）特许权

特许权又称经营特许权、专营权，指企业在某一地区经营或销售某种特定商品的权利或是一家企业接受另一家企业使用其商标、商号、技术秘密等的权利。前者一般是政府机关授权、准许企业使用或在一定地区享有经营某种业务的特权，如水、电、邮电通信等专用权、烟草专卖权等；后者指企业间依照签订的合同，有限期或无限期使用另一家企业的某些权利，如连锁店分店使用总店的名称等。

三、无形资产的分类

（一）按来源可将无形资产划分为外部取得的无形资产和内部自行研发的无形资产

外部取得的无形资产是指企业按正规程序从其他单位或个人那里获得的无形资产，如购入的无形资产、接受投资的无形资产、接受捐赠的无形资产等；内部自行研发的无形资产是指企业内部自主研究、开发形成的无形资产。

（二）按使用寿命是否确定可将无形资产划分为使用寿命有限的无形资产和使用寿命不确定的无形资产

企业持有的无形资产，通常来源于合同性权利或其他法定权利，且合同规定或法律规定有明确的使用年限。合同或法律没有规定使用寿命的，企业应当综合各方面因素判断，以确定无形资产能为企业带来经济利益的期限。例如，与同行业的情况进行比较、参考历史经验，或聘请相关专家进行论证等。按照上述方法仍无法合理确定无形资产为企业带来经济利益期限的，该项无形资产应作为使用寿命不确定的无形资产。例如，出租车的运营牌照就属于使用寿命不确定的无形资产。

第二节　无形资产的确认

一、无形资产确认的条件

某个项目要确认为无形资产，应符合无形资产的定义，并同时满足下列条件。

（一）与该无形资产有关的经济利益很可能流入企业

作为无形资产确认的项目，必须具备其所产生的经济利益很可能流入企业这一条件。通常情况下，无形资产产生的未来经济利益可能含在销售商品、提供劳务的收入当中，或者企业使用该项无形资产可以减少或节约成本，或者体现在获得的其他利益当中。例如，生产加工企业在生产工序中使用了某种知识产权，使其降低了未来生产成本。

（二）该无形资产的成本能够可靠地计量

成本能够可靠地计量是确认无形资产的一项基本条件，对于无形资产而言，这个条件相对更为重要。例如，企业自创商誉以及内部产生的品牌、报刊名等，因其成本无法可靠地计量，因此不作为无形资产确认。

二、研究与开发支出的确认

对于企业自行研究开发的无形资产项目，应当区分研究阶段与开发阶段分别进行核算。

（一）研究与开发支出的区别

1. 研究阶段

研究是指为获取并理解新的科学或技术知识而进行的独创性的有计划调查。研究阶段是探索性的，是为进一步的开发活动进行资料及相关方面的准备。已进行的研究活动将来是否会转入开发、开发后是否会形成无形资产等均具有较大的不确定性，因此，研究阶段的有关支出，在发生时应当费用化计入当期损益。

2. 开发阶段

开发是指在进行商业性生产或使用前，将研究成果或其他知识应用于某项计划或设计，以生产出新的或具有实质性改进的材料、装置、产品等。相对于研究阶段而言，开发阶段应当是已完成研究阶段的工作，在很大程度上具备了形成一项新产品或新技术的基本条件。例如，生产前或使用前的原型和模型的设计、建造和测试，不具有商业性生产经济规模的试生产设施的设计、建造和运营等，均属于开发活动。此时，如果企业能够证明开发支出符合无形资产的定义及相关确认条件，则可将其确认为无形资产。

（二）研究开发项目支出的确认

企业内部研究开发项目研究阶段的支出，应当于发生时计入当期损益，不确认为无形资产。

企业内部研究开发项目开发阶段的支出，同时满足资本化条件的计入无形资产的成本，否则计入当期损益。

企业取得的已经作为无形资产确认的正在进行中的研究开发项目，在取得后发生的支出，应当区别研究阶段和开发阶段，按照上述规定分别处理。

第三节　无形资产的核算

为了核算无形资产的取得、摊销、处置和减值等情况，企业应当设置“无形资产”、“研发支出”、“累计摊销”、“无形资产减值准备”等科目。

“无形资产”科目核算企业持有的无形资产的成本，借方登记取得无形资产的成本，贷方登记出售无形资产转出的无形资产的账面余额，期末借方余额反映企业期末持有的无形资产的成本。本科目按无形资产项目设置明细账，进行明细核算。

“研发支出”科目核算企业进行研究与开发无形资产过程中发生的各项支出。借方登记企业进行研究与开发无形资产过程中发生的各项支出，贷方登记研究开发项目达到预定用途形成无形资产时转出的资本化支出和期末转出的费用化支出。本科目期末借方余额，反映企业正在进行中的研究开发项目中满足资本化条件的支出。本科目应当按照研究开发项目，分别按“费用化支出”与“资本化支出”进行明细核算。

“累计摊销”科目属于“无形资产”科目的调整科目。该科目核算企业对使用寿命有限的无形资产计提的累计摊销，贷方登记企业计提的无形资产摊销金额，借方登记处置无形资产转出的无形资产累计摊销金额，期末贷方余额反映企业无形资产的累计摊销额。本科目按无形资产项目设置明细账，进行明细核算。

“无形资产减值准备”科目属于“无形资产”科目的调整科目。该科目核算企业对无形资产计提的减值准备，贷方登记企业计提的无形资产减值准备，借方登记处置无形资产转出的无形资产减值准备，期末贷方余额反映企业已计提但尚未转销的无形资产减值准备。本科目按无形资产项目设置明细账，进行明细核算。

一、无形资产取得的核算

无形资产应当按照成本进行初始计量。对于不同来源取得的无形资产，其成本构成也不尽相同。

（一）外购无形资产

外购无形资产的成本，包括购买价款、相关税费以及直接归属于使该项资产达到预定用途所发生的其他支出。

【例8-1】东方有限责任公司2010年3月26日从A市春之声有限责任公司购得一项商标权，东方公司开出一张3 000万元的转账支票支付价款。依据转账支票存根和春之声公司开来的无形资产转让发票（表8-1、表8-2），做如下账务处理：

借：无形资产——商标权　　30 000 000

　　贷：银行存款　　30 000 000

表8-1　转账支票存根

中国工商银行
转账支票存根
No.15689

科目：________

对方科目：________

签发日期：2010年3月26日

收款人：	A市春之声有限责任公司
金额：	¥30 000 000.00
用途：	商标权转让费
备注：	

单位主管　　会计

复核　　记账

表8-2　××省A市转让无形资产发票（机打）

发票联　　发票代码：213567834

发票号码：000000000

付款单位（个人）：A市东方有限责任公司　　机打编号：

项目	单位	数量	单价	金额	备注
商标权	个	1	30 000 000.00	30 000 000.00	
合计（大写）叁仟万元整				（小写）¥30 000 000.00	

第二联 发票联

收款单位（盖章有效）　　开票人：白雪　　2010年03月26日

（二）自行研究开发无形资产

自行开发的无形资产，其成本包括自满足确认条件后至达到预定用途前所发生的支出总额，但是对于以前期间已经费用化的支出不再调整。

企业内部研究开发项目所发生的支出应区分研究阶段支出和开发阶段支出。企业发生的研究阶段支出，借记"研发支出——费用化支出"科目，贷记"原材料"、"应付职工薪酬"、"银行存款"等科目。企业发生的开发阶段支出，能够满足资本化条件的，借记"研发支出——资本化支出"科目，贷记"原材料"、"应付职工薪酬"、"银行存款"等科目；企业发生的开发阶段支出不能满足资本化条件的，借记"研发支出——费用化支出"科目，贷记"原材料"、"应付职工薪酬"、"银行存款"等科目。期末，应将"研发支出——费用化支出"科目归集的金额转入"管理费用"科目，借记"管理费用"科目，贷记"研发支出——费用化支出"科目。研发项目达到预定用途形成无形资产的，应将资本化支出转入"无形资产"科目，借记"无形资产"科目，贷记"研发支出——资本化支出"科目。

【例8-2】东方有限责任公司自行研究、开发一项技术，截止到2010年12月31日，共发生支出400 000元（假设均用银行存款支付），经测试该项研发活动已经完成了研究阶段，从2011年1月1日开始进入开发阶段。2011年发生开发支出共5 000 000元（假设均用银行存款支付），假定符合《企业会计准则第6号——无形资产》规定的开发支出资本化的条件。2011年7月31日，该项研发活动结束，最终开发出一项非专利技术。东方有限责任公司应做如下账务处理。

（1）2010年发生的研究阶段的支出

借：研发支出——费用化支出　　400 000

　　贷：银行存款　　400 000

（2）将截止到2010年12月31日发生的研究阶段支出转入当期损益

借：管理费用　　400 000

　　贷：研发支出——费用化支出　　400 000

（3）2011年发生的开发阶段支出全部符合资本化条件

借：研发支出——资本化支出　　5 000 000

　　贷：银行存款　　5 000 000

（4）2011年7月31日该技术研发完成并形成无形资产，将资本化支出转入"无形资产"科目

借：无形资产——非专利技术　　5 000 000

　　贷：研发支出——资本化支出　　5 000 000

二、无形资产摊销的核算

无形资产有关准则规定，企业应当于取得无形资产时分析判断其使用寿命。使用寿命有限的无形资产，应在其预计的使用寿命内采用系统合理的方法对应摊销金额进行摊销。使用寿命不确定的无形资产，在持有期间内不需要摊销，应当在每个会计期间进行减值测试。使用寿命有限的无形资产的残值一般为零。

无形资产的摊销期自其可供使用时（即其达到预定用途）开始至终止确认（处置）时止。无形资产摊销方法包括直线法、生产总量法等。对某项无形资产摊销所使用的方法应依据从资产中获取的预期未来经济利益的预计消耗方式来选择，并一致地运用于不同会计期间。无法可靠确定其预期实现方式的，应当采用直线法进行摊销。

企业应当按月对无形资产进行摊销。无形资产的摊销额一般应当计入当期损益。企业自用的无形资产，其摊销额计入管理费用，借记"管理费用"科目，贷记"累计摊销"科目；出租的无形资产，其摊销金额计入其他业务成本，借记"其他业务成本"科目，贷记"累计摊销"科目；某项无形资产包含的经济利益通过所生产的产品或其他资产实现的，其摊销额应当计入相关资产成本，借记"制造费用"科目，贷记"累计摊销"科目。

【例8-3】东方有限责任公司2010年4月1日购入一项特许经营权，成本为240 000元，合同规定该特许经营权的收益年限为10年，假设此项特许权的残值为零，东方公司每月应摊销的金额为2 000（240 000÷10÷12）元。依据无形资产摊销计算表（表8-3），东方公司4月份做如下账务处理：

借：管理费用　　2 000

　　贷：累计摊销——特许权　　2 000

表8-3　无形资产摊销计算表

2010年4月　　单位：元

部门	名称	成本	使用寿命	摊销方法	月摊销额
管理部门	特许经营权	240 000	10年	直线法	2 000
合计					2 000

财务主管：　　制单：张原

【例8-4】东方有限责任公司2010年7月将其自行开发完成的一项专利技术出租给了甲公司，该专利技术的成本为480 000元，双方约定的租赁期限为5年，假设此项专利技

术的残值为零，东方公司每月应摊销8 000（480 000÷5÷12）元。每月摊销时，东方公司应根据无形资产摊销计算表（略）做如下账务处理：

借：其他业务成本　　8 000

　　贷：累计摊销——专利权　　8 000

三、无形资产处置的核算

（一）无形资产出售

企业出售无形资产时，应按实际收到的金额，借记“银行存款”等科目，按已计提的累计摊销，借记“累计摊销”科目，原已计提减值准备的，借记“无形资产减值准备”科目，按应支付的相关税费，贷记“应交税费”等科目，按其账面余额，贷记“无形资产”科目，按其差额，贷记“营业外收入——处置非流动资产利得”科目或借记“营业外支出——处置非流动资产损失”科目。

【例8-5】东方有限责任公司购入一项专利权，支付价款共计150 000元，作为无形资产入账，确定的摊销期限为10年，该企业在使用18个月后又将其所有权出售给其他单位，取得出售收入130 000元，按5%营业税率计算的应交营业税为6 500元，该项专利权未计提减值准备。东方公司应做如下账务处理。

（1）购入专利权时

借：无形资产——专利权　　150 000

　　贷：银行存款　　150 000

（2）按月摊销时

月摊销额=150 000÷10÷12=1 250（元）

借：管理费用　　1 250

　　贷：累计摊销——专利权　　1 250

（3）出售时

借：银行存款　　130 000

　　营业外支出——处置非流动资产损失　　4 000

　　累计摊销——专利权　　（1 250×18）22 500

　　贷：无形资产——专利权　　150 000

　　　　应交税费——应交营业税　　6 500

（二）无形资产报废

如果无形资产预期不能为企业带来经济利益，例如，该无形资产已被其他新技术所替代或超过法律保护期，不能再为企业带来经济利益的，则不再符合无形资产的定义，应将其报废并予以转销，其账面价值转作当期损益。

对于报废的无形资产，应按已计提的累计摊销，借记“累计摊销”科目，原已计提减值准备的，借记“无形资产减值准备”科目，按其账面余额，贷记“无形资产”科目，按其差额，借记“营业外支出”科目。

四、无形资产出租

无形资产出租是指企业以收取租金的方式将所拥有的无形资产的使用权让渡给他人，而继续拥有无形资产的所有权。

由于出租方仍拥有无形资产的所有权，所以，企业在出租无形资产时，不应注销无形资产的账面价值，而应按取得的租金收入，借记“银行存款”等科目，贷记“其他业务收入”等科目；出租过程中发生的相关费用以及出租期间应摊销的金额等支出，借记“其他业务成本”科目，贷记“银行存款”等科目。

【例8-6】东方有限责任公司2010年10月将一项专利权出租，10月份收取租金25 000元，应交营业税1 250元，另外，以现金支付相关费用400元。此项专利权10月份应提取的摊销额为2 000元。东方公司10月份应做如下账务处理。

（1）10月份收取租金时

借：银行存款　　25 000

　　贷：其他业务收入　　25 000

（2）核算10月份出租专利权有关的税费以及摊销额时

借：其他业务成本　　2 400

　　贷：库存现金　　400

　　　　累计摊销——专利权　　2 000

借：营业税金及附加　　1 250

　　贷：应交税费——应交营业税　　1 250

五、无形资产减值的核算

企业在资产负债表日应当判断无形资产是否存在可能发生减值的迹象，如果资产存在减值迹象的，应当进行减值测试，估计资产的可收回金额。可收回金额的估计，应当根据其公允价值减去处置费用后的净额与资产预计未来现金流量的现值两者之间较高者确定。可收回金额低于账面价值的，应当按照可收回金额低于账面价值的金额，计提减值准备。资产存在减值迹象是资产是否需要进行减值测试的必要前提，但使用寿命不确定的无形资产，无论是否存在减值迹象，都应当至少于每年年度终了进行减值测试。

可收回金额低于账面价值的，企业应当将该无形资产的账面价值减至可收回金额，减记的金额确认为减值损失，计入当期损益，同时计提相应的资产减值准备，按应减记的金额，借记“资产减值损失——计提的无形资产减值准备”科目，贷记“无形资产减值准备”科目。无形资产减值准备一经确认，在以后会计期间不得转回。

【例8-7】2010年12月31日，市场上某项技术生产的产品销售势头较好，已经对东方有限责任公司产品的销售产生重大不利影响。东方有限责任公司外购的类似专利技术的账面价值为900 000元，经减值测试，该专利技术的可收回金额为800 000元。东方公司

12月31日应做如下账务处理：

借：资产减值损失——计提的无形资产减值准备　　100 000

　贷：无形资产减值准备　　100 000

第四节　其他长期资产

其他资产是指在流动资产、固定资产、无形资产等以外的资产，主要包括长期待摊费用和其他长期资产。

一、长期待摊费用

长期待摊费用是企业已经发生但应当由本期和以后各期负担的分摊期限在一年以上（不含一年）的各项费用，如以经营租赁方式租入的固定资产发生的改良支出等。

为了核算长期待摊费用，企业应单设“长期待摊费用”科目。发生各项长期待摊费用时，借记“长期待摊费用”科目，贷记“银行存款”等科目；摊销时借记“管理费用”、“销售费用”等科目，贷记“长期待摊费用”科目。该科目期末借方余额表示企业尚未摊销完毕的长期待摊费用。

【例8-8】2010年8月1日，东方有限责任公司对其以经营租赁方式新租入的办公楼进行装修，租赁期为5年。装修时发生以下有关支出：领用生产用材料300 000元，购进该批原材料时支付的增值税进项税额为51 000元；辅助生产车间为该装修工程提供的劳务支出为380 000元；有关人员工资等职工薪酬109 000元。2010年11月30日，该办公楼装修完工，达到预定可使用状态并交付使用，并按租赁期开始进行摊销。假定不考虑其他因素，东方公司应做如下账务处理。

（1）装修领用原材料时

借：长期待摊费用　　351 000

　贷：原材料　　300 000

　　　应交税费——应交增值税（进项税额转出）　　51 000

（2）辅助生产车间为装修工程提供劳务时

借：长期待摊费用　　380 000

　贷：生产成本——辅助生产成本　　380 000

（3）确认工程人员职工薪酬时

借：长期待摊费用　　109 000

　贷：应付职工薪酬　　109 000

（4）从2010年12月开始每月应摊销的装修支出为（351 000+380 000+109 000）÷5÷12=14 000元，相应的会计分录如下：

借：管理费用　　14 000

　贷：长期待摊费用　　14 000

二、其他长期资产

其他长期资产一般包括国家批准储备的特种物资、银行冻结存款、冻结物资及涉及诉讼中的财产等。可根据资产的性质及特点单独设置相关账户核算。

无形资产的相关政策

一、无形资产开发阶段相关支出资本化的条件都有哪些

在开发阶段，可将有关支出资本化计入无形资产的成本，但必须同时满足以下条件。

（一）完成该无形资产以使其能够使用或出售在技术上具有可行性

企业在判断无形资产的开发在技术上是否具有可行性，应当以目前阶段的成果为基础，并提供相关证据和材料，证明企业进行开发所必需的技术条件等已经具备，不存在技术上的障碍或其他不确定性。例如，企业已完成了全部计划、设计和测试活动，这些活动是使资产能够达到设计规划书中的功能、特征和技术所必需的活动，或经过专家的鉴定等。

（二）具有完成该无形资产并使用或出售的意图

企业研发项目形成成果以后，是对外出售，还是使用并从使用中获得经济利益，应当由管理当局的意图而定。企业的管理当局应当能够说明其开发无形资产的目的，并具有完成该项无形资产开发并使其能够使用或出售的可能性。

（三）无形资产产生经济利益的方式

无形资产产生经济利益的方式包括能够证明运用该无形资产生产的产品存在市场或无形资产自身存在市场，无形资产将在内部使用的，应当证明其有用性。

很可能为企业带来未来经济利益是确认一项无形资产最基本的条件。就其能够给企业带来未来经济利益的方式来讲，如果有关的无形资产在形成以后，主要是用于生产新产品，企业应当对运用该无形资产生产的产品的市场情况进行可靠的预计，应当能够证明所生产的产品存在市场，并能够带来经济利益的流入；如果有关的无形资产开发以后主要是用于对外出售的，则企业应当能够证明市场上存在对该类无形资产的需求，其开发以后存在外在的市场可以出售并能够带来经济利益的流入；如果无形资产开发以后，不是用于生产产品，也不是用于对外出售，而是在企业内部使用的，则企业应当能够证明其对企业的有用性。

（四）有足够的技术、财务和其他资源支持，以完成该无形资产的开发，并有能力使用或出售该无形资产

这一条件包括三项内容。

（1）为完成该项无形资产的开发具有技术上的可靠性。开发无形资产并使其形成成果在技术上的可靠性，是继续开发活动的关键。因此，必须有确凿证据证明企业继续开发该项无形资产有足够的技术支持和技术能力。

（2）财务和其他资源支持。财务和其他资源支持是能够完成相关无形资产开发的经济基础，因此，企业必须能够证明可以取得无形资产开发所必需的财务和其他资源，以及获得这些资源的相关计划。

（3）能够证明企业可以取得无形资产开发所必需的技术、财务和其他资源，以及获得这些资源的相关计划。如果企业自有资金不足以提供支持的，应当能够证明存在外部其他方面的资金支持，如银行等金融机构声明愿意为该无形资产的开发提供所需资金等。

（五）归属于该无形资产开发阶段的支出能够可靠计量

企业对于开发活动所发生的支出应当单独核算，例如，直接发生的开发人员的工资、材料费用以及相关设备的折旧费等。在企业同时从事多项开发活动的情况下，所发生的支出同时用于支持多项开发活动的，应按照合理的标准在各项开发活动之间进行分配；无法合理分配的,.应予以费用化计入当期损益，不计入开发活动的成本。

无法区分研究阶段和开发阶段的支出，应当在发生时作为管理费用，全部计入当期损益。

二、无形资产发生减值的迹象有哪些

资产可能发生减值的迹象主要可从以下信息加以判断。

① 资产的市价在当期大幅度下跌，其跌幅明显高于因时间的推移或者正常使用而预计的下跌。

② 企业经营所处的经济、技术或者法律等环境以及资产所处的市场在当期或者将在近期发生重大变化，从而对企业产生不利影响。

③ 市场利率或者其他市场投资报酬率在当期已经提高，从而影响企业计算资产预计未来现金流量现值的折现率，导致资产可收回金额大幅度降低等。

④ 资产已经或者将被闲置、终止使用或者计划提前处置。

⑤ 企业内部报告的证据表明资产的经济绩效已经低于或者将低于预期，比如资产所创造的净现金流量或者实现的营业利润远远低于原来的预算或者预计金额，资产发生的营业损失远远高于原来的预算或者预计金额，资产在建造或者收购时所需的现金支出远远高于最初的预算，资产在经营或者维护中所需的现金支出远远高于最初的预算等。

案例分析

企业自行开发无形资产相关费用的处理[6]

2010年上半年，某工业企业自行研究开发了一项用于优化生产工艺的新技术，共发生相关费用50万元，其中前期考察费用3万元，咨询论证费用5万元，正式进入开发阶段后购置研发专用设备（计算机）8万元，相关软件等7万元，研发人员工资、补助共17万

6 资料来源：唐爱军．企业自行开发无形资产的会计处理及相关税务问题．2009-10-22.

http：/www.chinaacc.com/new287_288_/2009_10_22ch3138205222201900 21344.shtml

元，软件研发完成运行成功后奖励研发人员5万元，开发阶段使用库存原材料3万元，使用本企业产成品成本2万元。

讨论题：

1. 企业自行研究开发的无形资产应该如何进行确认？

2. 企业自行研究开发的无形资产应该如何进行计量？

分析思路：

根据《企业会计准则第6号——无形资产》的规定，自行开发的无形资产，其成本包括企业内部研究开发项目中开发阶段发生的自符合资本化要求并满足无形资产总体确认条件后至达到预定用途前所发生的支出总额，但是对于以前期间已经费用化的支出不再调整。如此，需要增设成本类科目“研发支出”，并分别按资本化支出和费用性支出做明细核算，在资本化支出达到无形资产确认标准（达到预定用途形成无形资产）时，结转为无形资产，而费用化支出通常是在期（月）末一次转入管理费用（见下表）。

各项支出费用的处理 单位：万元

费用支出项目	费用支出应计项目			备注
	管理费用	固定资产	无形资产	
前期考察费、咨询费	8.00			（注1）
专用设备及软件		15.00		（注2）
研发人员工资及补助			17.00	（注3）
研发人员奖金			5.00	
库存材料			3.00	
应转出的材料进项税额			0.51	
产成品			2.00	
应计产成品销项税额			0.34	
设备折旧及软件摊销			1.50	假定按5年折旧
小计	8.00	15.00	29.35	

注1：研究阶段的费用通过“研发支出——费用化支出”归集，期末转入管理费用。

注2：为讨论方便，将软件费与设备合并列示，按规定单独购入的软件，作为无形资产核算，随同计算机购入的软件，按总价确认为固定资产。如果所购置的专用设备、计算机及软件等未达到固定资产确认标准，且仅为该开发项目使用，同时预计开发项目完成后再无使用价值（如用于进行破坏性试验的设备以及特殊定制的专用设备、软件，在项目开发完成后无实际利用价值的），则其购置费用可以直接资本化计入开发成本。

注3：准则要求企业对研究开发的支出应当单独核算，例如，直接发生的研发人员工资、材料费，以及相关设备折旧费等。若同时从事多项研究开发活动的，所发生的支出应当按照合理的标准在各项研究开发活动之间进行分配；无法合理分配的，应当计入当期损益。对此，我们设定案例所述情况符合上述标准。

按准则规定，本案例中的研究阶段费用8万元应直接计入当期损益；15万元形成固定资产（其中7万元为软件费，符合规定的可单列为无形资产）；29.35万元确认为无形资产（含开发期间设备软件等折旧摊销费用1.5万元）。

能力训练

一、单项选择题

1. 企业出售无形资产发生的净损失，应当计入（　）。

A. 主营业务成本　　B. 其他业务成本

C. 管理费用　　D. 营业外支出

2. 企业出租无形资产取得的收入，应当计入（　）。

A. 主营业务收入　　B. 其他业务收入

C. 投资收益　　D. 营业外收入

3. 某企业2010年1月开始研制一项新技术，研究阶段发生相关费用20 000元；开发过程中花费材料费50 000元，支付工资费用12 000元。2010年7月1日该新技术研制成功并达到预定可使用状态。假定开发阶段支出全部符合资本化条件，不考虑增值税，该项专利权的入账价值为（　）元。

A. 117 000　　B. 82 000　　C. 97 000　　D. 62 000

4. 下列各项中，应作为无形资产入账的是（　）。

A. 销售费用　　B. 为获得土地使用权支付的土地出让金

C. 广告费　　D. 为开发新技术发生的项目研究费

5. 某企业出售一项三年前取得的专利权，该专利权取得时的成本为20万元，按10年摊销，出售时取得收入18万元，营业税率为5%。不考虑其他税金，则出售该项专利时影响当期的损益为（　）万元。

A. 6　　B. 4. 9　　C. 3.9　　D. 3.1

二、多项选择题

1. 下列各项中，企业应确认为无形资产的有（　）。

A. 吸收投资取得的土地使用权　　B. 购入的商标权

C. 企业内部自创的报刊名　　D. 经多年经营形成的商誉

2. 无形资产摊销时，其摊销价值可能记入的账户有（　）。

A. 营业外支出　　B. 管理费用

C. 制造费用　　D. 其他业务成本

3. 关于内部研究开发费用的确认和计量，下列说法中错误的有（　）。

A. 企业研究阶段的支出应全部费用化，计入当期损益

B. 企业研究阶段的支出应全部资本化，计入无形资产成本

C. 企业开发阶段的支出应全部费用化，计入当期损益

D. 企业开发阶段的支出应全部资本化，计入无形资产成本

4. 关于无形资产，下列说法中正确的有（　）。

A. 使用寿命不确定的无形资产不应摊销

B. 使用寿命不确定的无形资产应按一定的方式摊销

C. 企业选择的无形资产摊销方法，应当能够反映与该项无形资产有关的经济利益的预期实现方式

D. 摊销无形资产时，应当考虑该项无形资产所服务的对象，并以此为基础将其摊销价值计入相关资产的成本或者当期损益

5. 长期待摊费用以外的其他长期资产包括（ ）。

A. 特准储备物资　　B. 银行冻结存款

C. 涉及诉讼中的财产　　D. 受托代销商品

三、判断题

1. 企业出租的无形资产，应当按照有关收入确认原则将租金收入计入其他业务收入。（ ）

2. 企业内部研究开发项目的支出，应当区分研究阶段与开发阶段的支出分别进行会计处理。（ ）

3. 企业出售无形资产，应将所得价款与该项无形资产的账面价值之间的差额，计入当期其他业务利润。（ ）

4. 使用寿命不确定的无形资产，其摊销期限不应超过10年。（ ）

5. 投资者投入的无形资产，无论在何种情况下均应按投资各方确认的价值作为实际成本。（ ）

6. 企业会计准则规定，无形资产应当自取得月份的下一个月份起在预计使用年限内平均摊销。（ ）

7. 企业无形资产不论其来源，都受法律保护。（ ）

8. 无形资产出售与出租的收入均应列为其他业务收入。（ ）

9. 企业应根据无形资产账面价值低于其可收回金额的差额计提减值准备。（ ）

四、业务题

1. A公司开出转账支票外购一项专利技术，成交价40 000元。企业预计该项专利技术生产经营期8年。

要求：编制A公司购入专利技术及月末摊销的会计分录。假设A公司采用直线法进行摊销。

2.（1）A公司购入一项专利权，用转账支票支付货款120 000元。估计该项专利权的使用寿命为10年。公司购买专利权两年后，以90 000元的价格将其出售，款项收到后存入银行。营业税率5%。

（2）B公司将一项账面成本250 000元，已摊销100 000元的商标权对外出售，转让收入150 000万元已存入银行，营业税率5%，B公司对该商标权已计提减值准备40 000元。

要求：

（1）编制A公司购入、按月摊销及出售无形资产的会计分录。

（2）编制B公司出售无形资产的会计分录。

3. 某公司2010年初开始自行研究开发一项专利技术，研究阶段发生费用50 000元，假设全部用银行存款支付。2010年3月起进入开发阶段，发生如下开发费用：

材料费	400 000元
支付给开发人员的工资	100 000元
开发用固定资产的折旧费	30 000元

假设以上费用全部符合资本化条件。2010年10月该项专利技术开发成功，达到预定用途。

要求：编制研究开发支出发生、期末结转研究阶段支出和开发成功时的会计分录。

第九章　流动负债

学习目标与要求

通过对本章的学习，了解流动负债的概念和内容；熟悉小规模纳税企业增值税的账务处理方式；掌握短期借款、应付票据、应付账款、应付职工薪酬、应交税费的核算方法；熟悉其他流动负债的核算方法。

流动负债是指将在一年或超过一年的一个营业周期内偿还的债务，主要包括短期借款、应付票据、应付账款、预收账款、应付职工薪酬、应交税费、应付股利、其他应付款等。

确认流动负债的目的，主要是将其与流动资产进行比较，反映企业的短期偿债能力。短期偿债能力是债权人非常关心的财务指标，在资产负债表上必须将流动负债与非流动负债分别列示。

第一节　短期借款

一、短期借款的概念

短期借款是指企业从银行或其他金融机构借入的期限在一年以下（含一年）的各种借款。

为了核算企业的短期借款，应设置“短期借款”科目，该科目的贷方登记取得借款的本金数额；借方登记偿还借款的本金数额；余额在贷方，表示尚未偿还的借款本金数额。本科目按借款种类、贷款人和币种进行明细核算。

二、短期借款的核算

（一）短期借款的取得

企业从银行或其他金融机构借入款项时，应签订借款合同，注明借款金额、借款利率和还款时间等。取得短期借款时，应借记“银行存款”科目，贷记“短期借款”科目。

【例9-1】东方有限公司2010年4月1日从银行取得期限为6个月的借款40 000元，年利率为6%，每季度结息一次。根据以上资料，编制会计分录如下：

借：银行存款　　40 000

　　贷：短期借款　　40 000

（二）短期借款的利息费用

企业取得短期借款而发生的利息费用，一般应作为财务费用处理，计入当期损益。银行或其他金融机构一般按季度在季末收取借款利息，因此，企业在月末需要预提短期借款的利息。

【例9-2】接例9-1，该公司利息按月预提，按季支付，编制会计分录如下：

（1）4月末计提利息费用200元，分录如下：

借：财务费用　200

　贷：应付利息　200

5月末计提5月份利息费用的处理与4月份相同。

（2）6月末实际支付借款利息600元。

借：应付利息　400

　　财务费用　200

　贷：银行存款　600

后三个月的会计处理同上。

（三）短期借款的偿还

企业在短期借款到期偿还借款本金时，应借记“短期借款”科目，贷记“银行存款”科目。

【例9-3】接例9-1和例9-2，该公司到期偿还短期借款40 000元，编制会计分录如下：

借：短期借款　40 000

　贷：银行存款　40 000

如果上述借款期限是5个月，则到期日为9月1日，8月末之前的会计处理与上述相同。9月1日偿还银行借款本金，同时支付7、8两月已计提的利息，公司编制会计分录如下：

借：短期借款　40 000

　　应付利息　400

　贷：银行存款　40 400

第二节　应付及预收款项

一、应付票据

应付票据是指企业购买材料、商品和接受劳务供应等而开出、承兑的商业汇票。商业汇票结算方式是一种延期付款的结算方式。企业采用商业汇票结算方式购入货物，应向供货单位签发已承兑的商业汇票。企业也可以签发商业汇票，用以抵偿应付账款。

商业汇票按承兑人不同，可以分为商业承兑汇票和银行承兑汇票两种；按是否带息，可以分为不带息商业汇票和带息商业汇票两种。

企业应通过“应付票据”科目，核算应付票据的发生、偿付等情况。该科目贷方登记开出、承兑汇票的面值及带息票据的预提利息；借方登记支付票据的金额；余额在贷方，表示企业尚未到期的商业汇票的票面金额和应计未付的利息。

企业应设置“应付票据备查簿”，详细登记商业汇票的种类、号数和出票日期、到期日、票面余额、交易合同号和收款人姓名或单位名称以及付款日期和金额等资料。应付票据到期结清时，应当在备查簿中予以注销。

（一）签发、承兑商业汇票

企业签发、承兑的商业汇票，不论是商业承兑汇票还是银行承兑汇票，均按其票面金额作为应付票据的入账金额，借记“原材料”、“应交税费”、“应付账款”等科目，贷记“应付票据”科目。企业向银行申请签发银行承兑汇票时，向承兑银行支付的手续费，应记入“财务费用”科目。

【例9-4】东方有限公司2010年4月1日购入原材料一批，采用商业汇票方式进行结算。增值税专用发票见表9-1，原材料已验收入库见表9-2，公司开出一张不带息的商业承兑汇票，见表9-3。

表9-1　××省增值税专用发票

发票联　　　　　　№00789456

开票日期：2010年04月01日

购货单位	名　　称：A市东方有限责任公司 纳税人识别号：12345678 地址、电话：A市开发区18号 开户行及账号：工商银行开发区支行1122345688					密码区		
货物或应税劳务名称	规格型号	单位	数量	单价	金额	税率	税额	
甲材料		吨	200	100.00	20 000.00	17%	3400.00	
合计					¥20 000.00		¥3 400.00	
价税合计（大写）	⊗贰万叁仟肆佰元整					（小写）¥23 400.00		
销货单位	名　　称：A市永通机械有限公司 纳税人识别号：343958981223456 地址、电话：A市开发区88号 开户行及账号：工商银行1275988626					备注		

第二联：发票联　购货方记账凭证

收款人：　　复核：　　开票人：陈斌　　销货单位：（章）

表9-2　收料单

供货单位：A市永通机械有限公司　　2010年4月1日　　第1号

材料类别	单位	数量		金额			
		应收	实收	单价	买价	装卸费	合计
甲材料	吨	200	200	100.00	20 000.00		20 000.00
备注：				合计			¥20 000.00

保管员：李海　　仓库负责人：刘浩　　采购员：刘红

表9-3 商业承兑汇票（卡片）1

出票日期：贰零壹零年 零肆月 零壹日

（大写）

汇票号码25894351

<table>
<tr><td rowspan="3">付款人</td><td>全称</td><td>A市东方有限责任公司</td><td rowspan="3">收款人</td><td>全称</td><td colspan="3">A市永通机械有限公司</td></tr>
<tr><td>账号</td><td>1122345688</td><td>账号</td><td colspan="3">1275988626</td></tr>
<tr><td>开户银行</td><td>工商银行开发区支行</td><td>开户银行</td><td>工商银行</td><td>行号</td><td>985</td></tr>
<tr><td colspan="2">出票金额</td><td colspan="2">人民币
（大写）贰万叁仟肆佰元整</td><td colspan="4">亿 千 百 十 万 千 百 十 元 角 元
¥ 2 3 4 0 0 0 0</td></tr>
<tr><td colspan="2">汇票到期日
（大写）</td><td>贰零壹零年零捌月零壹日</td><td rowspan="2">付款人
开户行</td><td>行号</td><td colspan="3">824</td></tr>
<tr><td colspan="2">交易合同号码</td><td></td><td>地址</td><td colspan="3">A开发区黄河大道8号</td></tr>
<tr><td colspan="3">出票人签章</td><td colspan="5">备注：</td></tr>
</table>

此联承兑人留存

根据以上资料，编制会计分录如下：

借：原材料　20 000

　　应交税费——应交增值税（进项税额）　3 400

　　贷：应付票据　23 400

（二）商业汇票的到期偿付

企业签发的商业汇票到期时，应无条件支付票据款。由于企业筹集付款资金的方法和能力有所不同，到期时可能会出现有能力支付票据款和无力支付票据款两种情况。

1. 有能力支付票据款

在商业汇票到期时，如果企业有能力支付票据款，则企业的开户银行在收到商业汇票付款通知时，无条件支付票据款。企业在收到开户银行的付款通知时，核销应付票据，借记“应付票据”科目，贷记“银行存款”科目。

【例9-5】接例9-4，东方有限公司2010年8月1日商业汇票到期用银行存款支付票据款23 400元。编制会计分录如下：

借：应付票据　23 400

　　贷：银行存款　23 400

2. 无力支付票据款

在商业汇票到期时，如果企业无力支付票据款，则应根据不同承兑人承兑的商业汇票做不同的处理。

采用商业承兑汇票进行结算时，承兑人即为付款人。如果付款人无力支付票据款，银行将把商业承兑汇票退还给收款人，由收付款双方协商解决。由于商业汇票已经失效，付款人应将应付票据款转为应付账款，企业应按票面价值借记“应付票据”科目，贷记“应付账款”科目。

采用银行承兑汇票进行结算时，承兑人为承兑银行。如果付款人无力支付票据款，承兑银行将代为支付票据款，并将其转为对付款人的逾期贷款。由于商业汇票已经失效，付款人应将应付票据款转为短期借款。

【例9-6】接例9-4，东方有限公司2010年8月1日商业汇票到期，公司无力支付票款。公司应做如下会计分录：

借：应付票据　　23 400

　贷：应付账款　　23 400

二、应付账款

（一）应付账款的概述

应付账款是指企业因购买材料、商品或接受劳务供应等经营活动应支付的款项。

企业通过“应付账款”科目，核算应付账款的发生、偿还、转销等情况。该科目贷方登记企业购买材料、商品和接受劳务等而发生的应付账款；借方登记偿还的应付账款，或开出商业汇票抵付应付账款的款项，或已冲销的无法支付的应付账款。余额一般在贷方，表示企业尚未支付的应付账款的余额。本科目一般应按照债权人设置明细科目进行核算。

（二）应付账款的核算

1. 发生应付账款

企业确认应付账款时，应借记有关科目，贷记“应付账款”科目；偿付应付账款时，应借记“应付账款”科目，贷记“银行存款”等科目。

如果应付账款中含有现金折扣，其入账价格采用总价法确定。总价法的特点是购进的货物和应付账款均按结算凭证中的价格入账。在折扣期限内付款而获得的现金折扣，应在偿付应付账款时冲减财务费用。

【例9-7】东方有限公司2010年4月3日赊购原材料一批，增值税专用发票如表9-4所示，对方代垫运杂费1 000元（见表9-5）（假定运输费不考虑增值税）。材料尚未验收入库，款项尚未支付。

表9-4　××省增值税专用发票

发票联　　No005986456

开票日期：2010年04月03日

购货单位	名称：A市东方有限责任公司 纳税人识别号：12345678 地址、电话：A市开发区18号 开户行及账号：工商银行开发区支行1122345688					密码区	
货物或应税劳务名称	规格型号	单位	数量	单价	金额	税率	税额
甲材料		吨	100	100.00	10 000.00	17%	1 700.00
合计					¥10 000.00		¥1 700.00
价税合计（大写）	⊗壹万壹仟柒佰元整				（小写）¥11 700.00		
销货单位	名称：C市恒信贸易有限公司 纳税人识别号：859208765137 地址、电话：C市桥东区55号 开户行及账号：工商银行2654895135					备注	

收款人：　　复核：　　开票人：李伟清　　销货单位：（章）

第二联：发票联　购货方记账凭证

表9-5 公路、内河货物运输业统一发票

发票联

开票日期：2010年4月3日 No.458216

机打代码 机打号码 机器编号	1305976852 6547851845 1326480125562	税控码	
收货人及 纳税人识别号	A市东方有限责任公司 12345678	承运人及 纳税人识别号	C市中兴运输有限公司 635483138141240
发货人及 纳税人识别号	C市恒信贸易有限公司 859208765137	主管税务机关 及代码	C市地方税务局二分局 25423734
运输 项目 及金额	运送货物 甲材料 ¥11 700.00	其他 项目 及金额	备注
运费小计	¥1 000.00	其他费用小计	
合计（大写）	人民币壹仟元整		（小写）¥1000.00

开票人：陈青

东方有限公司的账务处理如下：

借：在途物资 11 000

应交税费——应交增值税（进项税额） 1 700

贷：应付账款 12 700

【例9-8】东方有限公司2010年5月3日赊购原材料一批，增值税专用发票上注明的货款为10 000元，增值税税额为1 700元，合同规定的现金折扣条件为2/10，1/20，n/30（若计算现金折扣时考虑增值税），原材料已验收入库。东方有限公司应做如下会计处理：

借：原材料 10 000

应交税费——应交增值税（进项税额） 1 700

贷：应付账款 11 700

2. 偿还应付账款

企业偿还应付账款或者开出商业汇票抵付应付账款时，借记“应付账款”科目，贷记“银行存款”、“应付票据”等科目。

【例9-9】接例9-7，东方有限公司于4月20日用银行存款偿还了上述应付账款，其会计处理如下：

借：应付账款 12 700

贷：银行存款 12 700

【例9-10】接例9-8，东方有限公司于5月10日支付价款11 466元［11 700×（1-2%）］偿付所购原材料款，取得现金折扣234元。东方有限公司的账务处理如下：

借：应付账款 11 700

贷：银行存款 11 466

财务费用 234

3. 转销应付账款

企业转销确实无法支付的应付账款（比如因债权人撤销等原因而产生无法支付的应付账款），应按其账面余额计入营业外收入，借记“应付账款”科目，贷记“营业外收入”科目。

【例9-11】2010年3月31日，东方有限公司确定一笔应付账款5 000元为无法支付的款项，应予转销。该企业的有关会计分录如下：

借：应付账款　　5 000

　　贷：营业外收入——其他　　5 000

三、预收账款

（一）预收账款概述

预收账款是指企业按照合同规定向购货单位预收的款项。与应付账款不同，预收账款所形成的负债不是以货币偿付，而是以货物偿付。有些购销合同规定，销货企业可向购货企业预先收取一部分货款，待向对方发货后再收取其余货款。

企业应通过“预收账款”科目，核算预收账款的取得、偿付等情况。该科目贷方登记发生的预收账款的数额和购货单位补付账款的数额，借方登记企业向购货方发货后冲销的预收账款数额和退给购货方多付账款的数额，余额一般在贷方，反映企业向购货单位预收款项但尚未向购货方发货的数额。如为借方余额，反映企业应收的款项。企业应当按照购货单位设置明细科目进行明细核算。

在企业预收账款业务不多的情况下，也可以不设“预收账款”科目，其所发生的预收款项，可通过“应收账款”科目核算。

（二）预收账款的核算

企业收到预收账款时，应借记“银行存款”科目，贷记“预收账款”科目；将货物交给购货方时，应借记“预收账款”科目，贷记“主营业务收入”、“应交税费——应交增值税”等科目；退还多收的货款时，应借记“预收账款”科目，贷记“银行存款”科目；收到购买方补付的货款时，应借记“银行存款”科目，贷记“预收账款”科目。

【例9-12】东方有限公司2010年发生的有关预收账款业务如下。

（1）6月30日预收南华公司货款20 000元，存入银行。

借：银行存款　　20 000

　　贷：预收账款　　20 000

（2）7月30日向南华公司发货一批，货款50 000元，增值税8 500元，另用银行存款代垫运杂费100元，共计58 600元。南华公司尚未补付货款。

借：预收账款　　58 600

　　贷：主营业务收入　　50 000

　　　　应交税费——应交增值税（销项税额）　　8 500

　　　　银行存款　　100

（3）8月6日，收到工商银行进账单，确认收到南华公司补付的货款38 600元。

借：银行存款　　38 600

　　贷：预收账款　　38 600

四、其他应付款

其他应付款是指除应付账款、应付票据、预付账款、应付职工薪酬、应付股利、应交税费以外的其他各项应付、暂收款项，如应付租入包装物的租金、经营租入的固定资产的应付租金、出租或出借包装物收取的押金、应付及暂收其他单位的款项等。企业应设置“其他应付款”科目，该科目的贷方登记发生的各种应付、暂收款项，借方登记偿还或转销的各种应付、暂收款项，期末余额在贷方，表示应付未付的其他应付款项。本科目应按应付、暂收款项的项目和对方单位或个人设置明细科目，进行明细分类核算。

企业发生各种应付、暂收款项时，借记“银行存款”、“管理费用”等科目，贷记“其他应付款”；支付或退回有关款项时，借记“其他应付款”科目，贷记“银行存款”等科目。

【例9-13】东方有限公司从2010年1月1日起，以经营租赁方式租入管理用办公设备一批，每月租金5 000元，按季支付。3月31日，东方有限公司以银行存款支付应付租金。东方有限公司应做如下账务处理。

（1）1月末计提应付经营租入固定资产租金时

借：管理费用　　5 000

　　贷：其他应付款　　5 000

2月末计提应付经营租入固定资产租金的会计处理同上。

（2）3月31日支付租金时

借：其他应付款　　10 000

　　管理费用　　5 000

　　贷：银行存款　　15 000

第三节　应付职工薪酬

一、应付职工薪酬概述

职工薪酬是指企业为获得职工提供的服务而给予各种形式的报酬以及其他相关支出。具体来说，职工薪酬包括以下内容。

① 职工工资、奖金、津贴和补贴，即按国家统计局规定的构成工资总额的内容。

② 职工福利费。职工福利一般只用于改善职工生活条件，如内部职工医院、浴室及食堂等方面的支出。

③ “五险一金”，即医疗保险费、养老保险费、失业保险费、工伤保险费和生育保险费以及住房公积金，它们由企业根据工资总额的一定比例计算确定。其中，养老保险

费包括基本养老保险费和补充养老保险费，基本养老保险费是企业根据国家规定的基准和比例计算，向社会保险经办机构缴纳的养老保险费；补充养老保险费是企业根据《企业年金试行办法》、《企业年金基金管理试行办法》等相关规定，向有关单位缴纳的养老保险费。

④ 工会经费和职工教育经费。这是指企业为了改善职工文化生活、为职工学习先进技术和提高文化水平与业务素质，用于开展工会活动和职工教育及职业技能培训等相关支出。

⑤ 非货币性福利。它是指企业以自己的产品或外购商品发放给职工作为福利，企业提供自己拥有的资产给职工无偿使用或租赁资产供职工无偿使用和为职工无偿提供服务等。

⑥ 因解除与职工的劳动关系给予的补偿。这是指企业在职工劳动合同尚未到期之前解除与职工的劳动关系，或者为鼓励职工自愿接受员工裁减而给予职工的经济补偿。

⑦ 其他与获得职工提供的服务相关的支出。

二、应付职工薪酬的核算

为了反映职工薪酬的提取、结算和使用情况，应设置“应付职工薪酬”科目进行核算，该科目的贷方登记已分配计入有关成本费用项目的职工薪酬的数额，借方登记实际发放职工薪酬的数额，包括扣还的款项等，该科目的期末贷方余额，反映企业应付未付的职工薪酬。该科目应按照职工薪酬的类别设置“工资”、“职工福利”、“社会保险费”、“住房公积金”、“工会经费”、“职工教育经费”、“非货币性福利”、“辞退福利”等明细科目进行核算。

（一）应付职工薪酬的确认

1. 货币性职工薪酬

根据《企业会计准则》的规定，企业应当在职工为其提供服务的会计期间，将应付职工薪酬确认为负债，贷记“应付职工薪酬”科目。同时，除因解除与职工的劳动关系而给予职工的补偿外，根据职工提供服务的受益对象，将应确认的职工薪酬全部计入相关资产成本或者当期费用，主要分以下几种情况。

（1）应由生产部门负担的职工薪酬，借记“生产成本”、“制造费用”或“劳务成本”等科目。

（2）应由在建工程、研发支出负担的职工薪酬，借记“在建工程”或“研发支出”科目。

（3）应由管理部门负担的职工薪酬，借记“管理费用”科目。

（4）应由销售部门负担的职工薪酬，借记“销售费用”科目。

为了便于进行工资分配的核算，企业应编制工资结算汇总表。

【例9-14】东方有限公司2010年7月份的工资结算汇总表如表9-6所示（工资额按上月出勤和产量记录计算）。

表9-6　工资结算汇总表　　　　单位：元

应借科目	基本工资	奖金	应付工资	代扣款项		实发金额
				房租	电话费	
生产工人	60 000	20 000	80 000	500	340	79 160
车间管理人员	3 000	1 500	4 500	150	185	4 165
企业管理人员	9 850	4 850	14 700	260	210	14 230
销售部门人员	1 900	1 400	3 300	80	90	3 130
基建部门人员	4 780	1 720	6 500	110	75	6 315
合计	79 530	29 470	109 000	1 100	900	107 000

主管：　　　　审核：瞿东　　　　制表：王灵

根据工资分配汇总表，编制会计分录如下：

借：生产成本　80 000
　　制造费用　4 500
　　管理费用　14 700
　　销售费用　3 300
　　在建工程　6 500
　　贷：应付职工薪酬——工资　109 000

【例9-15】接上例，按照规定，公司分别按照职工工资总额的10%、12%、2%和10.5%计提医疗保险费、养老保险费、失业保险费和住房公积金，缴纳给当地社会保险经办机构和住房公积金管理机构。另外，分别按照职工工资总额的2%和1.5%计提工会经费和职工教育经费。会计分录如下：

借：生产成本　30 400
　　制造费用　1 710
　　管理费用　5 586
　　销售费用　1 254
　　在建工程　2 470
　　贷：应付职工薪酬——社会保险费（医疗）　10 900
　　　　——社会保险费（养老）　13 080
　　　　——社会保险费（失业）　2 180
　　　　——住房公积金　11 445
　　　　——工会经费　2 180
　　　　——职工教育经费　1 635

2. 非货币性职工薪酬

（1）企业以其自产产品作为非货币性福利发放给职工的，应当根据受益对象，按照该产品的公允价值，计入相关资产成本或当期损益，同时确认应付职工薪酬。

【例9-16】东方有限公司共有职工500名，其中生产工人400人，生产车间技术人员、管理人员40人，企业管理人员60人。2010年4月，公司以自己生产的产品作为福利发放给公司每名职工。该产品的单位生产成本为200元，售价为310元，甲公司适用的增值税率为17%。公司有关会计分录如下：

借：生产成本（400×310×1.17） 145 080

制造费用（40×310×1.17） 14 508

管理费用（60×310×1.17） 21 762

贷：应付职工薪酬——非货币性福利（500×310×1.17） 181 350

（2）无偿向职工提供住房等资产使用的，应当根据受益对象，将住房每期应计提的折旧计入相关资产成本或费用。

【例9-17】东方有限公司为远途上班的生产一线工人免费提供职工集体宿舍，该集体宿舍楼每月计提折旧2 000元。

借：生产成本 2 000

贷：应付职工薪酬——非货币性福利 2 000

借：应付职工薪酬——非货币性福利 2 000

贷：累计折旧 2 000

（3）租赁住房等资产供职工无偿使用的，应当根据受益对象，将每期应付的租金计入相关资产成本或费用。难以认定受益对象的非货币性福利，直接计入管理费用和应付职工薪酬。

【例9-18】东方有限公司为其高级管理人员租赁几套公寓住宅供其免费使用，公司每月需支付租金共计30 000元。东方有限公司有关会计分录如下：

借：管理费用 30 000

贷：应付职工薪酬——非货币性福利 30 000

（二）应付职工薪酬的发放

1. 支付工资、奖金、津贴等

根据企业有关规定向职工支付工资、奖金、津贴、福利费等，从应付职工薪酬中扣还的各种款项（代垫的家属药费、个人所得税等）等，应借记“应付职工薪酬——工资”科目，贷记“银行存款”、“库存现金”、“其他应收款”、“应交税费——应交个人所得税”等科目。

在实务中，企业通常先编制企业“工资结算单”，再根据“工资结算单”编制“工资结算汇总表”（表9-6）确认应付职工工资金额，之后根据表中实发金额数提现发工资，或者使用工资卡的单位将会计主管签字盖章的“工资结算单”交由银行转账支付，代扣款项转入相应账户。

【例9-19】接例9-14，公司将该月签字盖章的“工资结算单”交由开户行，委托开户行转账支付。代扣款项转入相应账户，东方有限公司的账务处理如下。

（1）支付工资时

借：应付职工薪酬——工资 107 000

贷：银行存款 107 000

（2）代扣款项时

借：应付职工薪酬——工资　　2 000

　　贷：其他应收款——职工房租　　1 100

　　　　　　　　　——职工电话费　　900

2. 支付职工福利费

企业向职工食堂、职工医院、生活困难职工等支付职工福利费时，借记“应付职工薪酬——职工福利”科目，贷记“银行存款”、“库存现金”等科目。

【例9-20】2010年7月，东方有限公司以现金支付20 000元补贴给食堂。相关账务处理如下：

借：应付职工薪酬——职工福利　　20 000

　　贷：库存现金　　20 000

3. 支付工会经费、职工教育经费和缴纳社会保险费、住房公积金

企业支付工会经费和职工教育经费用于工会运作和职工培训，或按照国家有关规定缴纳社会保险费或住房公积金时，借记“应付职工薪酬——工会经费（或职工教育经费、社会保险费、住房公积金）”科目，贷记“银行存款”、“库存现金”等科目。

【例9-21】2010年7月以银行存款缴纳参加职工医疗保险的医疗保险费10 900元，相关账务处理如下：

借：应付职工薪酬——社会保险费（医疗）　　10 900

　　贷：银行存款　　10 900

4. 发放非货币性福利

企业以自产产品作为职工薪酬发放给职工时，应确认主营业务收入，借记“应付职工薪酬——非货币性福利”科目，贷记“主营业务收入”科目，同时结转相关成本，涉及增值税销项税额的，还应进行相应的处理。

企业支付租赁住房等资产供职工无偿使用所发生的租金，借记“应付职工薪酬——非货币性福利”科目，贷记“银行存款”等科目。

【例9-22】接上例例9-16，公司向职工发放本公司产品作为福利，同时要根据相关税收规定，视同销售计算增值税销项税额。相关账务处理如下。

（1）确认收入时

借：应付职工薪酬——非货币性福利　　181 350

　　贷：主营业务收入　　155 000

　　　　应交税费——应交增值税（销项税额）　　26 350

（2）结转成本时

借：主营业务成本　　100 000

　　贷：库存商品　　100 000

【例9-23】接例9-18，公司每月支付副总裁以上高级管理人员住房租金时，相关账务处理如下：

借：应付职工薪酬——非货币性福利　30 000
　贷：银行存款　30 000

第四节　应交税费

企业生产经营所取得的收入或所得，都必须依法交纳税金。目前企业交纳的税金主要有增值税、消费税、营业税、所得税、资源税、土地增值税、城市维护建设税、房产税、土地使用税、车船税、教育费附加、矿产资源补偿费等。本节主要讲述应交增值税、消费税、营业税、城市维护建设税以及教育费附加的核算，应交所得税的核算将在以后的章节中讲述。

为了核算企业应交的各种税费的形成及缴纳情况，企业应设置“应交税费”科目。该科目的贷方登记应交的各种税费，以及出口退税、税务机关退回多交的税费，借方登记实际缴纳的税费。期末余额在贷方，表示企业尚未缴纳的税费；余额在借方表示多交或尚未抵扣的税费。本科目按应交税费的项目设置明细科目进行明细分类核算。

一、应交增值税

（一）增值税概述

增值税是以商品生产、流通以及工业性加工、修理修配各个环节的增值额为征税对象的一种流转税。在我国境内销售货物或者提供加工、修理修配劳务以及进口货物的单位和个人为增值税纳税义务人。

按照我国现行制度规定，按照纳税义务人的经营规模及会计核算制度健全程度，增值税纳税人分为一般纳税人和小规模纳税人两种。小规模纳税人应纳增值税税额按照销售额和规定的征收率计算确定。

（二）一般纳税企业的核算

应交增值税对于一般纳税人来说，在一般情况下属于一种价外税，即销售货物和提供应税劳务收取的增值税不计入销售收入，购进货物和接受应税劳务支付的增值税一般也不计入货物和劳务的成本，在价外单独核算。为此，应在“应交税费”科目下设置“应交增值税”二级科目进行核算。“应交增值税”二级科目还应按照应交增值税的构成内容设置“进项税额”、“已交税金”、“销项税额”、“出口退税”、“进项税额转出”等专栏进行明细核算。

一般纳税人的纳税额，根据当期销项税额减去当期进项税额计算确定。进项税额是指一般纳税人购进货物或接受应税劳务支付价款中所含的增值税额。根据《中华人民共和国增值税暂行条例》准予从销项税额中抵扣的进项税额通常包括以下几项。

（1）从销售方取得的增值税专用发票上注明的增值税额。

（2）从海关取得的海关进口增值税专用缴款书上注明的增值税额。

（3）购入免税农产品，可以按照买价和规定的扣除率（目前为13%），计算进项税额。

（4）购进或者销售货物以及在生产经营过程中支付运输费用的，按照运输费用结算单据上注明的运输费用金额和7%的扣除率计算的进项税额。

1. 采购物资和接受应税劳务

企业从国内采购物资或接受应税劳务等，根据增值税专用发票上记载的应计入采购成本或应计入加工、修理修配等物资成本的金额，借记“材料采购”、“在途物资”、“原材料”、“库存商品”或“生产成本”、“制造费用”、“委托加工物资”、“管理费用”等科目，根据增值税专用发票上注明的可抵扣的增值税税额，借记“应交税费——应交增值税（进项税额）”科目，按照应付或实际支付的总额，贷记“应付账款”、“应付票据”、“银行存款”等科目。购入货物发生的退货，做相反的会计分录。

【例9-24】东方有限公司为增值税一般纳税人，2010年10月份发生的经济业务如下。

（1）购入原材料一批，增值税专用发票上注明货款100 000元，增值税税额1700元，另以银行存款支付运输费1000元，材料已验收入库。该公司应编制的会计分录如下：

借：原材料（100 000+1 000×93%）　　100 930

　　应交税费——应交增值税（进项税额）（17 000+1 000×7%）　　17 070

　　贷：银行存款　　118 000

（2）购入免税农产品一批，作为原材料入库，收购价50 000元，用银行存款支付。该公司应编制的会计分录如下：

借：原材料（50 000×87%）　　43 500

　　应交税费——应交增值税（进项税额）（50 000×13%）　　6 500

　　贷：银行存款　　50 000

2. 增值税进项税额转出

企业购进的货物发生非常损失，以及将购进货物改变用途（如用于非应税项目、集体福利或个人消费等），其进项税额应通过“应交税费——应交增值税（进项税额转出）”科目转入有关科目，不予以抵扣。

【例9-25】东方有限公司10月份发生如下经济业务。

（1）自建厂房领用原材料一批，实际成本50 000元，购进该批原材料时支付的进项税额8 500元已经抵扣。

借：在建工程　　58 500

　　贷：原材料　　50 000

　　　　应交税费——应交增值税（进项税额转出）　　8 500

（2）由于自然灾害，毁损产品一批，其实际成本40 000元，该批产品购进时支付的进项税额为6 800元。

借：待处理财产损溢　　46 800

　　贷：库存商品　　40 000

　　　　应交税费——应交增值税（进项税额转出）　　6 800

3. 销售或者提供应税劳务

企业销售货物或提供应税劳务以后，应根据全部价款，借记“银行存款”等科目；根据销项税额，贷记“应交税费——应交增值税（销项税额）”科目；根据其价款，贷记“主营业务收入”等科目。

【例9-26】东方有限公司销售产品一批，价款20 000元，增值税专用发票上注明增值税额为3 400元，款项尚未收到。则该公司的会计分录如下：

借：应收账款　　23 400

　贷：主营业务收入　　20 000

　　应交税费——应交增值税（销项税额）　　3 400

4. 视同销售行为

视同销售行为是指企业在会计核算中未做销售处理而税法中要求按照销售行为缴纳增值税的行为，主要包括以下几种。

（1）将自产或委托加工的货物用于非应税项目。

（2）将自产或委托加工的货物用于集体福利或个人消费。

（3）将自产、委托加工或购买的货物用于投资、提供给其他单位或个体经营者。

（4）将自产、委托加工或购买的货物分配给股东或投资者。

（5）将自产、委托加工或购买的货物无偿赠送他人。

【例9-27】东方有限公司2010年10月份领用甲产品10件用于在建工程，该批产品成本共计35 000元，计税价值为50 000元，增值税税率为17%，该公司有关会计分录如下：

借：在建工程　　43 500

　贷：库存商品　　35 000

　　应交税费——应交增值税（销项税额）　　8 500

5. 交纳增值税

企业交纳的增值税，借记“应交税费——应交增值税（已交税金）”科目，贷记“银行存款”科目。“应交税费——应交增值税”科目的贷方余额，表示企业应交纳的增值税。

【例9-28】东方有限公司以银行存款交纳本月增值税80 000元，有关会计分录如下：

借：应交税费——应交增值税（已交税金）　　80 000

　贷：银行存款　　80 000

【例9-29】如果东方有限公司本月发生销项税额合计129 234元，进项税额转出24 578元，进项税额20 440元，已交增值税80 000元。

该公司本月“应交税费——应交增值税”科目的余额为：

129 234+24 578−20 440−80 000=53 372（元）

该余额在贷方，表示企业尚未交纳增值税53 372元。

（三）小规模纳税企业的核算

小规模纳税人应交增值税的核算采用简化的方法，即购进货物或接受应税劳务支付的增值税进项税额，一律不予抵扣，均计入购进货物和接受应税劳务的成本。

一般来说，小规模纳税人采用销售额和应纳税额合并定价的方法，销售货物或提供应税劳务后，应进行价税分离，其计算公式为：

不含税销售额=含税销售额÷（1+征收率）

应纳增值税额=不含税销售额×征收率

小规模纳税人在销售货物或提供应税劳务时，应按全部价款借记“银行存款”等科目，按不含税的销售额贷记“主营业务收入”等科目，按应交税额贷记“应交税费——应交增值税”科目。

【例9-30】某企业为小规模纳税人，某月发生如下经济业务。

（1）购进原材料一批，取得专用发票中注明货款50 000元，增值税8500元，款项已用银行存款支付，材料已验收入库（该企业按实际成本进行日常核算）。该企业有关会计分录如下：

借：原材料　58 500

　　贷：银行存款　58 500

（2）销售产品一批，所开具的普通发票中注明的货款（含税）为30 900元，增值税征收率为3%，款项收到，存入银行。该企业有关会计分录如下：

不含税销售额=30 900÷（1+3%）=30 000（元）

应纳增值税=30 000×3%=900（元）

借：银行存款　30 900

　　贷：主营业务收入　30 000

　　　　应交税费——应交增值税　900

二、应交消费税

（一）消费税概述

消费税是指在我国境内生产、委托加工和进口应税消费品的单位和个人，按其流转额交纳的一种税。在我国境内生产、委托加工和进口应征消费税的消费品的单位和个人，为消费税的纳税义务人。

消费税属于价内税，即产品销售收入中包含消费税。消费税实行从价定率或者从量定额的方法计算应纳税额，计算公式如下：

实行从价定率方法计算的应纳税额=销售额×税率

实行从量定额方法计算的应纳税额=销售数量×单位税额

上列公式中的销售额，与计征增值税的销售额口径相同，是指销售应税消费品向购买方收取的不含增值税的全部价款和价外费用。

（二）应交消费税的账务处理

在核算消费税时，应设置“营业税金及附加”科目。企业销售应税消费品应交的消费税，应根据应纳税额借记“营业税金及附加”科目，贷记“应交税费——应交消费税”科目；实际缴纳消费税时，应借记“应交税费——应交消费税”科目，贷记“银行存款”

科目。

1. 销售应税消费品

【例9-31】东方有限公司2010年4月销售应税消费品一批，不含增值税的价款为50 000元，增值税销项税额为8 500元，共计58 500元，款项收到，存入银行，该种消费品适用的消费税税率为10%。东方有限公司应做如下账务处理：

借：银行存款　58 500
　贷：主营业务收入　50 000
　　　应交税费——应交增值税　8 500
借：营业税金及附加　5 000
　贷：应交税费——应交消费税　5 000

2. 自产自用应税消费品

企业将自产的应税消费品用于本企业的在建工程、集体福利、个人消费等非生产机构时，应视同销售，计算缴纳消费税。其销售额应按生产同类消费品的销售价格计算；没有同类消费品销售价格的，应按照组成计税价格计算。其计算公式为：

组成计税价格=（成本+利润）÷（1−消费税税率）

【例9-32】东方有限公司2010年4月发生经济业务如下。

（1）某在建工程领用自产的应税消费品成本为30 000元，市场价格为40 000元，按市场价计算的增值税6 800元，消费税320元，该公司的有关会计分录如下：

借：在建工程　37 120
　贷：库存商品　30 000
　　　应交税费——应交增值税（销项税额）　6 800
　　　　　　　——应交消费税　320

（2）如果上述产品作为福利发放给职工，则有关会计分录如下：

借：应付职工薪酬——非货币性福利　47 120
　贷：主营业务收入　40 000
　　　应交税费——应交增值税（销项税额）　6 800
　　　　　　　——应交消费税　320
借：主营业务成本　30 000
　贷：库存商品　30 000

3. 委托加工应税消费品

企业委托外单位加工应税消费品，除金银首饰外，一般应由受托方在向委托方交货时代扣代缴消费税，其销售额应按受托方同类消费品的销售价格计算；没有同类消费品销售价格的，应按组成计税价格计算，其计算公式为：

组成计税价格=（材料成本+加工费）÷（1−消费税税率）

企业收回委托加工的应税消费品，如果用于连续生产应税消费品，按税法规定，缴纳的消费税可以抵扣，应借记“应交税费——应交消费税”科目，贷记“银行存款”等科目；企业收回委托加工的应税消费品，如果不再加工，而是直接出售，则缴纳的消费税应计入收回的应税消费品的成本，借记“委托加工物资”等科目，贷记“银行存款”等科目。

【例9-33】东方有限公司5月份委托外单位加工一批应交消费税的材料（非金银首饰），有关会计分录如下。

（1）发出原材料一批，实际成本为100 000元。

借：委托加工物资　　100 000

　　贷：原材料　　100 000

（2）用银行存款支付不含税的加工费20 000元，增值税为3 400元，消费税税率20%，消费税为30 000元。材料已加工完成，公司已收回并验收入库。

① 若收回的委托加工物资用于继续生产应税消费品，则

借：委托加工物资　　20 000

　　应交税费——应交增值税（进项税额）　　3 400

　　　　　　——应交消费税　　30 000

　　贷：银行存款　　53 400

借：原材料　　120 000

　　贷：委托加工物资　　120 000

② 若收回的委托加工物资直接用于对外销售，则

借：委托加工物资　　50 000

　　应交税费——应交增值税（进项税额）　　3 400

　　贷：银行存款　　53 400

借：原材料　　150 000

　　贷：委托加工物资　　150 000

4. 进口应税消费品

纳税人进口应税消费品所缴纳的消费税应计入该应税消费品的成本，根据在海关缴纳消费税后所获得的完税凭证上注明的消费税税额，借记“固定资产”、“材料采购”、“原材料”、“应交税费——应交增值税（进项税额）”等科目，贷记“银行存款”、“应付账款”等科目。

三、应交营业税

（一）营业税概述

营业税是对在我国境内提供应税劳务、转让无形资产或销售不动产的单位和个人征收的流转税。在我国境内提供交通运输、建筑、金融保险、邮电通信、文化体育、娱乐、服务等劳务以及出租、出售无形资产或销售不动产的单位和个人，为营业税的纳税义务人。

（二）应交营业税的账务处理

企业应在“应交税费”科目下设置“应交营业税”明细科目，核算应交营业税的发

生、交纳情况。该科目贷方登记应交纳的营业税，借方登记已交纳的营业税，期末贷方余额为尚未交纳的营业税。

企业计算应交纳的营业税时，借记“营业税金及附加”、“固定资产清理”等科目，贷记“应交税费——应交营业税”科目；实际上交时，借记“应交税费——应交营业税”科目，贷记“银行存款”科目。

【例9-34】东方有限公司2010年4月6日对外提供运输劳务，取得运输收入60 000元，存入银行，营业税税率3%。根据以上资料，编制会计分录如下。

（1）取得运输收入时

借：银行存款　　60 000

　　贷：其他业务收入　　60 000

（2）计算应交营业税时

借：营业税金及附加　　1800

　　贷：应交税费——应交营业税　　1 800

【例9-35】东方有限公司2010年5月3日出售房屋一套，实际收取价款1 000 000元，已存入银行，销售该项固定资产适用的营业税税率为5%。计算应纳的营业税时，应编制如下会计分录：

借：固定资产清理　　50 000

　　贷：应交税费——应交营业税　　50 000

四、其他应交税费

1. 应交城市维护建设税

按照现行税法规定，城市维护建设税应根据应交增值税、消费税和营业税之和的一定比例计算缴纳。计算应交城市维护建设税时，应借记“营业税金及附加”等科目，贷记“应交税费——应交城市维护建设税”科目；实际缴纳城市维护建设税时，应借记“应交税费——应交城市维护建设税”科目，贷记“银行存款”科目。

【例9-36】东方有限公司根据取得的各项收入形成的应上交增值税为100 000元，消费税为50 000元和营业税为30 000元，本公司适用的城市维护建设税税率为7%。该公司计算并结转应交城市维护建设税时的会计分录如下：

借：营业税金及附加　　12 600

　　贷：应交税费——应交城市维护建设税　　12 600

2. 应交教育费附加

教育费附加是一种附加费。应交教育费附加的计算方法与应交城市维护建设税的计算方法相同。计算应交教育费附加时，应借记“营业税金及附加”等科目，贷记“应交税费——应交教育费附加”科目；实际缴纳教育费附加时，应借记“应交税费——应交教育费附加”科目，贷记“银行存款”科目。

【例9-37】接例9-36，计算并结转东方有限公司应交教育费附加（费率为3%），编制的会计分录如下：

借：营业税金及附加　　5 400

　　贷：应交税费——应交教育费附加　　5 400

3. 应交资源税

资源税是对我国境内开采矿产品或者生产盐的单位和个人征收的一种税。其应纳的资源税额，按应税产品（及开采规定的矿产品或者盐产品）的课税数量乘以规定单位税额计算求得。

企业对外销售应税产品应交纳的资源税记入“营业税金及附加”科目，借记“营业税金及附加”科目，贷记“应交税费——应交资源税”科目；自产自用应税产品应纳的资源税，应借记“生产成本”、“制造费用”等科目，贷记“应交税费——应交资源税”科目；实际缴纳时，借记“应交税费——应交资源税”科目，贷记“银行存款”。

【例9-38】某企业将自产的煤炭1 000吨用于企业的产品生产，每吨应交资源税5元，该企业应做如下会计分录：

借：生产成本　　5 000

　　贷：应交税费——应交资源税　　5 000

【例9-39】某企业对外销售某种应税矿产品500吨，每吨应交资源税6元。该企业应做如下会计分录：

借：营业税金及附加　　3 000

　　贷：应交税费——应交资源税　　3 000

4. 应交土地增值税

土地增值税是指在我国境内有偿转让土地使用权及地上建筑物和其他附着物产权的单位和个人，就其土地增值额征收的一种税。土地增值额是指转让收入减去规定扣除项目金额后的余额。转让收入包括货币收入、实物收入和其他收入。扣除项目主要包括取得土地使用权所支付的金额、开发土地的费用、新建及配套设施的成本、旧房及建筑物的评估价格等。

企业应交的土地增值税视情况记入不同科目。企业转让的土地使用权连同地上建筑物及其附着物一并在“固定资产”等科目核算的，转让时按应交的土地增值税，借记“固定资产清理”科目，贷记“应交税费——应交土地增值税”科目。土地使用权在“无形资产”科目核算的，按实际收到的金额，借记“银行存款”科目，按应交的土地增值税，贷记“应交税费——应交土地增值税”科目，同时冲销土地使用权的账面价值，贷记“无形资产”科目，按其差额，借记“营业外支出”科目或贷记“营业外收入”科目。

【例9-40】东方有限公司对外转让一栋厂房，根据税法规定计算的应交土地增值税为65 000元。有关会计分录如下。

（1）计算应交纳的土地增值税

借：固定资产清理　　65 000

　　贷：应交税费——应交土地增值税　　65 000

（2）用银行存款交纳应交土地增值税税款

借：应交税费——应交土地增值税　　65 000

　　贷：银行存款　　65 000

5. 应交房产税、土地使用税、车船税和矿产资源补偿费

房产税是国家对在城市、县城、建制镇和工矿区征收的由产权所有人缴纳的一种税。房产税依照房产原值一次减除10%~30%后的余额计算交纳。没有房产原值作为依据的，由房产所在地税务机关参考同类房产核定；房产出租的，以房产租金收入为房产税的计税依据。

土地使用税是国家为了合理利用城镇土地，调节土地级差收入，提高土地使用效益，加强土地管理而开征的一种税，以纳税人实际占用的土地面积为计税依据，依照规定税额计算征收。

车船税由拥有并且使用车船的单位和个人交纳。车船税按照适用税额计算交纳。

矿产资源补偿费是对在我国领域和管辖海域开采矿产资源而征收的费用。矿产资源补偿费按照矿产品销售收入的一定比例计征，由采矿人交纳。

企业应交的房产税、土地使用税、车船税、矿产资源补偿费，记入“管理费用”科目，借记“管理费用”科目，贷记“应交税费——应交房产税（或应交土地使用税、应交车船税、应交矿产资源补偿费）”科目。

6. 应交个人所得税

企业按规定计算的代扣代交的职工个人所得税，借记“应付职工薪酬”科目，贷记“应交税费——应交个人所得税”科目；企业交纳个人所得税时，借记“应交税费——应交个人所得税”科目，贷记“银行存款”等科目。

【例9-41】东方有限公司结算2010年4月应付职工工资总额200 000元，代扣职工个人所得税共计2 000元，实发工资198 000元。与应交个人所得税有关的会计分录如下：

借：应付职工薪酬——工资　　2 000

　　贷：应交税费——应交个人所得税　　2 000

第五节　其他流动负债

一、应付股利

应付股利是指企业根据股东大会或类似机构审议批准的利润分配方案，应支付给投资人的现金股利或利润。

企业应设置“应付股利”科目，按照投资人进行明细核算。企业根据股东大会通过的股利或利润方案，按应支付给投资者的现金股利或利润，借记“利润分配——应付股利”科目，贷记“应付股利”科目；实际向投资者支付的现金股利或利润时，借记“应付股利”科目，贷记“库存现金”、“银行存款”等科目。“应付股利”账户期末贷方余

额，反映企业应付未付的现金股利或利润。董事会或类似机构通过的利润分配方案中拟分配的现金股利或利润，不做账务处理，不作为应付股利核算，但应在财务报表附注中披露。企业分配的股票股利不通过“应付股利”科目核算。

【例9-42】经股东大会决定，东方有限公司2009年度的股利分配方案为每10股派发1.50元的现金股利，企业发行在外的普通股为300万股。公司应做如下账务处理。

（1）宣告发放现金股利时

借：利润分配——应付股利　　450 000

　　贷：应付股利　　450 000

（2）支付现金股利时

借：应付股利　　450 000

　　贷：银行存款　　450 000

二、应付利息

应付利息核算企业按照合同约定应支付的利息，包括分期付息到期还本的长期借款、企业债券等应支付的利息。企业应当设置“应付利息”科目，按照债权人设置明细科目进行明细核算，该科目期末贷方余额反映企业按照合同约定应支付但尚未支付的利息。

企业采用合同约定的名义利率计算确定利息费用时，应按照以合同约定的名义利率计算确定的应计利息的金额，记入“应付利息”科目；实际支付利息时，借记“应付利息”科目，贷记“银行存款”等科目。

【例9-43】东方有限公司借入5年期、到期还本、每年付息的长期借款5 000 000元，合同约定的年利率为3.5%，假定不符合资本化条件。东方有限公司有关借款利息的账务处理如下。

（1）每年计提利息费用时

借：财务费用　　175 000

　　贷：应付利息　　175 000

（2）每年实际支付利息时

借：应付利息　　175 000

　　贷：银行存款　　175 000

增值税发票的领购与使用

一、首次领购发票

已办理税务登记的纳税人需要使用发票的，凭《发票领购簿》核准的种类、数量以及购票方式，到主管税务机关领购发票。

（一）提出申请

需要使用发票的纳税人到办税服务厅发票管理窗口办理购领发票，需携带以下资料：《发票领购簿》；税控IC卡；加盖财务专用章或发票专用章的《领购发票证明单》。

（二）审核办理

提供资料完整、填写内容准确、各项手续齐全、符合条件的企业，出示《税务登记证》（副本）和购票人身份证明，由发票管理窗口根据核准的种类、数量以及购票方式发售发票。

（三）缴费领票

纳税人缴纳发票工本费后，发票管理窗口在《发票领购簿》上打印发票发售记录后开具行政性收费票据交付纳税人，纳税人领取新发票。

二、小规模纳税人和非增值税纳税人不可领购使用增值税专用发票

增值税专用发票只限于增值税的一般纳税人领购使用，增值税的小规模纳税人和非增值税纳税人不得领购使用。

三、以下情形不得开具增值税专用发票

（1）向消费者销售应税项目。

（2）销售免税项目。

（3）销售报关出口的货物、在境外销售应税劳务。

（4）将货物用于非应税项目。

（5）将货物用于集体福利或个人消费。

（6）提供非应税劳务（应当征收增值税的除外）、转让无形资产或销售不动产。向小规模纳税人销售应税项目，可以不开具专用发票。

案例分析

价外费用要交增值税吗？[7]

背景资料：

某实业公司为商业企业，是增值税一般纳税人，经营范围是销售各种材料物资，包括煤炭。2004年主营业务收入147 479 796元，其他业务收入33 950元，销项税额25 015 023元，进项税额24 825 264元，本期应纳增值税189 759元，已交增值税189 759元。2005年主营业务收入77 119 172元，其他业务收入44 306元，销项税额13 052 010元，进项税额12 777 303元，本期应纳增值税274 707元，已交增值税274 707元。

2006年9月21日，市区国税局稽查局在对煤炭运销企业专项检查中，发现该企业有如下问题：2004年，价外向客户收取仓储费183 019.6元；2005年，收到供货方返利56 257.06元，未按规定开具普通发票。

7 资料来源：收取价外费用少交增值税．http:www.bjtax.org/articles/content.jsp?id=1205838722626

讨论题：价外费用需要交纳增值税吗？

分析思路：

《中华人民共和国增值税暂行条例》规定：计算增值税的销售额包括向购买方收取的全部价款和价外费用（不包括收取的销项税额）。价外费用是指价外向购买方收取的手续费、补贴、基金、集资费、返还利润、奖励费、违约金（延期付款利息）、包装费、包装物租金、储备费、优质费、运输装卸费、代收款项、代垫款项及其他各种性质的价外收费。

根据《中华人民共和国增值税暂行条例实施细则》第十二条规定，2004年收取的仓储费属价外费用，应计算销项税额26 592.60元［183 019.6元 ÷（1+17%）×17%］。根据《国家税务总局关于平销行为征收增值税问题的通知》（国税发［1997］第167号）第二条规定，2005年收到的返利应转出进项税额9 563.70元（56 257.06×17%）。以上合计应补缴增值税36 156.3元。

能力训练

一、单项选择题

1. 企业从应付职工工资中代扣的职工房租，应借记的会计科目是（　）。

A. 应付职工薪酬　B. 银行存款　C. 其他应收款　D. 其他应付款

2. 企业因债权人撤销而转销无法支付的应付账款时，应将所转销的应付账款计入（　）。

A. 资本公积　B. 其他应付款　C. 营业外收入　D. 其他业务收入

3. 某企业为增值税一般纳税人，2004年实际已交纳税金情况如下：增值税850万元，消费税150万元，城市维护建设税70万元，车船税0.5万元，印花税1.5万元，所得税120万元。上述各项税金应记入“应交税费”科目借方的金额是（　）万元。

A. 1 190　B. 1 190.5　C. 1 191.5　D. 1 192

4. 小规模纳税企业购入原材料取得的增值税专用发票上注明：货款20 000元，增值税3 400元，在购入材料的过程中另支付运杂费600元。则该企业原材料的入账价值为（　）元

A. 24 000　B. 20 600　C. 20 540　D. 23 400

5. 某一般纳税企业采用托收承付结算方式从其他企业购入原材料一批，货款为200 000元，增值税为34 000元。对方代垫包装费6 000元，该原材料已验收入库。该购买业务所发生的应付账款的入账价值为（　）元。

A. 240 000　B. 234 000　C. 206 000　D. 200 000

6. 企业对于应付的商业承兑汇票，如果到期不能足额付款，在会计处理上应将其转作（　）。

A. 应付账款　B. 其他应付款　C. 预付账款　D. 短期借款

7. 短期借款利息核算不会涉及的账户是（　）。

A. 银行存款　B. 应付利息　C. 财务费用　D. 短期借款

8. 委托加工的应税消费品收回后用于连续生产应税消费品的，由受托方代扣代交的消费税，委托方应借记的会计科目是（　）。

A. 在途物资　B. 委托加工物资

C. 应交税费——应交消费税　D. 营业税金及附加

9. 企业收取包装物押金及其他各种暂收款项时，应贷记（　）科目。

A. 营业外收入　B. 其他业务收入　C. 其他应付款　D. 其他应收款

10. 预收账款情况不多的企业，可以不设“预收账款”科目，而将预收的款项直接记入的账户是（　）。

A. 应收账款　B. 预付账款　C. 其他应收款　D. 应付账款

11. 企业交纳的下列税款，不需要通过“应交税费”科目核算的是（　）。

A. 增值税　B. 印花税　C. 土地增值税　D. 资源税

二、多项选择题

1. 下列项目中，属于职工薪酬的有（　）。

A. 工伤保险费　B. 非货币性福利

C. 职工津贴和补贴　D. 因解除与职工的劳动关系给予的补偿

2. 企业交纳的下列税费中，应通过“应交税费”科目核算的有（　）。

A. 财产保险费　B. 教育费附加

C. 车船使用税　D. 矿产资源补偿费

3. 下列税金中，应计入存货成本的有（　）。

A. 由受托方代扣代交的委托加工直接对外销售的商品负担的消费税

B. 由受托方代扣代交的委托加工继续用于生产应纳消费税的商品负担的消费税

C. 进口原材料交纳的进口关税

D. 小规模纳税企业购买材料交纳的增值税

4. 下列项目中，属于其他应付款核算范围的有（　）。

A. 为职工代垫的医药费　B. 应付经营租入固定资产租金

C. 存出投资款　D. 应付、暂收所属单位、个人的款项

5. 企业按规定应交纳营业税的项目有（　）。

A. 销售商品取得收入　B. 销售不动产取得收入

C. 出租无形资产取得收入　D. 提供运输等非工业性劳务

6. 企业下列行为中，应视同销售必须计算交纳增值税销项税额的有（　）。

A. 将货物对外捐赠　B. 销售代销货物

C. 委托他人保管货物　D. 将货物对外投资

7. 对小规模纳税企业，下列说法中正确的有（　）。

A. 小规模纳税企业销售货物或者提供应税劳务，一般情况下，只能开具普通发

票，不能开具增值税专用发票

B. 小规模纳税企业销售货物或提供应税劳务，实行简易办法计算应纳税额，按照销售额的一定比例计算征收

C. 小规模纳税企业销售商品时，应计算增值税，记入“应交税费——应交增值税（销项税额）”

D. 小规模纳税企业购入货物取得增值税专用发票，其支付的增值税额可计入进项税额，并由销项税额抵扣，而不计入购入货物的成本

三、判断题

1. 负债是指过去的交易、事项形成的现时义务，履行该义务预期会导致经济利益流出企业。（　）

2. 某企业为小规模纳税人，销售产品一批，含税价格42 400元，增值税征收率4%，该批产品应交增值税为1 630.77元。（　）

3. 企业购入货物验收入库后，若发票账单尚未收到，应在月末按照估计的金额确认一笔负债，反映在资产负债表有关负债项目内。（　）

4. 企业以自己生产的产品赠送他人，由于会计核算时不做销售处理，因此不需交纳增值税。（　）

5. 自产自用应税产品应交纳的资源税记入“营业税金及附加”科日。（　）

6. 企业交纳的印花税、耕地占用税、契税等不需要预计应交数的税金也应通过“应交税费”科目核算。（　）

7. 职工薪酬是指企业为获得职工提供的服务而给予的各种形式的报酬以及其他相关支出。（　）

8. 工会经费和职工教育经费不属于职工薪酬的范围，不通过“应付职工薪酬”科目核算。（　）

9. 企业生产工人的医疗保险费、养老保险费、失业保险费、工伤保险费和生育保险费等社会保险费应计入当期管理费用。（　）

10. 职工薪酬中的非货币性福利应当根据职工提供服务的受益对象分别计入成本费用。（　）

11. 计提应付职工薪酬时，国家规定了计提基础和计提比例的，应当按照国家规定的标准计提；没有规定计提基础和计提比例的，企业不得预计当期应付职工薪酬。（　）

12. 一般纳税企业购入货物支付的增值税，均应先通过“应交税费”科目进行核算，然后再将购入货物不能抵扣的增值税进项税额从“应交税费”科目中转出。（　）

13. 企业将自产或委托加工的货物用于职工福利，在会计上按照货物成本转账，不用计税。（　）

14. 对于到期无力支付的不带息应付票据，企业应按面值转入“应付账款”。（　）

四、业务题

1. 甲企业为增值税一般纳税人，适用的增值税税率为17%，原材料采用实际成本进

行日常核算。2010年3月份，甲企业发生如下涉及增值税的经济业务或事项。

（1）购入原材料一批，增值税专用发票上注明的价款为80 000元，增值税额为13 600元。该批原材料已验收入库，货款已用银行存款支付。

（2）销售商品一批，增值税专用发票上注明的价款为200 000元，增值税额为34 000元，提货单和增值税专用发票已交购货方，已收到购货方开出并承兑的商业汇票。

（3）在建工程领用本企业原材料一批，价值10 000元，应由该批原材料负担的增值税额为1 700元。

（4）盘亏原材料4 000元，应由该批原材料负担的增值税额为680元。

要求：编制上述业务的会计分录。

2. 乙公司为一家彩电生产企业，共有职工200名，2010年2月，公司以其生产的成本为10 000元的液晶彩电作为福利发放给公司每名职工。该型号液晶彩电的售价为每台14 000元，乙公司适用的增值税税率为17%。假定200名职工中170名为直接参加生产的职工，30名为总部管理人员。

要求：编制乙公司上述与职工薪酬有关业务的会计分录。

3. 丙企业委托丁企业加工用于连续生产的应税消费品。丙、丁两企业均为增值税一般纳税人，适用的增值税税率为17%，适用的消费税税率为5%。丙企业对材料采用计划成本法核算。有关资料如下。

（1）丙企业发出材料一批，计划成本为50 000元，材料成本差异率为2%。

（2）按合同规定，丙企业用银行存款支付丁企业加工费用3 000元（不含增值税），以及相应的增值税和消费税。

（3）丙企业用银行存款支付往返运杂费600元（不考虑增值税进项税额）。

（4）丙企业委托丁企业加工完成后的材料计划成本为60 000元，该批材料已验收入库。

要求：

（1）计算丙企业应支付给丁企业的增值税和消费税。

（2）编制丙企业委托加工材料发出、支付有关税费和入库有关的会计分录。

第十章　非流动负债

学习目标与要求

通过对本章的学习，了解非流动负债的概念和特征；理解长期应付款的内容和账务处理方式；掌握长期借款的取得、计息、偿还以及应付债券的发行、计息和偿还的核算方法。

非流动负债是指偿还期在一年或超过一年的一个营业周期以上的债务，主要包括长期借款、应付债券、长期应付款等。与流动负债相比，它具有债务金额较大、偿还期限较长、可以分期偿还等特点。

企业为了扩大生产经营规模，如购建机器设备、地产、扩建厂房等，往往需要大量长期资金，这些资金仅靠企业拥有的经营资金是无法满足的，而通过留存收益的积累又可能丧失良机。因此筹集长期资金的方式主要有两种：一是通过投资者投入新的资本，二是举借非流动负债。所以，非流动负债的举借是企业筹集（融通）资金的一种重要方式。

第一节　长期借款

一、长期借款的概述

长期借款是指企业向银行或其他金融机构借入的期限在一年以上（不含一年）的各种借款，一般用于固定资产的购建、改扩建工程、大修理工程、对外投资以及为了保持长期经营能力等方面。

长期借款具有借款数额大、借款期限长等特点，因此，企业取得借款时，必须符合金融部门申请借款条件并履行必要的程序。企业向金融部门借入款项时，必须首先提出申请，说明借款原因、借款用途、使用时间、使用计划、归还期限等，然后签订借款合同，取得银行或其他金融机构的借款。

二、长期借款的账务处理

为了正确地反映企业长期借款的取得、归还等情况，应设置“长期借款”科目。本科目属于负债类科目，贷方登记长期借款本息的增加额，借方登记本息的减少额，贷方余额表示企业尚未偿还的长期借款。该科目可按照贷款单位和贷款种类设置明细账，分别设“本金”、“利息调整”、“应计利息”等明细科目进行明细核算。

（一）长期借款的取得

企业借入长期借款，应按实际收到的金额，借记“银行存款”科目，贷记“长期借款——本金”科目；如存在差额，还应借记“长期借款——利息调整”科目。

【例10-1】东方有限公司为购入一台不需要安装的设备于2011年12月1日从银行借入资金1 170 000元，借款期限为3年，年利率为6%，所借款项已存入银行。企业的有关账务处理如下。

取得借款时，依照表10-1做如下分录：

借：银行存款　　1 170 000

　　贷：长期借款——本金　　1 170 000

表10-1　中国工商银行借款借据（收账通知）

2011年12月1日

<table>
<tr><td>借款单位</td><td colspan="2">东方有限责任公司</td><td>种类</td><td colspan="3">长期</td><td colspan="3">结算账号</td><td colspan="4">1122345688</td></tr>
<tr><td>借款期限</td><td>3年</td><td>利率</td><td>6%</td><td colspan="3">确认偿还日</td><td colspan="7">2014年12月1日</td></tr>
<tr><td rowspan="2">借款申请金额</td><td colspan="3" rowspan="2">人民币（大写）壹佰壹拾柒万元整</td><td>千</td><td>百</td><td>十</td><td>万</td><td>千</td><td>百</td><td>十</td><td>元</td><td>角</td><td>分</td></tr>
<tr><td>¥</td><td>1</td><td>1</td><td>7</td><td>0</td><td>0</td><td>0</td><td>0</td><td>0</td><td>0</td></tr>
<tr><td rowspan="2">借款用途</td><td rowspan="2">购建固定资产</td><td colspan="2" rowspan="2">银行核定金额</td><td>千</td><td>百</td><td>十</td><td>万</td><td>千</td><td>百</td><td>十</td><td>元</td><td>角</td><td>分</td></tr>
<tr><td>¥</td><td>1</td><td>1</td><td>7</td><td>0</td><td>0</td><td>0</td><td>0</td><td>0</td><td>0</td></tr>
<tr><td colspan="6">上述借款已批准发放，并已划入你单位存款账户。
此致
借款单位
中国工商银行A市开发区支行
2011.12.01
转讫
（银行盖章）
2011年12月1日</td><td colspan="8">单位分录：
（借）
（贷）
主管　会计
复核　记账</td></tr>
</table>

（二）长期借款的利息

长期借款利息费用应当在资产负债表日按照实际利率法计算确定，实际利率与合同利率差异较小的，也可以采用合同利率计算确定利息费用。长期借款计算确定的利息费用，应当按以下原则计入有关成本、费用：属于筹建期间的，计入管理费用；属于生产经营期间的，计入财务费用。如果长期借款用于购建固定资产的，在固定资产尚未达到预定可使用状态前，所发生的应当资本化的利息支出，计入在建工程成本；固定资产达到预定可使用状态后发生的利息支出，以及按规定不予资本化的利息支出，计入财务费用。

企业在计提利息时，借记“在建工程”、“制造费用”、“财务费用”、“研发支出”等科目，对于分期付息、到期一次还本的长期借款，按合同利率计算确定的应付未付利息贷记“应付利息”科目；对于一次还本付息的长期借款，按合同利率计算确定的应付未付利息贷记“长期借款——应计利息”科目。

【例10-2】承例10-1，东方有限公司于2011年12月31日计提长期借款利息。

2011年12月31日计提的长期借款利息=1 170 000×6%÷12=5 850（元）

假设1：该长期借款到期一次还本付息，企业的有关会计分录如下：

借：财务费用　　5 850

　　贷：长期借款——应计利息　　5 850

假设2：该长期借款按月付息、到期一次还本，依照表10-2和表10-3做如下分录：

借：财务费用　　5 850

　　贷：应付利息　　5 850

借：应付利息　　5 850

　　贷：银行存款　　5 850

2012年1月至2014年11月每月末计提利息分录同上。

表10-2　借款利息计算表

2011年12月31日

借入银行	借期	本金	计息期限	年利率	应计利息	列支账户
工商银行开发区支行	3年	1 170 000.00	2011.12.1至2011.12.31	6%	5 850.00	财务费用
合计	——	——	——	——	¥5 850.00	——

审核：　　　　制表：

表10-3　中国工商银行借款利息通知单

2011年12月31日

账号	1122345688		户名	A市东方有限责任公司	
计息期	2011年12月1日至2011年12月31日				
本金	1 170 000.00	利率（年）	6%	利息	5 850.00
大写金额	人民币伍仟捌佰伍拾元整				
上列款项已从你单位往来户如数支付。 中国工商银行A市开发区支行 2011.12.31 转讫 银行盖章			备注：		

（三）长期借款的归还

企业在归还长期借款的本金时，应按归还的金额，借记“长期借款——本金”科目，贷记“银行存款”科目；按归还的利息，借记“应付利息”或“长期借款——应计利息”科目，贷记“银行存款”科目。

【例10-3】承例10-1和例10-2，2014年12月1日，企业偿还该笔银行借款。

假设1：该长期借款到期一次还本付息，企业的有关会计分录如下：

借：长期借款——本金　　1 170 000

　　　　　　——应计利息　　210 600

　　贷：银行存款　　1 380 600

假设2：该长期借款按月付息、到期一次还本，依照表10-4做如下分录：

借：长期借款——本金　　1 170 000

　　贷：银行存款　　1 170 000

表10-4　中国工商银行借款还款凭证

2014年12月1日

<table>
<tr><td>借款单位</td><td>东方有限责任公司</td><td colspan="2">种类</td><td colspan="3">长期</td><td colspan="3">结算账号</td><td colspan="4">1122345688</td></tr>
<tr><td rowspan="2">还款金额</td><td rowspan="2" colspan="3">人民币（大写）壹佰壹拾柒万元整</td><td>千</td><td>百</td><td>十</td><td>万</td><td>千</td><td>百</td><td>十</td><td>元</td><td>角</td><td>分</td></tr>
<tr><td>¥</td><td>1</td><td>1</td><td>7</td><td>0</td><td>0</td><td>0</td><td>0</td><td>0</td><td>0</td></tr>
<tr><td>借出日期</td><td colspan="2">2011年12月1日</td><td colspan="4">约定还款日期</td><td colspan="7">2014年12月1日</td></tr>
<tr><td colspan="6">上列款项从本单位往来户如数支付。
中国工商银行A市
开发区支行
2014.12.01
转
讫
银行盖章</td><td colspan="8">备注：</td></tr>
</table>

第二节　应付债券

一、应付债券概述

债券是企业按照法定程序发行的、约定在一定期限内还本付息的一种有价证券。应付债券是企业为筹集长期资金而发行的期限超过一年的债券，它构成了企业的非流动负债。

企业债券发行价格的高低一般取决于债券票面金额、债券票面利率、发行当时的市场利率以及债券期限的长短等因素。债券发行方式有三种：面值发行、溢价发行和折价发行。如果债券的票面利率与市场利率相同，可按票面价格发行，称为面值发行。当债券的票面利率高于市场利率时，可按超过债券面值的价格发行，称为溢价发行。溢价是企业以后各期多付利息而事先得到的补偿。当债券的票面利率低于市场利率时，可按低于债券面值的价格发行，称为折价发行。折价是企业以后各期少付利息而预先给予投资者的补偿。本书只介绍按照面值发行的应付债券的核算。

二、应付债券的账务处理

企业应设置“应付债券”科目，本科目核算企业为筹集（长期）资金而发行债券的本金和利息，该科目贷方登记应付债券的本金和利息，借方登记归还的债券本金和利息，期末贷方余额表示企业尚未偿还的长期债券。该科目应设置“面值”、“利息调整”、“应计利息”等明细科目进行明细核算。

（一）发行债券

企业按面值发行债券时，应按实际收到的金额，借记“银行存款”等科目，按债券票面金额，贷记“应付债券——面值”科目；存在差额的，还应借记或贷记“应付债券——利息调整”科目。

【例10-4】东方有限公司于2009年1月1日按面值发行1 200万元，利率为8%、期限为三年的债券，债券全部委托国大证券有限责任公司发行，债券款已存入银行。依照表10-5、表10-6、表10-7做如下会计分录：

借：银行存款 12 000 000

　贷：应付债券——面值 12 000 000

表10-5 发行企业债券的请示

东方有限责任公司关于发行企业债券的请示

A市发展和改革委员会：

为适应国民经济发展的要求，根据公司发展战略要求以及建设项目资金需求，我公司特申请发行企业债券壹仟贰佰万元人民币，期限三年，筹集资金全部用于工程建设。

附：申请发债企业基本情况

公司简介

1. 公司名称；东方有限责任公司
2. 地址：A市开发区18号
3. 法人代表：王刚
4. 注册资本：5 000万元

妥否，请批示。

东方有限责任公司

2008年12月1日

表10-6 证券发行结算清单

2009年1月1日

企业名称		东方有限责任公司
发行债券	面值	100.00元
	数量	120 000张
	总价	12 000 000.00元
发行费用		——
发行净额		12 000 000.00元

国大证券有限责任公司业务专用章

国大证券有限责任公司

表10-7　中国工商银行特种转账传票（贷方凭证）

2009年1月1日

<table>
<tr><td rowspan="3">付款人</td><td>全称</td><td>国大证券有限责任公司</td><td rowspan="3">收款人</td><td colspan="3">全称</td><td colspan="7">东方有限责任公司</td></tr>
<tr><td>账号</td><td>567894321078991</td><td colspan="3">账号</td><td colspan="7">1122345688</td></tr>
<tr><td>开户银行</td><td>工商银行开发区支行</td><td colspan="3">开户银行</td><td colspan="7">工商银行开发区支行</td></tr>
<tr><td rowspan="2">金额</td><td rowspan="2">人民币（大写）</td><td rowspan="2">壹仟贰佰万元整</td><td>亿</td><td>千</td><td>百</td><td>十</td><td>万</td><td>千</td><td>百</td><td>十</td><td>元</td><td>角</td><td>分</td></tr>
<tr><td>¥</td><td>1</td><td>2</td><td>0</td><td>0</td><td>0</td><td>0</td><td>0</td><td>0</td><td>0</td><td>0</td></tr>
<tr><td colspan="2">原凭证金额</td><td>赔偿金</td><td colspan="11" rowspan="2">科目（　）————
对方科目（　）————</td></tr>
<tr><td colspan="2">原凭证名称</td><td>号码</td></tr>
<tr><td colspan="2">转账原因</td><td>债券款
中国工商银行A市
开发区支行
2009.01.01
转讫
银行盖章</td><td colspan="11">复核员　　　　记账</td></tr>
</table>

（二）债券利息

发行长期债券的企业，应按期计提利息。对于按面值发行的债券，在每期采用票面利率计提利息时，应当按照与长期借款相一致的原则计入有关成本费用，借记“在建工程”、“制造费用”、“财务费用”、“研发支出”等科目。其中，对于分期付息、到期一次还本的债券，其按票面利率计算确定的应付未付利息记入“应付利息”科目；对于一次还本付息的债券，其按票面利率计算确定的应付未付利息记入“应付债券——应计利息”科目。

【例10-5】承例10-4，若公司发行债券所筹资金用于工程建设，该工程于2009年12月31日完工，达到了预定可使用状态。2009年年末计提利息时（若该债券利息为每年年末支付），依照表10-8应做如下账务处理：

借：在建工程　　　　960 000

　　贷：应付利息　　　　960 000

表10-8　应付债券利息计算表

2009年12月31日

债券种类	期限	本金	计息期限	利率	应计利息	列支账户
企业债券	3年	12 000 000.00	2009.1.1至2009.12.31	8%	960 000.00	在建工程
合计	——	——	——	——	¥960 000.00	——

审核：　　　　　　　　　　　　制表：

支付利息时，依照表10-9做如下会计分录：

借：应付利息　　960 000

　　贷：银行存款　　960 000

表10-9　中国工商银行计息通知（付款通知）

2009年12月31日

<table>
<tr><td rowspan="3">付款人</td><td>全称</td><td>东方有限责任公司</td><td rowspan="3">收款人</td><td colspan="2">全称</td><td colspan="7">东方有限责任公司
债券兑付资金专户</td></tr>
<tr><td>账号</td><td>1122345688</td><td colspan="2">账号</td><td colspan="7">566787909112</td></tr>
<tr><td>开户银行</td><td>工商银行开发区支行</td><td colspan="2">开户银行</td><td colspan="7">中央结算公司</td></tr>
<tr><td rowspan="2">金额</td><td rowspan="2">人民币（大写）</td><td rowspan="2">玖拾陆万元整</td><td>千</td><td>百</td><td>十</td><td>万</td><td>千</td><td>百</td><td>十</td><td>元</td><td>角</td><td>分</td></tr>
<tr><td></td><td>¥</td><td>9</td><td>6</td><td>0</td><td>0</td><td>0</td><td>0</td><td>0</td><td>0</td></tr>
<tr><td colspan="2">结息期</td><td>2009.12.31</td><td colspan="10" rowspan="4">中国工商银行A市
开发区支行
2009.12.31
转讫
（银行盖章）2009年12月31日</td></tr>
<tr><td colspan="2">计息基数</td><td>12 000 000.00</td></tr>
<tr><td colspan="2">利率</td><td>8%</td></tr>
<tr><td colspan="3">备注：
付息兑付资金</td></tr>
</table>

2010年年末公司计提并支付利息时（所附单据同上）：

借：财务费用　　960 000

　　贷：应付利息　　960 000

借：应付利息　　960 000

　　贷：银行存款　　960 000

2011年年末公司计提并支付利息的会计分录同上。

本例中，该工程于2009年12月31日完工，完工前该工程尚未达到预定可使用状态，发生的利息应计入在建工程成本；完工后该工程达到预定可使用状态，发生的利息支出应计入财务费用。

（三）债券偿还

长期债券到期，企业支付债券本息时，借记“应付债券——面值”、“应付债券——应计利息”或“应付利息”等科目，贷记“银行存款”等科目。

【例10-6】承例10-4和例10-5，2012年1月1日，公司偿还应付债券。债券到期时，公司依照表10-10做如下会计分录：

借：应付债券——面值　　12 000 000

　　贷：银行存款　　12 000 000

本例中，利息是分期支付的，利息平时已经支付，所以债券到期时只需还本即可。

表10-10　中国工商银行债券本息（清算通知单）

2012年1月1日

<table>
<tr><td rowspan="3">付款人</td><td colspan="2">全称</td><td colspan="2">东方有限责任公司</td><td rowspan="3">收款人</td><td colspan="3">全称</td><td colspan="8">东方有限责任公司
债券兑付资金专户</td></tr>
<tr><td colspan="2">账号</td><td colspan="2">1122345688</td><td colspan="3">账号</td><td colspan="8">5666787909112</td></tr>
<tr><td colspan="2">开户银行</td><td colspan="2">工商银行开发区支行</td><td colspan="3">开户银行</td><td colspan="8">中央结算公司</td></tr>
<tr><td>种类</td><td>债券</td><td>利率</td><td>8%</td><td>还款周期</td><td colspan="11">2009年1月1日至2012年1月1日</td></tr>
<tr><td colspan="3">本期应还本金</td><td colspan="3">12 000 000.00</td><td colspan="7">本期应还利息</td><td colspan="3">0.00</td></tr>
<tr><td colspan="3" rowspan="2">本期应还金额</td><td rowspan="2">人民币
（大写）</td><td rowspan="2">壹仟贰佰万元整</td><td>亿</td><td>千</td><td>百</td><td>十</td><td>万</td><td>千</td><td>百</td><td>十</td><td>元</td><td>角</td><td>分</td></tr>
<tr><td>¥</td><td>1</td><td>2</td><td>0</td><td>0</td><td>0</td><td>0</td><td>0</td><td>0</td><td>0</td><td>0</td></tr>
<tr><td colspan="5">备注：</td><td colspan="11">中国工商银行A市
开发区支行
2012.01.01
转
讫
（银行盖章）2012年1月1日</td></tr>
</table>

第三节　长期应付款

一、长期应付款概述

长期应付款是指企业除长期借款和应付债券以外的其他各种长期应付款项，包括应付融资租入固定资产的租赁费和以分期付款方式购入固定资产发生的应付款项等。

二、长期应付款的账务处理

为核算长期应付款的发生和偿还情况，企业应设置“长期应付款”和“未确认融资费用”等科目。“长期应付款”科目核算企业发生的除长期借款和应付债券以外的其他各种长期应付款项。该科目属于负债类科目，贷方反映长期应付款的增加数，借方反映长期应付款的归还数，期末贷方余额表示尚未归还的长期应付款项。可按长期应付款的种类和债权人进行明细核算。“未确认融资费用”科目用于核算企业应当分期计入利息费用的未确认融资费用，借方登记形成的未确认融资费用，贷方登记分期转销的未确认融资费用，期末借方余额反映企业未确认融资费用的摊余价值。

（一）应付融资租入固定资产的租赁费

应付融资租入固定资产的租赁费，是指企业融资租入固定资产而发生的应付款。企业采用融资租赁方式租入固定资产，虽然在法律形式上资产的所有权在租赁期内仍然属于出租人，但由于资产的租赁期基本上包括了资产的有效使用年限，承租企业实际上获得了租赁资产所提供的主要经济利益，同时承担了与资产所有权相关的风险。因此，承租企业应将融资租入的固定资产作为一项固定资产入账，同时确认相应的负债。

融资租入固定资产，在租赁期开始日，按应计入固定资产成本的金额（租赁开始日租赁资产公允价值与最低租赁付款额现值两者中较低者，加上初始直接费用，如手续费等），借记“在建工程”或“固定资产”科目；按最低租赁付款额，贷记“长期应付款”科目；按发生的初始直接费用，贷记“银行存款”等科目；按其差额，借记“未确认融资费用”科目；按期支付融资租赁费时，借记“长期应付款”科目，贷记“银行存款”等科目。

未确认融资费用应当在租赁期内各个期间进行分摊。承租人分摊未确认融资费用时，应当采用实际利率法。每期采用实际利率法分摊未确认融资费用时，按当期应分摊的未确认融资费用金额，借记“财务费用”科目，贷记“未确认融资费用”科目。

（二）具有融资性质的延期付款购买资产

企业购买资产有可能延期支付有关价款。如果延期支付的购买价格超过正常信用条件，实质上具有融资性质，所购资产的成本应当以延期支付购买价款的现值为基础确定，实际支付的价款与购买价款的现值之间的差额，应当在信用期内采用实际利率法进行摊销，计入相关资产成本或当期损益。具体来说，企业购入资产超过正常信用条件延期付款实质上具有融资性质时，应按购买价款的现值，借记“固定资产”、“在建工程”等科目；按应支付的价款总额，贷记“长期应付款”科目；按其差额，借记“未确认融资费用”科目。

【例10-7】东方有限公司以分期付款方式购入一台设备，具有融资性质，购买总价款为30万元，购买价款的现值为25万元，假定不考虑未确认融资费用的摊销。东方有限公司账务处理如下：

借：固定资产	250 000	
未确认融资费用	50 000	
贷：长期应付款		300 000

经营租入固定资产与融资租入固定资产的区别

企业租入的固定资产，按租赁的形式不同，可分为经营租赁和融资租赁两种。

经营租入固定资产，是指企业以支付租金的方式租赁的，固定资产所有权仍属出租单位，在租赁期满后，租入方应将固定资产归还给租出方的一种租赁方式。它主要是为解决企业临时性的生产经营需要而租入的。

对经营租入的固定资产，企业只有使用权，没有所有权，也没有控制权，不符合资产的定义，同时经营租入一般租期很短，所以不视为企业的资产进行核算，不能作为企业自有固定资产入账，只在企业备查簿里进行登记。对经营租入的固定资产，租入方不提取相应的固定资产折旧，租出方要提取固定资产折旧。租入方因需要，而对租入固定资产进行改良的，相应的支出记入长期待摊费用，在租赁期内，按受益对象分期摊销到成本和损益中去。租入固定资产发生的租赁费列入企业制造费用或管理费用。

融资租入固定资产是以融通资金为目的，这种租赁方式与经营租赁相比，一般租赁期限较长，虽然从法律形式上讲企业并不拥有其所有权，但从其经济实质来看，租赁期内，承租企业有权支配资产并从中受益，能够控制其创造的未来经济利益；租赁期满时，承租企业有优先购买该项资产的选择权，所以根据实质重于形式原则，企业将融资租入固定资产视同自有固定资产核算。

会计制度规定，企业融资租入固定资产，应作为企业固定资产进行管理，在“固定资产”科目中设置“融资租入固定资产”二级科目进行核算，并在“融资租入固定资产累计折旧”科目中核算其应计提的折旧。

公司发行债券案例分析

新新公司（化名）是某县一家集体所有制企业，目前由于市场疲软，濒临倒闭。公司为渡过难关，向县政府申请，以发行债券的方式筹集资金。由于公司是县利税大户，县政府采取了积极扶持的态度，批准了新新公司的申请，并协助公司进行社会宣传。很快新新公司顺利发行了价值为500万元的债券。债券的票面记载有：票面金额（100元）、年利率（10%）、新新公司的名称、发行日期和编号。

讨论题：

新新公司债券发行是否符合程序？容易造成哪些弊端？

分析思路：

1. 我国《公司法》规定，股份有限公司、国有独资公司和两个以上的国有企业或者其他两个以上的国有投资主体投资设立的有限责任公司，为筹集生产经营资金，可以依照本法发行公司债券。新新公司是集体所有制企业，不具备发行企业债券的资格，发行主体不合格。

2. 发行公司债券要由公司董事会作出方案，由股东大会作出决议后，由公司向国务院证券管理部门申请批准后才能发行。而本案中，由县政府批准发行债券，这是不符合法律规定的。

3. 《公司法》规定，公司发行债券必须在债券上载明公司的名称、债券票面金额、利率、偿还期限等事项，并由董事长签名，公司盖章。本案中，债券票面缺少法定记载事项。

4. 证券的发行应当由证券公司承销，而不能由新新公司自行发售。

能力训练

一、单项选择题

1. 如果企业的长期借款属于筹建期间的，而且不符合资本化条件，则其利息费用应计入的科目是（　）。

A. 管理费用　B. 长期待摊费用　C. 财务费用　D. 在建工程

2. 乙公司2010年1月1日向银行借入期限为5年的长期借款，借款金额为2 000万元，利率为6%。协议约定乙公司按月计提利息，并于每年12月31日支付利息，本金到期后一次归还。2010年12月31日“长期借款”科目的账面余额为（　）万元。

A. 2 530　B. 2 300　C. 2 430　D. 2 000

3. 某企业2010年7月1日发行5年期一次还本付息的公司债券，该债券的面值总额为8 000万元，票面利率为4%，自发行日起计息。假定票面利率与实际利率一致，不考虑相关税费，2011年12月31日“应付债券”科目的账面余额为（　）万元。

A. 8 000　B. 8 160　C. 8 320　D. 8 480

4. 下列属于长期应付款的有（　）。

A. 应付融资租入固定资产的租赁费　B. 代垫的运费

C. 应交的教育费附加　D. 借入长期借款应付的利息

二、多项选择题

1. 下列对长期借款利息费用的会计处理，正确的有（　）。

A. 筹建期间的借款利息一般应计入管理费用

B. 筹建期间的借款利息符合资本化条件时计入相关资产的成本

C. 日常生产经营活动的借款利息计入财务费用

D. 符合资本化条件的借款利息计入相关资产成本

2. 企业在生产经营期间按面值发行债券，按期计提利息时，可能涉及的会计科目有（　）。

A. 财务费用　B. 在建工程　C. 应付债券　D. 长期待摊费用

3. 下列属于长期应付款核算内容的是（　）。

A. 应付融资租入固定资产的租赁费

B. 应付经营租入固定资产的租金

C. 具有融资性质的延期付款购买资产

D. 应付购入原材料价款

三、判断题

1. “长期借款”科目的期末账面余额，反映企业尚未偿还的各种长期借款的本金。（　）

2. 将于一年内到期的长期负债，按照规定，应在资产负债表中作为流动负债反映。（　）

3. 企业将融资租入的固定资产视为自有资产的依据是实质重于形式原则。（　）

四、业务题

1. 某企业经批准从2010年1月1日起按面值发行3年期面值为100元的债券15 000张，债券年利率为8%（实际利率与合同利率一致），合同规定该债券按月计提利息，每年7

月1日和1月1日为付息日，到期后一次归还本金。

要求：编制该企业发行债券、计提利息、归还利息、到期归还的会计分录。

2. 某企业以分期付款方式购入一台设备，具有融资性质，购买总价款为50万元，购买价款的现值为45万元，假定不考虑未确认融资费用的摊销。

要求：做出该企业购入设备时的会计分录。

3. 某企业2011年1月1日向银行借入1 000 000元，用于某项工程，期限2年，年利率5%（实际利率与合同利率一致），合同规定到期一次还本付息，假设工程建设期间计提的利息全部符合资本化条件。该工程将于2011年12月31日完工。

要求：编制企业取得长期借款、各年计提长期借款利息、归还借款的会计分录。

4. 2010年1月1日，企业发行三年期、到期一次还本付息的债券，发行面值总额为50万元，票面年利率6%（单利）。该债券按面值发行。

要求：编制企业发行债券、年末计息、到期归还债券本息的会计分录。

第十一章　所有者权益

学习目标与要求

通过对本章的学习，了解所有者权益的概念、内容和形成来源；熟悉股份有限公司发行股票及注销股票的账务处理方式；明确资本公积、盈余公积的用途；掌握实收资本、资本公积和盈余公积的核算方法。

所有者权益是指企业资产扣除负债后，由所有者享有的剩余权益。在股份有限公司，所有者权益又称为股东权益。

所有者权益的来源包括所有者投入的资本、直接计入所有者权益的利得和损失、留存收益等。直接计入所有者权益的利得和损失，是指不应计入当期损益、会导致所有者权益发生增减变动的、与所有者投入资本或者向所有者分配利润无关的利得或者损失。

所有者权益包括实收资本（或者股本）、资本公积、盈余公积和未分配利润。其中，盈余公积和未分配利润合称为留存收益。留存收益是指企业从历年实现的利润中提取或形成的，留存于企业内部的积累。

第一节　实收资本

一、实收资本概述

实收资本是指投资人按照企业章程、合同、协议的约定，作为资本投入到企业中的各种资产的价值。实收资本的构成比例即投资者的出资比例或股东的股权比例，是企业据以进行利润或股利分配的主要依据。

企业要进行经营，必须要有一定的“本钱”。我国《企业法人登记管理条例》明确规定企业申请开业，必须具备国家规定的与其生产经营和服务规模相适应的资金、场地、设备、从业人员以及技术力量。只有企业的实收资本达到法定注册资本的要求时，企业才能设立。

为了反映和监督投资者投入资本的增减变动情况，企业必须按照国家统一的会计制度规定进行实收资本的核算，真实地反映所有者投入企业资本的状况，维护所有者各方在企业的权益。在对实收资本的会计核算中，股份有限公司通过“股本”科目核算，其他各类企业通过“实收资本”科目核算。

二、一般企业实收资本的核算

为了反映和监督投资者投入资本的增减变动情况，除股份有限公司外，其他各类企业应设置“实收资本”账户进行核算。“实收资本”账户属于所有者权益类账户，该账户贷方反映企业实际收到投资者缴付的资本，借方反映企业按法定程序减资时所减少的注册资本数额，期末贷方余额反映企业实收资本的实有数。本科目可按投资者进行明细分类核算。

投资者投入资本的形式多种多样，可以用货币资金投资，也可以用实物、知识产权等非货币资产投资。企业在收到投资者投入的资本后，应根据有关原始凭证，根据不同的出资方式分别进行会计处理。

（一）接受投资

1. 接受现金资产投资

企业接受现金资产投资时，应以实际收到的金额，借记“银行存款”等科目，按投资合同或协议约定的投资者在企业注册资本中所占份额的部分，贷记“实收资本”科目，企业实际收到的金额超过投资者在企业注册资本中所占份额的部分，贷记“资本公积——资本溢价”科目。

【例11-1】东方有限责任公司由A、B、C三家公司共同投资设立，注册资本为600万元。A、B、C三家公司投入的资本分别为300万元、120万元和180万元。东方有限公司已收到各投资者缴付的款项。东方有限公司编制的会计分录如下：

借：银行存款　　6 000 000
　　贷：实收资本——A公司　　3 000 000
　　　　　　　　——B公司　　1 200 000
　　　　　　　　——C公司　　1 800 000

【例11-2】东方有限责任公司注册资本为640万元，现有D公司出资现金200万元，使得注册资本增加到800万元，其中D公司占注册资本的比例为20%。东方有限公司接受D公司出资时，根据表11-1和表11-2，应做如下账务处理：

借：银行存款　　2 000 000
　　贷：实收资本——D公司　　1 600 000
　　　　资本公积——资本溢价　　400 000

表11-1　投资协议书（样本1）

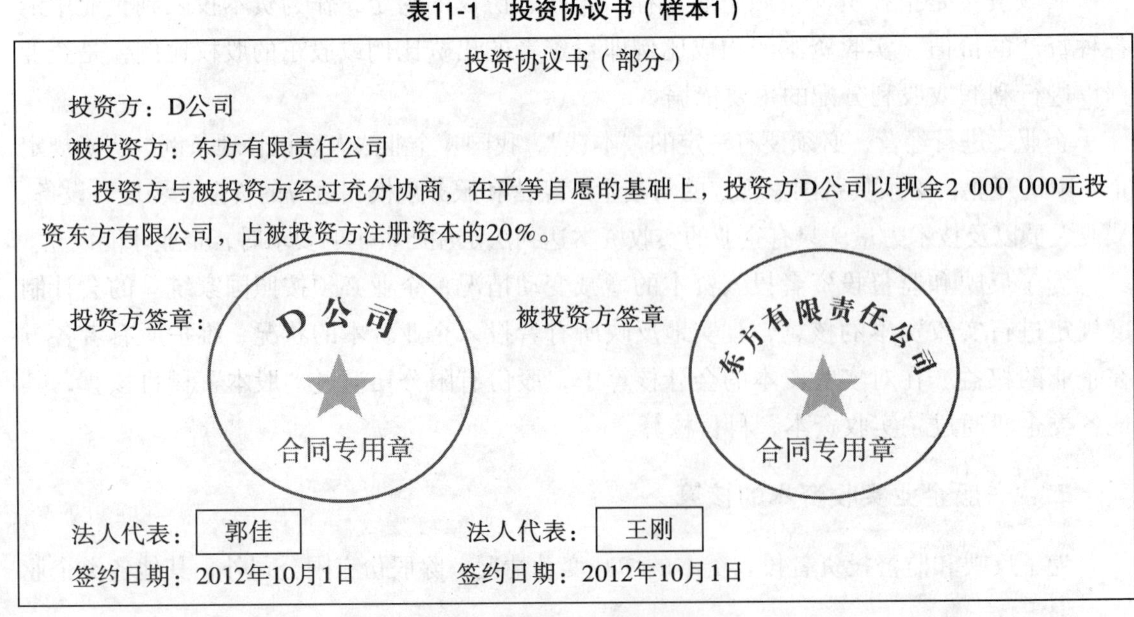

投资协议书（部分）

投资方：D公司

被投资方：东方有限责任公司

投资方与被投资方经过充分协商，在平等自愿的基础上，投资方D公司以现金2 000 000元投资东方有限公司，占被投资方注册资本的20%。

投资方签章：　　被投资方签章

法人代表：郭佳　　法人代表：王刚

签约日期：2012年10月1日　　签约日期：2012年10月1日

表11-2　中国工商银行进账单（收账通知）3

2012年10月1日

<table>
<tr><td rowspan="3">付款人</td><td>全称</td><td>D公司</td><td rowspan="3">收款人</td><td>全称</td><td colspan="8">东方有限责任公司</td></tr>
<tr><td>账号</td><td>678945123456889</td><td>账号</td><td colspan="8">1122345688</td></tr>
<tr><td>开户银行</td><td>工商银行开发区支行</td><td>开户银行</td><td colspan="8">工商银行开发区支行</td></tr>
<tr><td rowspan="2">金额</td><td rowspan="2">人民币（大写）</td><td rowspan="2">贰佰万元整</td><td>千</td><td>百</td><td>十</td><td>万</td><td>千</td><td>百</td><td>十</td><td>元</td><td>角</td><td>分</td></tr>
<tr><td>¥</td><td>2</td><td>0</td><td>0</td><td>0</td><td>0</td><td>0</td><td>0</td><td>0</td><td>0</td></tr>
<tr><td colspan="2">票据种类</td><td>转账支票</td><td colspan="10" rowspan="3">中国工商银行A市
开发区支行
2012.10.01
转讫</td></tr>
<tr><td colspan="2">票据张数</td><td>1</td></tr>
<tr><td colspan="3"></td></tr>
<tr><td colspan="3">单位主管　　会计　　复核　　记账</td><td colspan="10">出票人开户银行签章2012年10月1日</td></tr>
</table>

2. 接受非现金资产投资

企业接受原材料、固定资产、无形资产等非现金资产投资时，应按投资合同或协议约定的价值（不公允的除外）作为原材料、固定资产、无形资产的入账价值；投资者按投资合同或协议约定在企业注册资本或股本中所占份额的部分作为实收资本或股本的入账价值，投资合同或协议约定的价值（不公允的除外）超过投资者在企业注册资本或股本中所占份额的部分，计入资本公积。

另外，接受原材料投资时，增值税专用发票上注明的增值税额可以抵扣。接受固定资产投资时，若固定资产属于与生产经营有关的设备、工具、器具等，其增值税可凭增值税专用发票、海关进口增值税专用缴款书和运输费用结算单据等进行抵扣。

【例11-3】东方有限公司在设立时收到E公司作为资本投入的原材料一批，该批原材料合同约定的价值为200 000元（与公允价值相符），增值税进项税额为34 000元，该进项税额允许抵扣。东方有限公司账务处理如下：

借：原材料　　200 000

　　应交税费——应交增值税（进项税额）　　34 000

　　贷：实收资本——E公司　　234 000

【例11-4】东方有限公司在设立时收到甲公司作为资本投入的一项非专利技术，该非专利技术合同约定的价值为60 000元，与公允价值相符，则东方有限公司依照表11-3、表11-4应编制的会计分录如下：

借：无形资产——非专利技术　　60 000

　　贷：实收资本——甲公司　　60 000

表11-3 投资协议书（样本2）

投资协议书（部分）

投资方：甲公司

被投资方：东方有限责任公司

……

经协商，双方同意甲公司以公允价值为60 000元的一项非专利技术，对东方有限公司进行投资。

投资方签章：（甲公司 合同专用章） 被投资方签章：（东方有限责任公司 合同专用章）

法人代表：田欣 法人代表：王刚

签约日期：2010年1月1日 签约日期：2010年1月1日

表11-4 无形资产验收单

2010年1月1日

名称	单位	数量	单价	已摊销价值	账面净值（元）	评估确认价值（元）	备注
非专利技术	项	1	60 000.00		60 000.00	60 000.00	甲公司投资

【例11-5】东方有限公司收到乙企业作为资本投入的不需要安装的新设备一台，投资合同约定该设备价值为50万，增值税进项税额为85 000元，经约定东方有限公司接受乙企业的投入资本为585 000元（合同约定的价值与公允价值相符），则东方有限公司应编制的会计分录如下：

借：固定资产 500 000

　　应交税费——应交增值税（进项税额） 85 000

　　贷：实收资本——乙 585 000

（二）实收资本增减变动

1. 增加资本

一般企业增加资本的途径主要有：接受投资者追加投资、资本公积转增资本和盈余公积转增资本。当企业接受投资者追加投资时，其账务处理同前所述。

企业采用资本公积或盈余公积转增资本时，应按转增的资本金额确认实收资本。用资本公积转增资本时，借记“资本公积——资本溢价”科目，贷记“实收资本”科目。用盈余公积转增资本时，借记“盈余公积”科目，贷记“实收资本”科目。

【例11-6】×有限公司因扩大经营规模需要，决定将资本公积2 000 000元转增资本。×有限公司依照表11-5，应编制如下会计分录：

借：资本公积　　2 000 000

　　贷：实收资本　　2 000 000

表11-5　将资本公积转增资本时的决议文件样本

XX有限责任公司文件 办字第6号 关于将资本公积转增资本的决议 经股东大会研究决定，将资本公积200万元转增资本。 × ×有限责任公司 2011年10月25日

【例11-7】经股东大会批准，× ×有限公司以盈余公积1 000 000元转增资本。公司依照表11-6，应编制的会计分录如下：

借：盈余公积　　1 000 000

　　贷：实收资本　　1 000 000

表11-6　将盈余公积转增资本的决议文件样本

× ×有限责任公司文件 办字第8号 关于将盈余公积转增资本的决议 经股东大会批准，将盈余公积100万元转增资本。 × ×有限责任公司 2012年1月25日

2. 减少资本

企业实收资本减少的原因大体有两种：一是资本过剩；二是企业发生重大损失。有限责任公司和一般企业返还资本比较简单，按法定程序报经批准减少，按减少的注册资本金额，借记“实收资本”，贷记“银行存款”等账户。

【例11-8】×有限公司的一位投资者决定撤回对公司的投资200 000元，公司以银行存款予以支付。公司依照表11-7，应编制的会计分录如下：

借：实收资本　　200 000

　　贷：银行存款　　200 000

表11-7 转账支票存根

<table>
<tr><td>中国工商银行
转账支票存根
No.123689
附加信息______________
____
____
出票日期 2011年12月1日
收款人：*投资者
金额：¥200 000.00
用途：返还投资者投资
单位主管 会计
复核 记账</td></tr>
</table>

三、股份有限公司股本的核算

股份有限公司是指全部资本由等额股份构成并通过发行股票筹集资本，股东以其所持股份对公司承担有限责任，公司以其全部资产对公司债务承担责任的企业法人。股份有限公司筹集资金是以发行股票的方式进行。返还股款时，采用收购发行股票（即注销股票）的方式进行。

（一）发行股票

在我国，股份有限公司发行股票时，既可以按面值发行股票，也可以溢价发行，即公司发行股票收入大于股本总额，但不允许折价发行。股份有限公司应按照每股实际发行价格与实际发行的股数的乘积作为发行收入，记入“银行存款”科目，按照股票面值总额确认为“股本”，差额记入“资本公积——股本溢价”科目中。

【例11-9】东方股份有限公司按面值发行普通股5 000 000股，每股面值1元。股票发行成功，股款5 000 000元已全部收到，并存入银行。不考虑发行过程中的税费等因素，东方股份有限公司应做如下账务处理：

借：银行存款 5 000 000

　　贷：股本 5 000 000

【例11-10】东方股份有限公司委托证券公司发行股票5 000 000股，每股面值1元，按每股6元的价格发行。假定股票发行成功，股款30 000 000元已全部收到，并存入银行。东方股份有限公司应做如下账务处理：

借：银行存款 30 000 000

　　贷：股本 5 000 000

　　　　资本公积——股本溢价 25 000 000

（二）注销股票

股份有限公司减资时采取收购并注销本公司股票的方式，按注销股票的面值总额减少股本，借记“股本”科目，按注销库存股的账面余额，贷记“库存股”科目，按其差额借记“资本公积——股本溢价”科目。股本溢价不足冲减的，应依次冲减“盈余公积”、“利润分配——未分配利润”等科目。如果购回股票支付的价款低于面值总额的，应按股票面值总额借记“股本”科目，按所注销的库存股账面余额，贷记“库存股”科目，按其差额贷记“资本公积——股本溢价”科目。

【例11-11】东方股份有限公司2010年12月31日的股本为20 000万股，每股面值为1元，资本公积（股本溢价）5 000万元，盈余公积3 000万元，未分配利润5 000万元。经股东大会批准，东方股份有限公司以现金回购本公司股票3 000万股并注销。

（1）假定东方股份有限公司按每股0.8元回购股票，不考虑其他因素，东方股份有限公司的账务处理如下（以下分录中，单位均为万元）。

① 回购本公司股票时

库存股成本=3 000×0.8=2 400（万元）

借：库存股　　2 400

　　贷：银行存款　　2 400

② 注销本公司股票时

应增加的资本公积=3 000×1−3 000×0.8=600（万元）

借：股本　　3 000

　　贷：库存股　　2 400

　　　　资本公积——股本溢价　　600

（2）假定东方股份有限公司按每股2元回购股票，不考虑其他因素，东方股份有限公司的账务处理如下。

① 回购本公司股票时

库存股成本=3 000×2=6 000（万元）

借：库存股　　6 000

　　贷：银行存款　　6 000

② 注销本公司股票时

应冲减的资本公积=3 000×2−3 000×1=3 000（万元）

借：股本　　3 000

　　资本公积——股本溢价　　3 000

　　贷：库存股　　6 000

（3）假定东方股份有限公司按每股3元回购股票，不考虑其他因素，东方股份有限公司的账务处理如下。

① 回购本公司股票时

库存股成本=3 000×3=9 000（万元）

借：库存股　　9 000

　　贷：银行存款　　9 000

② 注销本公司股票时

应冲减的资本公积=3 000×3−3 000×1=6 000（万元）

由于应冲减的资本公积大于公司现有的资本公积。所以只能冲减资本公积5 000万元，剩余的1 000万元应冲减盈余公积。

借：股本	3 000	
资本公积——股本溢价	5 000	
盈余公积	1 000	
贷：库存股		9 000

（4）假定东方股份有限公司按每股4元回购股票，不考虑其他因素，东方股份有限公司的账务处理如下。

① 回购本公司股票时

库存股成本=3 000×4=12 000（万元）

借：库存股	12 000	
贷：银行存款		12 000

② 注销本公司股票时

应冲减的资本公积=3 000×4−3 000×1=9 000（万元）

由于应冲减的资本公积大于公司现有的资本公积，所以只能冲减资本公积5 000万元。剩余的先冲减盈余公积，由于公司盈余公积只有3 000万元，仍然不够，剩余1 000万元再冲减未分配利润。

借：股本	3 000	
资本公积——股本溢价	5 000	
盈余公积	3 000	
利润分配——未分配利润	1 000	
贷：库存股		12 000

第二节　资本公积

一、资本公积概述

资本公积是指企业收到投资者出资额超出其在注册资本（或股本）中所占份额的部分，以及直接计入所有者权益的利得和损失等。

资本公积包括资本溢价（或股本溢价）和直接计入所有者权益的利得和损失等。资本溢价（或股本溢价）是指企业投资者投入的资金超过其在注册资本中所占份额的部分，一般由投资者超额缴入资本或溢价发行股票形成。直接计入所有者权益的利得和损失是指不应计入当期损益、会导致所有者权益发生增减变动的、与所有者投入资本或者向所有者分配利润无关的利得或者损失。

资本公积可以依法用于转增资本，但不得作为投资利润或股利进行分配。

二、资本公积的核算

为核算企业资本公积的增减变动情况，应设置“资本公积”账户，该账户贷方核算企业资本公积增加数额，借方核算企业资本公积减少数额，期末贷方余额为企业资本公积的实有数。企业应在“资本公积”科目下分别设置“资本溢价（股本溢价）”、“其他资本公积”等进行明细核算。

（一）资本溢价的核算

企业创立时，投资者认缴的出资额往往与注册资本一致，不会产生资本公积。但在企业重组或有新的投资者加入时，为了维护原投资者的权益，新加入的投资者的出资额，不一定全部作为实收资本处理。原因主要有两点：一是，企业创建时的资金投入和企业已走向经营正规时的资金投入，即使数量相等，其盈利能力也不同；二是，新投资者与原投资者一样，有权参与原有留存收益的分配。所以只有新加入的投资者的出资额大于实收资本，才能维护原投资者的权益，超出的这部分就是资本溢价。

【例11-12】东方有限公司注册资本为600万元，为扩大经营规模，决定引入新投资者，将注册资本增加至800万元。按照投资协议，新投资者需缴入现金250万元，同时享有该公司四分之一的股份。东方有限公司已收到该投资。假定不考虑其他因素，东方有限公司的账务处理如下：

借：银行存款　　2 500 000

　贷：实收资本　　2 000 000

　　资本公积——资本溢价　　500 000

（二）股本溢价的核算

股本溢价是指股份有限公司溢价发行股票时实际收到的款项超过股票面值总额的数额。溢价发行股票时，企业按股票面值记入“股本”科目，超出股票面值的部分作为“资本公积——股本溢价”处理。溢价发行股票时的发行费用，从溢价中抵扣，溢价不足抵扣的，冲减盈余公积和未分配利润。

【例11-13】东方股份有限公司委托某证券公司代理发行股票2 000万股，每股面值1元，每股发行价格为1.2元，与证券公司约定，按发行收入的3%支付手续费，假定发行收入已全部收到，发行费用已全部支付。不考虑其他因素，东方股份有限公司的账务处理如下。

（1）收到发行收入时

借：银行存款　　24 000 000

　贷：股本　　20 000 000

　　资本公积——股本溢价　　4 000 000

（2）支付发行费用时

借：资本公积——股本溢价　　720 000

　贷：银行存款　　720 000

（三）其他资本公积的核算

其他资本公积是指除资本溢价（或股本溢价）项目以外所形成的资本公积，其中主要是直接计入所有者权益的利得和损失。企业长期股权投资采用权益法核算时，被投资单位除净损益外所有者权益的其他变动，企业应按持股比例计算应享有的份额。如果是利得，应借记“长期股权投资——其他权益变动”科目，贷记“资本公积——其他资本公积”科目；如果是损失，则做相反的分录。在处置长期股权投资时，应按处置比例转销与该笔投资相关的其他资本公积。

【例11-14】东方有限公司于2010年1月1日向甲公司投资10 000 000元，拥有该公司30%的股份，对该公司有重大影响，因而对甲公司长期股权投资采用权益法核算。2010年12月31日，甲公司净损益之外的所有者权益增加了2 000 000元。假定除此以外，甲公司的所有者权益没有变化，东方有限公司的持股比例没有变化，甲公司资产的账面价值与公允价值一致，不考虑其他因素。东方有限公司的会计分录如下：

借：长期股权投资——其他权益变动（甲公司）　　600 000

　　贷：资本公积——其他资本公积　　600 000

若甲公司净损益之外的所有者权益减少了2 000 000元，其他条件不变。东方有限公司的会计分录如下：

借：资本公积——其他资本公积　　600 000

　　贷：长期股权投资——其他权益变动（甲公司）　　600 000

（四）转增资本的核算

经股东大会或类似机构决议，用资本公积转增资本时，应借记“资本公积”，贷记“实收资本”或“股本”科目。

第三节　盈余公积

一、盈余公积概述

盈余公积是指企业按照规定从净利润中提取的积累资金，包括法定盈余公积、任意盈余公积。

法定盈余公积是指企业按照规定的比例从净利润中提取的盈余公积。按照《公司法》有关规定，公司制企业应当按照净利润（减弥补以前年度亏损，下同）的10%提取法定盈余公积。非公司制企业法定盈余公积的提取比例可超过净利润的10%。法定盈余公积累计额已达注册资本的50%时可以不再提取。值得注意的是，在计算提取法定盈余公积的基数时，不应包括企业年初未分配利润。

任意盈余公积是指企业按照股东大会或类似机构的决议提取的盈余公积。公司制企业可根据股东大会的决议提取任意盈余公积。非公司制企业经类似权力机构批准，也可提取任意盈余公积。

法定盈余公积和任意盈余公积的区别在于其各自计提的依据不同，前者以国家的法律法规为依据；后者由企业的权力机构自行决定。

二、盈余公积的核算

企业应通过“盈余公积”科目，核算盈余公积的提取、使用等情况，并分别设置明细科目“盈余公积——法定盈余公积”、“盈余公积——任意盈余公积”进行明细核算。

“盈余公积”科目的贷方登记企业提取的数额，借方登记使用数，使用盈余公积的情况包括三种。（1）盈余公积补亏。用盈余公积弥补亏损的时候，没有特殊的限制，只要金额足够就可以弥补。（2）盈余公积转增资本。用盈余公积转增资本的时候，转增之后盈余公积不得低于注册资本的25%。（3）用盈余公积发放现金股利或利润。该科目的贷方余额表示盈余公积的实有数。

企业按规定提取盈余公积时，借记“利润分配——提取法定盈余公积（或提取任意盈余公积）”科目，贷记“盈余公积”科目。经股东大会或类似机构决议用盈余公积弥补亏损、转增资本、分配现金股利或利润时，借记“盈余公积”科目，贷记“利润分配——盈余公积补亏”、“实收资本（或股本）”、“应付股利”科目。

（一）盈余公积的提取

【例11-15】东方股份有限公司本年实现净利润2 000 000元，按当年净利润的10%、20%分别提取法定盈余公积和任意盈余公积。依照表11-8，东方公司应编制的会计分录如下：

借：利润分配——法定盈余公积　　200 000
　　　　　　——任意盈余公积　　400 000
　贷：盈余公积——法定盈余公积　　200 000
　　　　　　——任意盈余公积　　400 000

表11-8　盈余公积计提表

2011年12月31日

项目	计提比例	金额
计提法定盈余公积	10%	200 000.00
计提任意盈余公积	20%	400 000.00

（二）盈余公积的使用

1. 盈余公积补亏

【例11-16】经股东大会批准，东方股份有限公司用以前年度提取的盈余公积弥补当年亏损，当年弥补亏损的数额为100 000元。依照表11-9，东方公司应编制的会计分录如下：

借：盈余公积　　100 000
　贷：利润分配——盈余公积补亏　　100 000

表11-9　用盈余公积弥补亏损的决议文件样本

<table>
<tr><td>

东方股份有限公司文件

办字第8号

关于用盈余公积弥补亏损的决议

经股东大会批准，决定以法定盈余公积10 万元弥补2011年亏损。

东方股份有限公司
2012年2月25日

</td></tr>
</table>

（2）盈余公积转增资本

【例11-17】经股东大会批准，东方股份有限公司将盈余公积200 000元转增股本，以扩大经营规模。依照表11-10，东方股份有限公司应编制的会计分录如下：

借：盈余公积　　　　200 000
　　贷：股本　　　　200 000

表11-10　用盈余公积转增股本的决议文件样本

<table>
<tr><td>

东方股份有限公司文件

办字第8号

关于将盈余公积转增股本的决议

经股东大会批准，将盈余公积20万元转增股本。

东方股份有限公司
2013年10月25日

</td></tr>
</table>

（3）用盈余公积发放现金股利或利润

【例11-18】东方股份有限公司经股东大会批准，以盈余公积1 000 000元发放现金股利。东方股份有限公司依照表11-11，应编制的会计分录如下：

借：盈余公积　　　　1 000 000
　　贷：应付股利　　　　1 000 000

表11-11　用盈余公积发放现金股利的决议文件样本

<table>
<tr><td>

东方股份有限公司文件

办字第6号

关于以盈余公积发放现金股利的决议

经股东大会批准，以盈余公积100万元发放现金股利。

东方股份有限公司
2014年10月25日

</td></tr>
</table>

第四节　未分配利润

未分配利润是经过弥补亏损、提取法定盈余公积、提取任意盈余公积和向投资者分配利润等利润分配之后剩余的利润，它是留存于企业的历年结存的利润。

年度终了，企业应根据国家有关规定和企业章程、投资者协议等，对企业当年可供分配的利润进行分配。

利润分配的顺序依次是：（1）提取法定盈余公积；（2）提取任意盈余公积；（3）向投资者分配利润。从数量上来看，未分配利润是期初未分配利润加上本期实现的净利润，减去提取的盈余公积和分配的利润后的余额。

未分配利润有两层含义：一是留待以后年度处理的利润；二是未指明特定用途的利润。相对于所有者权益的其他部分来说，企业对于未分配利润的使用有较大的自主权。

企业应通过“利润分配”科目，核算企业利润的分配（或亏损的弥补）和历年分配（或弥补）后的未分配利润（或未弥补亏损）。具体核算方法见第十三章第四节。

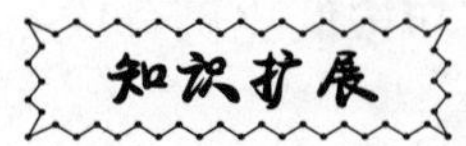

所有者权益与负债的区别

所有者权益和负债同属“权益”。“权益”是指对企业资产的求偿权，它包括投资人的求偿权和债权人的求偿权两种。对于任何企业而言，其资金来源不外乎两个：一个是债权人，一个是所有者。债权人对企业资产的要求权形成企业负债，所有者对企业资产的要求权形成企业的所有者权益。二者的区别主要表现在以下五个方面。

（一）性质不同。负债是债权人对企业资产的求偿权，是债权人的权益，债权人与企业只有债权债务关系，到期可以收回本息；而所有者权益则是企业所有者对企业净资产的求偿权，包括所有者对企业投入的资本以及其对投入资本的运作所产生的盈余的要求权，没有明确的偿还期限。

（二）偿还责任不同。负债要求企业按规定的时间和利率支付利息，到期偿还本金；而所有者权益则与企业共存亡，在企业经营期内无须偿还。国有企业按照国家规定分配收益，股份制企业按照股东大会的决定支付股利，其他企业按照企业最高层管理机构的决定分配利润。

（三）享受的权利不同。债权人通常只有享受收回本金和按事先约定的利息率收回利息的权利，既没有参与企业经营管理的权利，也没有参与企业收益分配的权利；而企业的所有者通常既具有参与企业经营管理的权利，也具有参与企业收益分配的权利。企业的所有者不仅享有法定的管理企业的权利，而且还享有委托他人管理企业的权利。

（四）计量特性不同。负债通常可以单独直接计量，而所有者权益除了投资者投资时以外，一般不能直接计量，而是通过资产和负债来间接计量。

（五）风险和收益的大小不同。负债由于具有明确的偿还期限和约定的收益率，而且一旦到期就可以收回本金与相应的利息，因而风险较小，因为债权人承担的风险小，所以相应地债权人所获得的收益也较小；而所有者投入的资本，一旦投入被投资企业，一般情况下，不论企业未来经营状况如何，都不能抽回投资，因而承担的风险较大，相应的收益也较高，当然，也有可能要承担更大的损失。

案例分析

合资案例

国外的一家公司与中国企业合资生产一种市场上很有潜力的产品。中方提出要占股份51%，外方占49%，外方没有异议，但提出要由外方经营。经营的第一年，企业投入大量资金开拓市场，年底出现亏损，亏损由双方承担。中方由于拿不出钱来，只得把一部分股份让给外方，连续三年如此。到第四年，企业开始盈利，但是中方的股份已经下降到15%。这样企业前三年亏损时，中方按高比例承担，而当盈利时，却按低比例分成。

讨论题：这样的结果说明什么？

分析思路：从股东持股状况和企业经营管理两方面来分析。股东决定由谁来经营企业时，要具有战略眼光，判断他有没有能力将企业引向光明的未来。

能力训练

一、单项选择题

1. 某企业所有者权益情况如下：实收资本200万元，资本公积17万元，盈余公积43万元，未分配利润32万元。则该企业的留存收益为（　）万元。

A. 32　B. 43　C. 60　D. 75

2. 采用权益法核算的长期股权投资，被投资企业除净损益外所有者权益发生的其他变动应计入（　）。

A. 资本公积　B. 投资收益

C. 其他业务收入　D. 营业外收入

3. 企业投资者实际缴纳的出资额大于其在注册资本中所占的份额部分，应作为（　）。

A. 资本公积　B. 实收资本

C. 盈余公积　D. 营业外收入

4. 下列各项中，能够引起所有者权益总额变化的是（　）。

A. 以盈余公积弥补亏损　B. 以资本公积转增资本

C. 向投资者分配现金股利　D. 以盈余公积转增资本

5. 股份有限公司为核算投资者投入的资本应当设置（　）科目。

A. 股东权益　B. 实收资本　C. 股本　D. 资本公积

6. 某企业年初所有者权益260万元，本年度实现净利润400万元，以资本公积转增资本50万元，提取盈余公积30万元，向投资者分配现金股利30万元。假设不考虑其他因素，该企业年末所有者权益为（ ）万元。

A. 550　　B. 290　　C. 630　　D. 370

7. 法定盈余公积按税后利润的（ ）提取，超过注册资本总额的（ ）时可不再计提。

A. 10%　　B. 20%　　C. 30%　　D. 50%

二、多项选择题

1. 公司发行股票支付的手续费、佣金等发行费用，有可能作出的账务处理有（ ）。

A. 计入管理费用　　B. 计入财务费用

C. 冲减溢价收入　　D. 溢价不足以冲减的部分，冲减盈余公积和未分配利润

2. 下列各项，属于企业留存收益的有（ ）。

A. 法定盈余公积　　B. 未分配利润

C. 其他资本公积　　D. 任意盈余公积

3. 盈余公积的用途主要有（ ）。

A. 弥补亏损　　B. 转增资本　　C. 发放现金股利　　D. 分配股票股利

4. 企业发生亏损时，下列各项（ ）是弥补亏损的渠道。

A. 以盈余公积弥补亏损　　B. 以资本公积弥补亏损

C. 用以后5年税前利润弥补　　D. 用5年后的税后利润弥补

三、判断题

1. 资本公积不能分配现金股利。（ ）

2. 企业计提法定盈余公积是按当年实现的净利润作为基数计提的，该基数不应包括企业年初未分配利润。（ ）

3. 法定盈余公积和任意盈余公积的区别在于其各自计提的依据不同。（ ）

4. 资本公积就是企业收到投资者的超出其在注册资本中所占份额的投资。（ ）

5. 以资本公积转增资本使留存收益减少。（ ）

四、业务题

1. A有限责任公司，由甲、乙共同投资建立，其中的投资构成如下。

（1）甲向A有限责任公司投入生产用设备一台，合同约定价值为200万元（与公允价值一致），增值税为34万元，并开具了增值税专用发票。

（2）乙向A有限责任公司投入货币资金200万元和一项公允价值为100万元专利技术。

（3）两年后，丙向A有限责任公司追加投资300万，协议约定丙享有的注册资本金额为280万元。

要求：根据上述资料，分别编制A有限责任公司接受甲、乙、丙投资的有关会计分录。

2. B公司2010年12月31日的股本为10 000万股，面值为1元，资本公积（股本溢价）2 000万元，盈余公积4 000万元。经股东大会批准，B公司以现金回购本公司股票1 000万股并注销。

要求：（金额单位为万元）

（1）假定每股回购价为0.9元，编制回购股票和注销股票的会计分录。

（2）假定每股回购价为1元，编制回购股票和注销股票的会计分录。

（3）假定每股回购价为2元，编制回购股票和注销股票的会计分录。

（4）假定每股回购价为4元，编制回购股票和注销股票的会计分录。

第十二章　收入、费用

学习目标与要求

通过对本章的学习，了解收入的概念、特点和分类；理解收入的确认条件和计量原则；熟悉劳务收入和让渡资产使用权的账务处理方式；掌握销售商品各种情况下收入的确认及核算方法。同时，了解费用的概念、特点，掌握销售费用、管理费用、财务费用的内容及核算方法；了解政府补助的形式及核算方法。

第一节　收入

一、收入概述

（一）收入的概念及特点

收入是指企业在日常活动中形成的，会导致所有者权益增加的，与所有者投入资本无关的经济利益的总流入。收入具有以下特点。

1. 收入是企业在日常活动中形成的经济利益的总流入

日常活动是指企业为完成其经营目标所从事的经常性活动以及与之相关的活动，如工业企业销售产品、提供劳务等活动。收入形成于企业的日常活动这一特征使其与产生于非日常活动的利得相区分。企业从事某些活动也能为企业带来经济利益，但如果不属于企业的日常活动，其带来的经济利益便是利得，如工业企业处置固定资产带来的收益就不能作为收入核算。

2. 收入会导致企业所有者权益的增加

收入可能表现为资产的增加，如增加银行存款、应收账款等；也可能表现为负债的减少，如以商品或劳务抵偿债务；还可能表现为两者的组合，如商品销售的货款中，部分抵偿债务，部分增加银行存款。根据“资产-负债=所有者权益”的会计等式，收入一定能增加企业的所有者权益。这里所说的收入能增加所有者权益，仅指收入本身的影响。

3. 收入与所有者投入资本无关

所有者投入资本应确认为企业所有者权益的组成部分，由此形成的经济利益的总流入不构成收入。

（二）收入的分类

1. 收入按企业从事日常活动的性质不同，分为销售商品收入、提供劳务收入和让渡资产使用权收入

（1）销售商品收入是指企业通过销售商品实现的收入。这里的商品包括企业为销售而生产的产品和为转售而购进的商品，企业销售的其他存货如原材料、包装物等也视同商品。

（2）提供劳务收入是指企业通过提供劳务实现的收入。例如，企业通过提供旅游、运输、咨询、代理、培训、产品安装等劳务所实现的收入。

（3）让渡资产使用权收入是指企业通过让渡资产使用权实现的收入，包括利息收入和使用费收入。利息收入主要是指金融企业对外贷款形成的利息收入。使用费收入主要是指企业转让无形资产使用权、对外出租固定资产获得的收入

2. 收入按企业经营业务的主次不同，分为主营业务收入和其他业务收入

（1）主营业务收入是指企业为完成其经营目标所从事的经常性活动实现的收入。主营业务收入一般占企业总收入的比重较大，对企业的经济效益产生较大影响。不同行业企业的主营业务收入所包括的内容不同。例如，工业企业的主营业务收入主要包括销售商品、提供工业性劳务等实现的收入；商业企业的主营业务收入主要包括销售商品实现的收入；咨询公司的主营业务收入主要包括提供咨询服务实现的收入；安装公司的主营业务收入主要包括提供安装服务实现的收入。

（2）其他业务收入是指企业为完成其经营目标所从事的与经常性活动相关的活动实现的收入。其他业务收入一般占企业总收入的比重较小。不同行业企业的其他业务收入所包括的内容不同。例如，工业企业的其他业务收入主要包括对外销售材料、对外出租包装物、对外转让无形资产使用权等实现的收入。

二、销售商品收入的核算

（一）销售商品收入的确认条件

销售商品收入同时满足下列条件时，才能予以确认。

1. 企业已将商品所有权上的主要风险和报酬转移给购货方

与商品所有权有关的风险是指商品可能发生减值或毁损等形成的损失；与商品所有权有关的报酬是指商品价值增值或通过使用商品等形成的经济利益。企业已将商品所有权上的主要风险和报酬转移给购货方，构成确认销售商品收入的重要条件。如果发生的任何损失均不需要本企业承担，带来的经济利益也不归本企业所有，则意味着该商品所有权上的风险和报酬已转移出企业。

通常情况下，转移商品所有权凭证并交付实物后，商品所有权上的所有风险和报酬随之转移，如大多数商品零售、预收款销售商品等。某些情况下，转移商品所有权凭证但未交付实物，商品所有权上的主要风险和报酬随之转移，企业只保留商品所有权上的次要风险和报酬，如交款提货方式销售商品。有时，已交付实物但未转移商品所有权凭证，商品所有权上的主要风险和报酬未随之转移，如采用支付手续费方式委托代销商品。

2. 企业既没有保留通常与所有权相联系的继续管理权，也没有对已售出的商品实施有效控制

通常情况下，企业售出商品后不再保留与商品所有权相联系的继续管理权，也不再对售出商品实施有效控制，商品所有权上的主要风险和报酬已经转移给购货方，通常应在发出商品时确认收入。如果企业在商品销售后保留了与商品所有权相联系的继续管理权，或能够继续对其实施有效控制，说明商品所有权上的主要风险和报酬没有转移，销售交易不能成立，不应确认收入，如售后租回。

3. 收入的金额能够可靠地计量

收入的金额能够可靠地计量，是指收入的金额能够合理地估计。收入金额能否合理地估计是确认收入的基本前提，如果收入的金额不能够合理估计就无法确认收入。企业在销售商品时，商品销售价格通常已经确定。但是，由于销售商品过程中某些不确定因素的影响，也有可能存在商品销售价格发生变动的情况。在这种情况下，新的商品销售价格未确定前通常不应确认销售商品收入。

4. 相关的经济利益很可能流入企业

经济利益是指直接或间接流入企业的现金或现金等价物。在销售商品的交易中，与交易相关的经济利益主要表现为销售商品的价款。相关的经济利益很可能流入企业，是指销售商品价款收回的可能性大于不能收回的可能性，即销售商品价款收回的可能性超过50%。企业在销售商品时，如估计销售价款不是很可能收回，即使收入确认的其他条件均已满足，也不应当确认收入。

5. 相关的已发生或将发生的成本能够可靠地计量

相关的已发生或将发生的成本能够可靠地计量，是指与销售商品有关的已发生或将发生的成本能够合理地估计。根据收入和费用配比原则，与同一项销售有关的收入和费用应在同一会计期间予以确认，如在确认商品销售收入的同时，还要进行相关库存商品成本的结转。如果成本不能可靠计量，相关的收入就不能确认。若已收到价款，应将已收到的价款确认为负债。

（二）销售商品收入的账务处理

企业销售商品所实现的收入以及结转的相关销售成本，通过“主营业务收入”、“主营业务成本”等科目核算。

1. 一般销售业务的账务处理

在进行销售商品的会计处理时，首先要考虑销售商品收入是否符合收入确认条件。符合收入确认条件的，应及时确认收入并结转相关销售成本。确认销售商品收入时，应按实际收到或应收的金额，借记“应收账款”、“应收票据”、“银行存款”等科目，按确定的销售收入金额，贷记“主营业务收入”等科目，按增值税专用发票上注明的增值税税额，贷记“应交税费——应交增值税（销项税额）”科目；同时，按销售商品的实际成本，借记“主营业务成本”等科目，贷记“库存商品”等科目。企业也可在月末一次结转本月已销商品的实际成本。

【例12-1】东方有限公司销售一批商品给乙公司，开出的增值税专用发票上注明货款为200 000元，增值税税额为34 000元。商品已经发出，货款尚未收到，该批商品的成本为160 000元。依照表12-1和表12-2，东方有限公司的账务处理如下：

（1）借：应收账款　234 000

　　贷：主营业务收入　200 000

　　　　应交税费——应交增值税（销项税额）　34 000

（2）借：主营业务成本　160 000

　　贷：库存商品　160 000

表12-1　××省增值税专用发票

全国统一发票监制章　国家税务总局监制

记账联　№1234768

开票日期：2011年12月1日

购货单位	名　　称：A市乙公司 纳税人识别号：789568721563445 地 址 、电 话：A市高新区666号03117776666 开户行及账号：工商银行开发区支行123456789012345					密码区	（略）	
货物或应税劳务名称	规格型号	单位	数量	单价	金额	税率	税额	
A产品		件	100	2 000.00	200 000.00	17%	34 000.00	
合计					¥200 000.00		¥34 000.00	
价税合计（大写）	⊗贰拾叁万肆仟元整					（小写）¥234 000.00		
销货单位	名　　称：A市东方有限责任公司 纳税人识别号：12345678 地 址 、电 话：A市开发区18号03116667777 开户行及账号：工商银行开发区支行1122345688					备注	东方有限责任公司 税号：12345678 发票专用章	

收款人：　复核：　开票人：陈亮　销货单位：（章）

第三联：记账联　销货方记账凭证

表12-2　产品出库单

2011年12月1日　凭证编号：

用途：销售　产成品库：1号库

产品名称	型号规格	计量单位	数量	单位成本	总成本
A产品		件	100	1 600.00	160 000.00
合计	——		100	——	160 000.00

保管员：李海　仓库负责人：刘浩　复核：

【例12-2】东方有限公司采用交款提货方式向乙公司销售一批商品，开出的增值税专用发票上注明售价为500 000元，增值税税额为85 000元。东方有限公司收到乙公司支付的货款585 000元，并将提货单送交乙公司。该批商品成本为460 000元。依照表12-3、

表12-4和表12-5，东方有限公司的账务处理如下。

（1）借：银行存款　585 000

　　贷：主营业务收入　500 000

　　　　应交税费——应交增值税（销项税额）　85 000

（2）借：主营业务成本　460 000

　　贷：库存商品　460 000

表12-3　××省增值税专用发票

记账联　　　　No1234769

开票日期：2011年12月1日

购货单位	名　　称：A市乙公司 纳税人识别号：789568721563445 地 址 、电 话：A市高新区666号03117776666 开户行及账号：工商银行开发区支行123456789012345	密码区	（略）

货物或应税劳务名称	规格型号	单位	数量	单价	金额	税率	税额
B产品		件	100	5 000.00	500 000.00	17%	85 000.00
合计					¥500 000.00		¥85 000.00
价税合计（大写）	⊗伍拾捌万伍仟元整				（小写）¥585 000.00		

销货单位	名　　称：A市东方有限责任公司 纳税人识别号：12345678 地 址 、电 话：A市开发区18号03116667777 开户行及账号：工商银行开发区支行1122345688	备注	东方有限责任公司 税号：12345678 发票专用章

收款人：　　复核：　　开票人：陈亮　　销货单位：（章）

第三联：记账联　销货方记账凭证

表12-4　产品出库单

2011年12月1日　　凭证编号：

用途：销售　　产成品库：1号库

产品名称	型号规格	计量单位	数量	单位成本	总成本
B产品		件	100	4 600.00	460 000.00
合计	——		100	——	460 000.00

保管员：李海　　仓库负责人：刘浩　　复核：

表12-5　中国工商银行进账单（收账通知）　3

2011年12月1日

<table>
<tr><td rowspan="3">付款人</td><td>全称</td><td>A市乙公司</td><td rowspan="3">收款人</td><td colspan="3">全称</td><td colspan="7">A市东方有限责任公司</td></tr>
<tr><td>账号</td><td>123456789012345</td><td colspan="3">账号</td><td colspan="7">1122345688</td></tr>
<tr><td>开户银行</td><td>工商银行开发区支行</td><td colspan="3">开户银行</td><td colspan="7">工商银行开发区支行</td></tr>
<tr><td rowspan="2">金额</td><td rowspan="2">人民币（大写）</td><td colspan="2" rowspan="2">伍拾捌万伍仟元整</td><td>千</td><td>百</td><td>十</td><td>万</td><td>千</td><td>百</td><td>十</td><td>元</td><td>角</td><td>分</td></tr>
<tr><td></td><td>¥</td><td>5</td><td>8</td><td>5</td><td>0</td><td>0</td><td>0</td><td>0</td><td>0</td></tr>
<tr><td colspan="2">票据种类</td><td colspan="2">转账支票</td><td colspan="10" rowspan="3">中国工商银行A市开发区支行
2011.12.01
转讫</td></tr>
<tr><td colspan="2">票据张数</td><td colspan="2">1</td></tr>
<tr><td colspan="4"></td></tr>
<tr><td colspan="4">单位主管　会计　复核　记账</td><td colspan="10">出票人开户银行签章　2011年12月1日</td></tr>
</table>

通常情况下，销售商品采用托收承付方式的，在办妥托收手续时确认收入；采用交款提货方式销售商品的，在开出发票账单收到货款时确认收入。交款提货销售商品是指购买方已根据企业开出的发票账单支付货款并取得提货单的销售方式。在这种方式下，购货方支付货款取得提货单，企业尚未交付商品，销售方保留的是商品所有权上的次要风险和报酬，商品所有权上的主要风险和报酬已经转移给购货方，所以应在开出发票账单收到货款时确认收入。

2. 已经发出商品但不符合销售商品收入确认条件的账务处理

如果企业销售商品不符合销售商品收入确认的条件，则不应确认收入。为了单独反映已经发出但尚未确认销售收入的商品成本，企业应增设“发出商品”科目。应按发出商品的实际成本，借记“发出商品”科目，贷记“库存商品”科目。发出商品满足收入确认条件时，在确认收入的同时结转销售成本，借记“主营业务成本”科目，贷记“发出商品”科目。

如果销售该商品的纳税义务已经发生，如已经开出增值税专用发票，则应确认应交增值税销项税额，借记“应收账款”等科目，贷记“应交税费——应交增值税（销项税额）”科目。如果纳税义务没有发生，则不需要进行上述处理。

【例12-3】东方有限公司于2010年5月25日向乙企业销售一批商品，该批商品成本为30 000元，售价为50 000元，增值税税额为8 500元。东方有限公司在销售该批商品时已得知乙企业资金流转发生暂时困难，但为了减少存货积压，同时也为了维持与乙企业长期以来建立的商业关系，东方有限公司仍将商品发给了乙企业。

（1）5月25日发出商品时，根据表12-6应做如下账务处理：

借：发出商品　　30 000

　　贷：库存商品　　30 000

表12-6　产品出库单

2010年5月25日　　　　　　　　凭证编号：

用途：销售　　　　　　　　　　　　　　　　　　产成品库：1号库

产品名称	型号规格	计量单位	数量	单位成本	总成本
C产品		件	100	300.00	30 000.00
合计	——		100	——	30 000.00

保管员：李海　　　　　　　仓库负责人：刘浩　　　　　　　复核：

假定东方有限公司销售该批商品的纳税义务已经发生，则还应做如下账务处理：

借：应收账款　　8 500

　　贷：应交税费——应交增值税（销项税额）　　8 500

（2）2010年9月10日，东方有限公司得知乙企业经营情况好转，于是向乙企业提出付款要求，乙企业承诺近期付款。东方有限公司应做如下账务处理：

① 借：应收账款　　50 000

　　贷：主营业务收入　　50 000

② 借：主营业务成本　　30 000

　　贷：发出商品　　30 000

3. 存在商业折扣时商品销售的账务处理

商业折扣是指企业为促进商品销售而在商品标价上给予的价格扣除。商业折扣在销售时已发生，所以应当按照扣除商业折扣后的净额作为商品的实际销售价格，并据此来确定商品的销售收入。

【例12-4】东方有限公司为增值税一般纳税企业，适用的增值税税率为17%。2011年8月1日，东方有限公司赊销一批商品给乙企业，按价目表标明的价格计算，该批产品的售价为100 000元，由于是成批销售，东方有限公司给予乙企业10%的商业折扣，该批商品的实际成本为60 000元，东方有限公司应做如下账务处理：

借：应收账款　　105 300

　　贷：主营业务收入（100 000−100 000×10%）　　90 000

　　　　应交税费——应交增值税（销项税额）　　15 300

借：主营业务成本　　60 000

　　贷：库存商品　　60 000

4. 存在现金折扣时商品销售的账务处理

现金折扣是指债权人为鼓励债务人在规定的期限内付款而向债务人提供的债务扣除。在销售商品时，企业应按总价法入账，如果发生了现金折扣则作为理财费用，计入当期财务费用。

【例12-5】东方有限公司为增值税一般纳税企业，2011年12月1日赊销一批商品给乙企业，增值税专用发票上注明售价为100 000元，增值税销项税为17 000元，销售合同中规定现金折扣条件为1/10，n/20（若计算现金折扣时不考虑增值税）。产品交付并办妥托收手续，该批商品的成本为60 000元。东方有限公司根据表12-7、表12-8、表12-9应作如下账务处理：

借：应收账款	117 000
贷：主营业务收入	100 000
应交税费——应交增值税（销项税额）	17 000
借：主营业务成本	60 000
贷：库存商品	60 000

表12-7　××省增值税专用发票

记账联

No1234770

开票日期：2011年12月01日

购货单位	名　　称：A市乙企业 纳税人识别号：789568721563445 地址、电话：A市高新区666号03117776666 开户行及账号：工商银行开发区支行12345678901234 3	密码区	（略）				
货物或应税劳务名称	规格型号	单位	数量	单价	金额	税率	税额
E产品		件	100	1 000.00	100 000.00	17%	17 000.00
合计					¥100 000.00		¥17 000.00
价税合计（大写）	⊗壹拾壹万柒仟元整						（小写）¥117 000.00
销货单位	名　　称：A市东方有限责任公司 纳税人识别号：12345678 地址、电话：A市开发区18号03116667777 开户行及账号：工商银行开发区支行1122345688	备注	东方有限责任公司 税号：12345678 发票专用章				

收款人：　　复核：　　开票人：陈亮　　销货单位：（章）

第三联：记账联　销货方记账凭证

表12-8　产品出库单

2011年12月01日　　凭证编号：

用途：销售　　产成品库：1号库

产品名称	型号规格	计量单位	数量	单位成本	总成本
E产品		件	100	600.00	60 000.00
合计	——		100	——	60 000.00

保管员：李海　　仓库负责人：刘浩　　复核：

表12-9　托收凭证　（受理回单）　1

委托日期：2011年12月01日

<table>
<tr><td colspan="2">业务类型</td><td colspan="6">委托收款（√□邮划、□电划）</td><td colspan="12">托收承付（□邮划、□电划）</td></tr>
<tr><td rowspan="3">付款人</td><td>全称</td><td colspan="6">A市乙企业</td><td rowspan="3">收款人</td><td>全称</td><td colspan="10">A市东方有限责任公司</td></tr>
<tr><td>账号</td><td colspan="6">123456789012345</td><td>账号</td><td colspan="10">1122345688</td></tr>
<tr><td>地址</td><td>××省</td><td>A市</td><td>开户行</td><td colspan="3">工商银行开发区支行</td><td>地址</td><td>××省</td><td>A市</td><td>开户行</td><td colspan="7">工商银行开发区支行</td></tr>
<tr><td rowspan="2">金额</td><td colspan="8" rowspan="2">人民币
（大写）壹拾壹万柒仟元整</td><td>亿</td><td>千</td><td>百</td><td>十</td><td>万</td><td>千</td><td>百</td><td>十</td><td>元</td><td>角</td><td>分</td></tr>
<tr><td></td><td></td><td>¥</td><td>1</td><td>1</td><td>7</td><td>0</td><td>0</td><td>0</td><td>0</td><td>0</td></tr>
<tr><td>款项内容</td><td colspan="2">销货款</td><td colspan="2">托收凭据名称</td><td colspan="3"></td><td colspan="3">附寄单证张数</td><td colspan="9"></td></tr>
<tr><td colspan="3">商品发运情况</td><td colspan="5">已发出</td><td colspan="3">合同名称号码</td><td colspan="9">7458960</td></tr>
<tr><td colspan="4">备注：

复核　记账</td><td colspan="5">款项收妥日期

年　月　日</td><td colspan="11">收款人开户银行签章
年　月　日</td></tr>
</table>

此联作收款人开户银行给收款人的受理回单

乙企业12月5日支付上述款项，东方有限公司依照表12-10，应做如下会计分录：

借：银行存款　　116 000

　　财务费用（100 000×1%）　　1 000

　　贷：应收账款　　117 000

表12-10　中国工商银行进账单（收账通知）3

2011年12月05日

<table>
<tr><td rowspan="3">付款人</td><td>全称</td><td>A市乙企业</td><td rowspan="3">收款人</td><td>全称</td><td colspan="9">A市东方有限责任公司</td></tr>
<tr><td>账号</td><td>123456789012345</td><td>账号</td><td colspan="9">1122345688</td></tr>
<tr><td>开户银行</td><td>工商银行开发区支行</td><td>开户银行</td><td colspan="9">工商银行开发区支行</td></tr>
<tr><td rowspan="2">金额</td><td rowspan="2">人民币
（大写）</td><td colspan="2" rowspan="2">壹拾壹万陆仟元整</td><td>千</td><td>百</td><td>十</td><td>万</td><td>千</td><td>百</td><td>十</td><td>元</td><td>角</td><td>分</td></tr>
<tr><td></td><td>¥</td><td>1</td><td>1</td><td>6</td><td>0</td><td>0</td><td>0</td><td>0</td><td>0</td></tr>
<tr><td colspan="2">票据种类</td><td colspan="2">转账支票</td><td colspan="10" rowspan="3">中国工商银行A市
开发区支行
2011.12.05
转
讫
出票人开户银行签章　2011年12月5日</td></tr>
<tr><td colspan="2">票据张数</td><td colspan="2">1</td></tr>
<tr><td colspan="4">
单位主管　会计　复核　记账</td></tr>
</table>

若乙企业12月15日支付上述款项，则东方有限公司的账务处理如下：

借：银行存款　　117 000

　　贷：应收账款　　117 000

5. 存在销售折让时商品销售的账务处理

销售折让是指企业因售出商品的质量不合格等原因而在售价上给予的减让。企业将商品销售给买方后，如买方发现商品在质量、规格等方面不符合要求，可能要求卖方在价格上给予一定的减让。

（1）发生销售折让时，企业已经确认销售商品收入。

已确认销售收入的商品发生销售折让时，且不属于资产负债表日后事项的，应在发生时冲减当期销售收入，如果按规定允许冲减增值税税额的，还应冲减已确认的应交增值税销项税额。

【例12-6】东方有限公司销售一批商品给乙公司，开出的增值税专用发票上注明的售价为200 000元，增值税为34 000元。该批商品的成本为160 000元。货到后乙公司发现商品质量不合格，要求在价格上给予10%的折让。东方有限公司同意了乙公司提出的销售折让要求，办妥了相关手续，并开具了增值税专用发票（红字）。

假定此前东方有限公司已确认该批商品的销售收入，销售款项尚未收到，发生的销售折让允许扣减当期增值税销项税额。

① 销售实现时

借：应收账款	234 000	
贷：主营业务收入		200 000
应交税费——应交增值税（销项税额）		34 000
借：主营业务成本	160 000	
贷：库存商品		160 000

② 发生销售折让时，东方有限公司依照表12-11、表12-12，应做如下账务处理：

借：主营业务收入（200 000×10%）	20 000	
应交税费——应交增值税（销项税额）	3 400	
贷：应收账款		23 400

表12-11　××省增值税专用发票

全国统一发票监制章 国家税务总局监制

记账联　　No1234771

开票日期：2011年12月01日

<table>
<tr><td>购货单位</td><td colspan="4">名　　称：A市乙公司
纳税人识别号：789568721563445
地址、电话：A市高新区666号03117776666
开户行及账号：工商银行开发区支行123456789012345</td><td>密码区</td><td colspan="3">（略）</td><td rowspan="5">第三联：记账联　销货方记账凭证</td></tr>
<tr><td>货物或应税劳务名称</td><td>规格型号</td><td>单位</td><td>数量</td><td>单价</td><td>金额</td><td>税率</td><td>税额</td></tr>
<tr><td>F产品

合计</td><td></td><td>件</td><td>−100</td><td>200.00</td><td>−20 000.00

¥−20 000.00</td><td>17%</td><td>−3 400.00

¥−3 400.00</td></tr>
<tr><td>价税合计（大写）</td><td colspan="7">⊗负数贰万叁仟肆佰元整　　（小写）¥−23 400.00</td></tr>
<tr><td>销货单位</td><td colspan="4">名　　称：A市东方有限责任公司
纳税人识别号：12345678
地址、电话：A市开发区18号03116667777
开户行及账号：工商银行开发区支行1122345688</td><td>备注</td><td colspan="3">东方有限责任公司
税号：12345678
发票专用章</td></tr>
</table>

收款人：　　复核：　　开票人：陈亮　　销货单位：（章）

表12-12 开具红字增值税专用发票通知单

填开日期：2011年12月1日 No.

<table>
<tr><td rowspan="2">销售方</td><td>名称</td><td>东方有限责任公司</td><td rowspan="2">购买方</td><td>名称</td><td>乙公司</td></tr>
<tr><td>税务登记代码</td><td>12345678</td><td>税务登记代码</td><td>789568721563445</td></tr>
<tr><td rowspan="3">开具红发票内容</td><td>货物（劳务）名称</td><td>单价</td><td>数量</td><td>金额</td><td>税额</td></tr>
<tr><td>F产品</td><td>200.00</td><td>100</td><td>20 000.00</td><td>3 400.00</td></tr>
<tr><td>合计</td><td></td><td></td><td>¥20 000.00</td><td>¥3 400.00</td></tr>
<tr><td>说明</td><td colspan="5">需要作进项税额转出□
不需要作进项税额转出□
纳税人识别号认证不符□
专用发票代码、号码认证不符□
对应蓝字专用发票密码区内打印的代码：
号码：
开具红字专用发票理由：发生销售折让</td></tr>
</table>

经办人： 负责人： 主管税务机关名称（印章）：

③ 实际收到款项时，东方有限公司应做如下账务处理：

借：银行存款 210 600

贷：应收账款 210 600

（2）发生销售折让时，企业尚未确认销售商品收入。

应在确认销售商品收入时，直接按扣除销售折让后的金额确认，账务处理方法类似于商业折扣。

6. 销售退回的账务处理

销售退回是指企业售出的商品由于质量、品种等不符合合同规定的要求等原因而发生的退货。销售退回应分别不同情况进行账务处理。

（1）发生销售退回时，尚未确认销售商品收入。

应将已记入“发出商品”科目的商品成本金额转入“库存商品”科目，借记“库存商品”科目，贷记“发出商品”科目。

（2）发生销售退回时，已确认销售商品收入。

已确认收入的售出商品发生销售退回时，若不属于资产负债表日后事项，则一般应在发生时冲减当期销售商品收入，借记“主营业务收入”科目，按增值税专用发票上注明的应冲减的增值税销项税额，借记“应交税费——应交增值税（销项税额）”科目，按实际支付或应退还的价款，贷记“银行存款”、“应收账款”等科目。已发生现金折扣的，还应按相关财务费用的调整金额，贷记“财务费用”科目，同时，按退回的商品成本，借记“库存商品”科目，贷记“主营业务成本”科目。

【例12-7】东方有限公司销售商品一批，增值税专用发票上注明的售价为300 000元，增值税税额为51 000元；该批商品成本为180 000元。东方有限公司对该项销售确认了销售收入，相关款项存入了银行。两个月后，该批商品质量出现严重问题，购货方将该批商品全部退回给东方有限公司，东方有限公司同意退货，并于退货当日支付了退货款，还按规定向购货方开具了增值税专用发票（红字）。东方有限公司账务处理如下。

① 销售实现时

借：银行存款　　351 000

　　贷：主营业务收入　　300 000

　　　　应交税费——应交增值税（销项税额）　　51 000

借：主营业务成本　　180 000

　　贷：库存商品　　180 000

② 销售退回时

借：主营业务收入　　300 000

　　应交税费——应交增值税（销项税额）　　51 000

　　贷：银行存款　　351 000

借：库存商品　　180 000

　　贷：主营业务成本　　180 000

【例12-8】 东方有限公司在2011年3月8日向乙公司销售一批商品，开出的增值税专用发票上注明的售价为60 000元，增值税税额为10 200元，该批商品成本为38 000元。为及早收回货款，东方有限公司和乙公司约定的现金折扣条件为：2/10，1/20，n/30。乙公司在2011年3月25日支付货款。2011年7月8日，该批商品因质量问题被乙公司退回，东方有限公司当日支付有关退货款。假定计算现金折扣时不考虑增值税。东方有限公司的账务处理如下：

① 2011年3月8日销售实现时

借：应收账款　　70 200

　　贷：主营业务收入　　60 000

　　　　应交税费——应交增值税（销项税额）　　10 200

借：主营业务成本　　38 000

　　贷：库存商品　　38 000

② 2011年3月25日收到货款时

借：银行存款　　69 600

　　财务费用　　600

　　贷：应收账款　　70 200

③ 2011年7月8日发生销售退回时

借：主营业务收入　　60 000

　　应交税费——应交增值税（销项税额）　　10 200

　　贷：银行存款　　69 600

　　　　财务费用　　600

借：库存商品　38 000

　　贷：主营业务成本　38 000

7. 采用预收款方式销售商品的账务处理

采用预收款方式销售商品，预收货款时，按预收的货款金额，借记“银行存款”科目，贷记“预收账款”科目。收到最后一笔款项发出商品时，再确认商品销售收入。

【例12-9】东方有限公司与乙公司签订协议，采用预收款方式向乙公司销售一批商品。该批商品实际成本为150 000元。协议约定，该批商品销售价格为200 000元，增值税额为34 000元，乙公司在签订协议时预付50%的货款（按销售价格计算），剩余货款于3个月后支付。东方有限公司的账务处理如下。

（1）收到50%货款时

借：银行存款　100 000

　　贷：预收账款　100 000

（2）收到剩余货款及增值税税款时

借：预收账款　100 000

　　银行存款　134 000

　　贷：主营业务收入　200 000

　　　　应交税费——应交增值税（销项税额）　34 000

借：主营业务成本　150 000

　　贷：库存商品　150 000

8. 采用支付手续费方式委托代销商品的处理

采用支付手续费方式委托代销商品，是指委托方和受托方签订合同或协议，委托方根据合同或协议约定向受托方计算支付代销手续费，受托方按照合同或协议规定的价格销售代销商品的销售方式。在这种销售方式下，委托方在发出商品时，通常不应确认销售商品收入，而应在收到受托方开出的代销清单时确认销售商品收入，同时将应支付的代销手续费计入销售费用。受托方应在代销商品销售后，按合同或协议约定的方法计算确定代销手续费，确认劳务收入。

采取支付手续费方式代销商品的，委托方已经发出但尚未确认销售收入的商品成本可通过“委托代销商品”等科目核算。受托方可通过“受托代销商品”、“受托代销商品款”等科目，对受托代销商品进行核算。

【例12-10】东方有限公司委托丙公司销售商品200件，该商品每件成本为60元。合同约定丙公司按每件100元的价格对外销售，东方有限公司按售价的10%向丙公司支付手续费。丙公司实际对外销售200件，开出的增值税专用发票上注明的销售价格为20 000元，增值税税额为3 400元，款项已经收到。东方有限公司收到丙公司开具的代销清单时，向丙公司开具一张相同金额的增值税专用发票。假定：东方有限公司发出商品时纳税义务尚未发生，东方有限公司采用实际成本核算，丙公司采用进价核算代销商品。

（1）东方有限公司的账务处理

① 发出商品时，依照表12-13和表12-14，做如下账务处理：

借：委托代销商品　　12 000

　　贷：库存商品　　12 000

表12-13　委托代销产品协议书样本

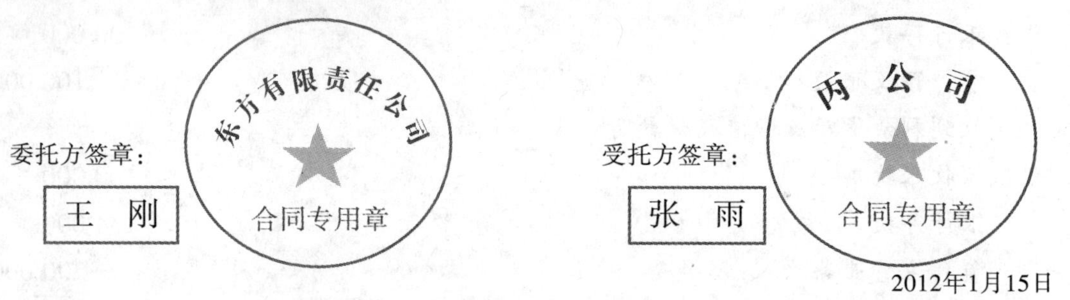

委托代销产品协议书

今由东方有限责任公司委托丙公司代售I商品200件，以每件不含税售价100元计价出售。双方以丙公司每月开具的"代销商品结算清单"结算货款，东方有限公司根据"代销商品结算清单"金额的10%向丙公司支付代销手续费。

委托方签章：王　刚　（东方有限责任公司 合同专用章）

受托方签章：张　雨　（丙公司 合同专用章）

2012年1月15日

表12-14　产品出库单

2012年2月1日　　凭证编号：

用途：委托代销　　产成品库：1号库

产品名称	型号规格	计量单位	数量	单位成本	总成本
I产品		件	200	60.00	12 000.00
合计	——		200	——	12 000.00

保管员：李海　　仓库负责人：刘浩　　复核：

② 收到代销清单时，依照表12-15、表12-16，应做如下账务处理：

借：应收账款　　23 400

　　贷：主营业务收入　　20 000

　　　　应交税费——应交增值税（销项税额）　　3 400

借：主营业务成本　　12 000

　　贷：委托代销商品　　12 000

借：销售费用　　2 000

　　贷：应收账款　　2 000

表12-15　代销商品结算清单

2012年2月29日

被委托单位：丙公司　　　　　　　　　　　　　　　　　　　　　　　　单位：元

品名	单位	数量	单价	金额	手续费10%	增值税金额	应付委托单位金额	进价成本	
								单价	金额
I产品	件	200	100	20 000.00	2 000.00	3 400.00	21 400.00	100	2 000.000
合计				20 000.00	2 000.00	3 400.00	21 400.00		20 000.00

受托单位：　　　　　　　　　　会计：　　　　　　　　　　制单：

表12-16　××省增值税专用发票

全国统一发票监制章 国家税务总局监制

记账联　　　　　　　　No2345675

开票日期：2012年02月29日

购货单位	名　称：A市丙公司 纳税人识别号：7895687215763445 地 址、电 话：A市高新区686号03117776668 开户行及账号：工商银行开发区支行123456789012346	密码区	（略）

货物或应税劳务名称	规格型号	单位	数量	单价	金额	税率	税额
I产品		件	200	100.00	20 000.00	17%	3 400.00
合计					¥20 000.00		¥3 400.00
价税合计（大写）	⊗贰万叁仟肆佰元整				（小写）¥23 400.00		

销货单位	名　称：A市东方有限责任公司 纳税人识别号：12345678 地 址、电 话：A市开发区18号03116667777 开户行及账号：工商银行开发区支行1122345688	备注	东方有限责任公司 税号：12345678 发票专用章

收款人：　　　　　复核：　　　　　开票人：陈亮　　　　　销货单位：（章）

第三联：记账联 销货方记账凭证

③ 收到丙公司支付的货款时，应做如下账务处理：

借：银行存款　　　　　　　　　　　　　　　　　　21 400

　　贷：应收账款　　　　　　　　　　　　　　　　　　21 400

（2）丙公司的账务处理

① 收到商品时

借：受托代销商品　　　　　　　　　　　　　　　　20 000

　　贷：受托代销商品款　　　　　　　　　　　　　　　20 000

② 对外销售时

借：银行存款　　　　　　　　　　　　　　　　　　23 400

　　贷：应付账款　　　　　　　　　　　　　　　　　　20 000

　　　　应交税费——应交增值税（销项税额）　　　　　　3 400

③ 收到东方有限公司开出的增值税专用发票时

借：应交税费——应交增值税（进项税额）　3 400
　　贷：应付账款　3 400

同时：

借：受托代销商品款　20 000
　　贷：受托代销商品　20 000

④ 支付货款并计算代销手续费时

借：应付账款　23 400
　　贷：银行存款　21 400
　　　　其他业务收入　2 000

9. 销售材料等存货的账务处理

企业销售原材料、包装物等存货也视同商品销售，其收入确认和计量原则比照商品销售处理。企业销售原材料、包装物等存货实现的收入以及结转的相关成本，通过“其他业务收入”、“其他业务成本”科目核算。

“其他业务收入”科目核算企业除主营业务活动以外的其他经营活动实现的收入，包括销售材料、出租包装物和商品、出租固定资产、出租无形资产等实现的收入。该科目贷方登记企业实现的各项其他业务收入，借方登记期末转入“本年利润”科目的其他业务收入，结转后该科目应无余额。

“其他业务成本”科目核算企业除主营业务活动以外的其他经营活动所发生的成本，包括销售材料的成本、出租固定资产的折旧额、出租无形资产的摊销额、出租包装物的成本或摊销额。该科目借方登记企业结转或发生的其他业务成本，贷方登记期末转入“本年利润”科目的其他业务成本，结转后该科目应无余额。

【例12-11】东方有限公司销售一批包装物，增值税专用发票上注明的售价为9 000元，增值税税额为1 530元，款项尚未收到。该批包装物的实际成本为7 000元。东方有限公司账务处理如下。

（1）取得包装物销售收入时

借：应收账款　10 530
　　贷：其他业务收入　9 000
　　　　应交税费——应交增值税（销项税额）　1 530

（2）结转已销包装物的实际成本时

借：其他业务成本　7 000
　　贷：周转材料——包装物　7 000

三、提供劳务收入的核算

企业对外提供劳务所实现的收入以及结转的相关成本，如属于企业的主营业务，应通过“主营业务收入”、“主营业务成本”等科目核算；如属于主营业务以外的其他经营活动，应通过“其他业务收入”、“其他业务成本”等科目核算。企业对外提供劳务发生的支出一般先通过“劳务成本”科目予以归集，待确认为费用时，再由“劳务成本”科目转入“主营业务成本”或“其他业务成本”科目。

（一）在同一会计期间内开始并完成的劳务

对于一次就能完成的劳务，企业应在提供劳务完成时按所确定的收入金额，借记"应收账款"、"银行存款"等科目，贷记"主营业务收入"等科目；同时，按提供劳务所发生的相关支出，借记"主营业务成本"等科目，贷记"银行存款"等科目。

对于持续一段时间但在同一会计期间内开始并完成的劳务，企业应在为提供劳务发生相关支出时，借记"劳务成本"科目，贷记"银行存款"、"应付职工薪酬"、"原材料"等科目。劳务完成确认劳务收入时，按确定的收入金额，借记"应收账款"、"银行存款"等科目，贷记"主营业务收入"等科目；同时，结转相关劳务成本，借记"主营业务成本"等科目，贷记"劳务成本"科目。

【例12-12】2010年3月1日，东方有限公司接受一项设备安装任务，该安装任务可一次完成，合同总收入为20 000元。东方有限公司以银行存款支付了实际发生的安装成本12 000元，完工时，收到了相应的合同款。假定安装业务属于东方有限公司的主营业务。东方有限公司应在安装完成时做如下会计分录：

	借方	贷方
借：银行存款	20 000	
贷：主营业务收入		20 000
借：主营业务成本	12 000	
贷：银行存款		12 000

（注意：安装劳务属于营业税的纳税范围，不缴纳增值税，该题中没有给出营业税的相关条件，因此没有考虑营业税，若给出相应条件则应确认应交营业税，借记"营业税金及附加"科目，贷记"应交税费——应交营业税"。）

若安装任务需花费一段时间（不超过本会计期间）才能完成，则应在为提供劳务发生相关支出时：

借：劳务成本
　贷：银行存款

安装完成时：

借：银行存款等
　贷：主营业务收入

借：主营业务成本
　贷：劳务成本

（二）劳务的开始和完成分属于不同的会计期间

跨期的劳务，按提供劳务交易的结果能否可靠估计分为能可靠估计和不能可靠估计两种情况。

1. 提供劳务交易结果能够可靠估计

同时满足下列条件时，表明提供劳务交易的结果能够可靠估计。

（1）收入的金额能够可靠地计量，即提供劳务收入的总额能够合理地估计。通常情况下，提供劳务收入一般根据双方签订的合同或协议注明的交易金额确定。当然随着劳务的不断提供，可能会根据实际情况增加或减少交易总金额，此时，企业应及时调整提供劳务收入总额。

（2）相关的经济利益很可能流入企业，即提供劳务收入收回的可能性大于不能收回的可能性。企业可以从接受劳务方的信誉、以前的经验以及双方就结算方式和期限达成的协议等方面进行判断。

（3）交易的完工进度能够可靠地确定。

企业可以根据提供劳务的特点，选用下列方法确定提供劳务交易的完工进度。

① 已完工作的测量。这种测量是由专业测量师对已经提供的劳务进行测量，并按一定方法计算确定提供劳务交易的完工程度。

② 已经提供的劳务占应提供劳务总量的比例。这种方法主要以劳务量为标准确定提供劳务交易的完工程度。

③ 已经发生的成本占估计总成本的比例。这种方法主要以成本为标准确定提供劳务交易的完工程度。

（4）交易中已发生和将发生的成本能够可靠地计量，即交易中已经发生和将要发生的成本能够合理地估计。企业应当建立完善的内部成本核算制度和有效的内部财务预算及报告制度，准确地提供每期发生的成本，并对完成剩余劳务将要发生的成本作出科学、合理的估计，并随着劳务的不断提供或外部情况的不断变化，随时对将要发生的成本进行修订。

如果企业提供的劳务开始和完成分属于不同的会计期间，而且在资产负债表日，提供劳务交易的结果能够可靠估计，应采用完工百分比法确认收入。

完工百分比法是指按照提供劳务交易的完工进度确认收入与费用的方法。采用完工百分比法时，企业应当在资产负债表日按照提供劳务收入总额乘以完工进度扣除以前会计期间累计已确认收入后的金额，确认当期提供劳务收入；同时，按照提供劳务估计总成本乘以完工进度扣除以前会计期间累计已确认劳务成本后的金额，结转当期劳务成本。用公式表示如下：

本期确认的收入=劳务总收入×本期末止劳务的完工进度−以前期间已确认的收入

本期确认的费用=劳务总成本×本期末止劳务的完工进度−以前期间已确认的费用

上述公式中的劳务总收入通常按照接受劳务方已收或应收的合同或协议价款确定。在劳务总收入和总成本能够可靠计量的情况下，关键是确定劳务的完工进度。企业应根据所提供的劳务的特点，选择确定劳务完工进度的方法。

【例12-13】2011年11月1日，东方有限公司接受一项软件研发任务，合同约定：时间为3个月，合同总收入350 000元，11月1日已预收200 000元，至2011年底实际发生研制费用120 000元（假定均为研制人员薪酬），估计完成研制任务还需要发生费用80 000元。假定研制开发软件是东方有限公司的主营业务，该公司按实际发生的成本占估计总成本的比例确定劳务的完工进度。

公司2011年度的账务处理如下。

（1）预收劳务款时

借：银行存款　　200 000

　　贷：预收账款　　200 000

（2）实际发生劳务成本时

借：劳务成本　　120 000

　　贷：应付职工薪酬　　120 000

（3）2011年12月31日确认提供劳务收入并结转劳务成本时

实际发生的成本占估计总成本的比例=120 000÷（120 000+80 000）=60%

2011年12月31日确认的劳务收入=350 000×60%-0=210 000（元）

2011年12月31日确认的费用=（120 000+80 000）×60%-0=120 000（元）

借：预收账款　　210 000

　　贷：主营业务收入　　210 000

借：主营业务成本　　120 000

　　贷：劳务成本　　120 000

（4）2012年1月，该研发任务发生费用80 000元，均为材料费，研发工作完成，对方交来剩余款项150 000元。东方有限公司2012年度的账务处理如下：

借：劳务成本　　80 000

　　贷：原材料　　80 000

借：银行存款　　150 000

　　贷：预收账款　　150 000

2012年1月31日确认提供劳务收入并结转劳务成本：

确认的劳务收入=350 000×100%-210 000=140 000（元）

确认的费用=（120 000+80 000）-120 000=80 000（元）

借：预收账款　　140 000

　　贷：主营业务收入　　140 000

借：主营业务成本　　80 000

　　贷：劳务成本　　80 000

2. 提供劳务交易结果不能可靠估计

如果劳务的开始和完成分属不同的会计期间，但在资产负债表日，提供劳务交易的结果不能可靠估计，即不能同时满足上述四个条件的，就不能采用完工百分比法确认提供劳务收入。这时，企业应当正确预计已经发生的劳务成本能否得到补偿，分情况处理。

（1）已经发生的劳务成本预计全部能够得到补偿的，应按已收或预计能够收回的金额确认提供劳务收入，并结转已经发生的劳务成本。

（2）已经发生的劳务成本预计部分能够得到补偿的，应按能够得到补偿的劳务成本金额确认提供劳务收入，并结转已经发生的劳务成本。

（3）已经发生的劳务成本预计全部不能得到补偿的，应将已经发生的劳务成本计入当期损益（主营业务成本或其他业务成本），不确认提供劳务收入。

【例12-14】东方有限公司于2010年12月25日与甲公司签订一项咨询合同。合同规定，咨询期为6个月，2011年1月1日起提供咨询服务，咨询费共计90 000元，甲公司分三次等额支付咨询费，第一次于2011年1月1日预付，第二次在2011年3月1日支付，第三次在2011年6月30日支付。

2011年1月1日，甲公司预付第一次咨询费。至2011年2月28日，东方有限公司发生费用35 000元（假定均为咨询人员薪酬）。2011年3月1日，东方有限公司得知甲公司经营发生困难，后两次咨询费能否收回难以确定。东方有限公司的账务处理如下。

（1）2011年1月1日收到甲公司预付的咨询费时

借：银行存款　　30 000

　　贷：预收账款　　30 000

（2）实际发生费用35 000元时

借：劳务成本　　35 000

　　贷：应付职工薪酬　　35 000

（3）2011年2月28日确认提供劳务收入并结转劳务成本时

借：预收账款　　30 000

　　贷：主营业务收入　　30 000

借：主营业务成本　　35 000

　　贷：劳务成本　　35 000

本例中，东方有限公司已经发生的劳务成本35 000元预计只能部分得到补偿，即只能按预收款项得到补偿，应按预收账款30 000元确认劳务收入，并将已经发生的劳务成本35 000元转入当期损益。

四、让渡资产使用权的使用费收入的核算

让渡资产使用权的使用费收入主要是指企业转让无形资产等资产的使用权形成的使用费收入、出租固定资产取得的租金、进行债权投资收取的利息、进行股权投资取得的现金股利等。

（一）让渡资产使用权的使用费收入的确认和计量

让渡资产使用权的使用费收入同时满足下列条件的，才能予以确认。

（1）相关的经济利益很可能流入企业。

（2）收入的金额能够可靠地计量。

让渡资产使用权的使用费收入，应按照有关合同或协议约定的收费时间和方法计算确定。如果合同或协议规定一次性收取使用费，且不提供后续服务的，应当视同销售该项资产一次性确认收入；提供后续服务的，应在合同或协议规定的有效期内分期确认收入。如果合同或协议规定分期收取使用费的，应按合同或协议规定的收款时间和金额或规定的收费方法计算确定的金额分期确认收入。

（二）让渡资产使用权的使用费收入的账务处理

企业让渡资产使用权的使用费收入，一般通过“其他业务收入”科目核算；所让渡资产计提的摊销额等，一般通过“其他业务成本”科目核算。

企业确认让渡资产使用权的使用费收入时，按确定的收入金额，借记“银行存款”、“应收账款”等科目，贷记“其他业务收入”科目。企业对所让渡资产计提摊销以及所发生的与让渡资产使用权有关的支出等，借记“其他业务成本”科目，贷记“累计摊销”等科目。

【例12-15】东方有限公司2011年1月向B公司提供某专利的使用权，合同规定：使用期为五年，一次性收取使用费80 000元，不提供后续服务，款项已经收到。东方有限公司确认使用费收入的会计分录如下：

借：银行存款　　80 000

　　贷：其他业务收入　　80 000

【例12-16】东方有限公司2011年1月向B公司提供某专利的使用权，合同规定：使用期为五年，每年年初收取使用费16 000元。该专利权每月摊销额为500元。假定不考虑其他因素。东方有限公司的账务处理如下：

（1）年初确认使用费收入

借：银行存款　　16 000

　　贷：其他业务收入　　16 000

（2）每月计提专利权摊销额

借：其他业务成本　　500

　　贷：累计摊销　　500

第二节　费用

一、费用概述

（一）费用的概念

费用是指企业在日常活动中发生的、会导致所有者权益减少的、与向所有者分配利润无关的经济利益的总流出。

（二）费用的特点

1. 费用是企业在日常活动中发生的经济利益的总流出

费用形成于企业日常活动的特征使其与产生于非日常活动的损失相区分。所谓日常活动是指企业为完成其经营目标所从事的经常性活动以及与之相关的其他活动，如工业企业制造并销售产品、咨询公司提供咨询服务、软件开发企业为客户开发软件、安装公司提供安装服务等发生的经济利益的流出都构成了企业的费用。企业从事或发生的某些活动或事项也能导致经济利益流出企业，例如，企业处置固定资产、无形资产等非流动资产，因违约支付罚款、对外捐赠等，但由于这些活动不属于企业的日常活动，所以，这些活动或事项导致的经济利益的流出也不属于企业的费用，而是企业的损失。

2. 费用会导致企业所有者权益的减少

费用既可能表现为资产的减少，如减少银行存款、库存商品等；也可能表现为负债的增加，如增加应付职工薪酬、应交税费等。根据“资产-负债=所有者权益”的会计等式，费用一定会导致企业所有者权益的减少。

3. 费用与向所有者分配利润无关。

向所有者分配利润或股利属于企业利润分配的内容，不构成企业的费用。

（三）费用的主要内容

企业的费用主要包括主营业务成本、其他业务成本、营业税金及附加、销售费用、管理费用和财务费用等。

二、费用的核算

（一）主营业务成本

主营业务成本是指企业确认销售商品、提供劳务等主营业务收入时应结转的成本。企业一般在确认销售商品、提供劳务等主营业务收入时，或在月末，将已销售商品、已提供劳务的成本结转入主营业务成本。

企业应通过“主营业务成本”科目，核算主营业务成本的确认和结转情况。企业结转主营业务成本时，借记“主营业务成本”科目，贷记“库存商品”、“劳务成本”科目。期末，应将“主营业务成本”科目余额转入“本年利润”科目，借记“本年利润”科目，贷记“主营业务成本”科目。

（二）其他业务成本

其他业务成本是指企业确认的除主营业务活动以外的其他经营活动所发生的成本，包括销售材料的成本、出租固定资产的折旧额、出租无形资产的摊销额、出租包装物的成本或摊销额等。

企业应通过“其他业务成本”科目，核算其他业务成本的确认和结转情况。企业发生或结转其他业务成本时，借记“其他业务成本”科目，贷记“原材料”、“周转材料”、“累计折旧”、“累计摊销”、“银行存款”等科目。期末，应将“其他业务成本”科目余额转入“本年利润”科目，借记“本年利润”科目，贷记“其他业务成本”科目。

（三）营业税金及附加

营业税金及附加是指企业经营活动应负担的相关税费，包括营业税、消费税、城市维护建设税、资源税和教育费附加等。

企业应通过“营业税金及附加”科目，核算企业经营活动相关税费的发生和结转情况。企业按规定计算确定的营业税、消费税、城市维护建设税、资源税和教育费附加等税费，借记“营业税金及附加”科目，贷记“应交税费”等科目。期末，应将“营业税金及附加”科目余额转入“本年利润”科目，借记“本年利润”科目，贷记“营业税金及附加”科目。

（四）销售费用

销售费用是指企业在销售商品和材料、提供劳务过程中发生的各项费用，包括企业在销售过程中发生的保险费、包装费、展览费和广告费、商品维修费、预计产品质量保证损失、运输费、装卸费等以及为销售本企业商品而专设的销售机构（含销售网点、售后服务网点等）的职工薪酬、业务费、折旧费、固定资产修理费用等经营费用。

企业应通过“销售费用”科目，核算销售费用的发生和结转情况。企业在销售商品过程中发生的包装费、保险费、展览费和广告费、运输费、装卸费等费用，借记“销售费用”科目，贷记“库存现金”、“银行存款”等科目；企业发生的为销售本企业商品而专设的销售机构的职工薪酬、业务费、折旧费、修理费等经营费用，借记“销售费用”科目，贷记“应付职工薪酬”、“银行存款”、“累计折旧”等科目。期末，应将“销售费用”科目余额转入“本年利润”科目，借记“本年利润”科目，贷记“销售费用”科目，结转后该科目无余额。该科目应按销售费用的费用项目进行明细核算。

【例12-17】东方有限公司以银行存款支付广告费30 000元。依照表12-17和表12-18，应做如下账务处理：

借：销售费用　　30 000

　　贷：银行存款　　30 000

表12-17　××省广告业专用发票

发票联

付款单位：东方有限责任公司　　开票日期：2011年12月1日　　付款方式：支票

经营项目	单位	数量	单价	金额							
				十	万	千	百	十	元	角	分
广告牌制作	个	20	1 500.00		3	0	0	0	0	0	0
合计				¥	3	0	0	0	0	0	0
金额大写（人民币合计）叁万元整											

收款单位：（盖发票专用章有效）　　开票人：李佳

表12-18　转账支票存根

中国工商银行
转账支票存根
No.132789

附加信息__________

出票日期　2011年12月1日

收款人：天骄广告公司
金额：¥30 000.00
用途：广告费

单位主管　　会计
复核　　记账

【例12-18】东方有限公司计提销售机构职工薪酬20 000元。应做如下账务处理：

借：销售费用　　20 000

　　贷：应付职工薪酬　　20 000

（五）管理费用

管理费用是指企业为组织和管理生产经营活动而发生的各种费用，包括企业在筹建期间发生的开办费、董事会和行政管理部门在企业的经营管理中发生的或者应由企业统一负担的公司经费（包括行政管理部门职工薪酬、物料消耗、低值易耗品摊销、办公费和差旅费等）、董事会费（包括董事会成员津贴、会议费和差旅费等）、聘请中介机构费、咨询费（含顾问费）、诉讼费、业务招待费、房产税、车船使用税、土地使用税、印花税、技术转让费、矿产资源补偿费、研究费用、排污费以及企业生产车间（部门）和行政管理部门等发生的固定资产修理费用等。

企业应通过“管理费用”科目，核算管理费用的发生和结转情况。该科目借方登记企业发生的各项管理费用，贷方登记期末转入“本年利润”科目的管理费用，结转后该科目无余额。该科目应按管理费用的费用项目进行明细核算。

【例12-19】东方有限公司以银行存款支付业务招待费6 000元。依照表12-19和表12-20，应做如下账务处理：

借：管理费用　　6 000

　　贷：银行存款　　6 000

表12-19　定额发票样本

××省A市定额发票 发票联 发票代码：213010970016 发票号码：04275556 密码： 客户名称：  壹佰元 ¥：100 收款单位（盖章有效）　开票日期	兑奖联 发票代码：213010970016 发票号码：04275556 奖区： 发票面额：¥100 1. 刮开奖区覆盖层后显示“中（壹、贰、叁）”等奖或“谢谢索票”字样。 2. 消费者中奖后，在兑奖前不得将发票联和兑奖联自行撕开，否则不予办理兑奖手续。

表12-20　转账支票存根

中国工商银行 转账支票存根 No.132798
附加信息________
出票日期　2011年12月1日
收款人：长安国际大厦 金额：¥6 000.00 用途：业务招待费
单位主管　　会计 复核　　记账

【**例12-20**】东方有限公司计提管理部门固定资产折旧20 000元，应做如下处理：

借：管理费用　　20 000

　　贷：累计折旧　　20 000

【**例12-21**】东方有限公司按规定计算确定当月应交的车船使用税为3 200元、土地使用税为2 800元、矿产资源补偿费1 600元。会计分录如下：

借：管理费用　　7 600

　　贷：应交税费——应交车船使用税　　3 200

　　　　　　　——应交土地使用税　　2 800

　　　　　　　——应交矿产资源补偿费　　1 600

（六）财务费用

财务费用是指企业为筹集生产经营所需资金等而发生的筹资费用，包括利息支出（减利息收入）、汇兑损益以及相关的手续费、企业发生或收到的现金折扣等。

企业应通过"财务费用"科目，核算财务费用的发生和结转情况。企业发生的各项财务费用，借记"财务费用"科目，贷记"银行存款"、"应收账款"等科目；企业发生的应冲减财务费用的利息收入、汇兑收益、现金折扣，借记"银行存款"、"应付账款"等科目，贷记"财务费用"科目。期末，应将"财务费用"科目余额转入"本年利润"科目，借记"本年利润"科目，贷记"财务费用"科目，结转后该科目无余额。该科目应按财务费用的费用项目进行明细核算。

【**例12-22**】东方有限公司于2011年1月1日向银行借入期限为三个月，利率为6%的短期借款100 000元，合同约定该借款，利息分月计提，按季支付，本金到期后一次归还。假定所有利息均不符合利息资本化条件。东方有限公司应做如下账务处理。

每月应计提的利息=100 000×6%÷12=500（元），会计分录为：

借：财务费用　　500

　　贷：应付利息　　500

【例12-23】东方有限公司本月收到银行存款利息入账通知单，利息收入5 000元。依照表12-21，应做如下账务处理：

借：银行存款　　5 000

　贷：财务费用　　5 000

表12-21　中国工商银行存款利息清单（回单）

2011年1月31日

单位名称	A市东方有限责任公司				
结算户账户	活期存款利息		开户银行及账号		工商银行开发区支行 1122345688
利息金额	人民币（大写）伍仟元整				（小写）¥5 000.00
起息日	2011年1月1日		结息日		2011年1月31日
利率（年）	6%	基数	1 000 000.00	利息	5 000.00
备注：			中国工商银行A市 开发区支行 2011.01.31 转 讫 （银行盖章）		

第三节　政府补助

一、政府补助概述

（一）政府补助的概念

政府补助是指企业从政府无偿取得货币性资产或非货币性资产，但不包括政府作为企业所有者投入的资本。其中，政府包括各级政府及其所属机构，如财政、卫生、税务、环保部门等；联合国、世界银行等国际类似组织，也视同为政府。

（二）政府补助的特征

1. 政府补助是无偿的、有条件的

政府向企业提供补助属于非互惠交易，具有无偿性的特点。政府并不因此而享有企业的所有权，企业未来也不需要以提供服务、转让资产等方式偿还。

政府补助通常附有一定的条件，主要包括以下几种。

（1）政策条件。企业只有符合政府补助政策的规定才有资格申请政府补助。符合政策规定不一定都能够取得政府补助；但不符合政策规定、不具备申请政府补助资格的，肯定不能取得政府补助。

（2）使用条件。企业已获批准取得政府补助的，应当按照政府相关文件等规定的用途使用政府补助。

2. 政府资本性投入不属于政府补助

政府以投资者身份向企业投入资本，享有企业相应的所有权，企业有义务向投资者分配利润，政府与企业之间是投资者与被投资者的关系，属于互惠交易。财政拨入的投资补助等专项拨款中，相关政策明确规定作为“资本公积”处理的部分，也属于资本投入的性质。政府的资本性投入无论采用何种形式，均不属于政府补助的范畴。

（三）政府补助的主要形式

政府补助表现为政府向企业转移资产，包括货币性资产或非货币性资产，通常为货币性资产，但也存在非货币性资产的情况。

1. 财政拨款

财政拨款是政府无偿拨付企业的资金，通常在拨款时就明确了用途。例如，政府拨给企业用于购建固定资产或进行技术改造工程的专项资金，政府鼓励企业安置职工就业而给予的奖励款项，政府拨付企业的粮食定额补贴，政府拨付企业开展研发活动的研发拨款等。

2. 财政贴息

财政贴息是政府为支持特定领域或区域发展，根据国家宏观经济形势和政策目标，对承贷企业的银行贷款利息给予的补贴。

财政贴息主要有两种方式：一是财政将贴息资金直接拨付给受益企业；二是财政将贴息资金拨付给贷款银行，由贷款银行以政策性优惠利率向企业提供贷款，受益企业按照实际发生的利率计算和确认利息费用。

3. 税收返还

税收返还是政府按照先征后返（退）、即征即退等办法向企业返还的税款，属于以税收优惠形式给予的一种政府补助。如先征后返的所得税和先征后退、即征即退的流转税等。增值税出口退税不属于政府补助。除税收返还外，税收优惠还包括直接减征、免征、增加计税抵扣额、抵免部分税额等形式。这类税收优惠体现了政策导向，政府并未直接向企业无偿提供资产，不作为政府补助处理。

4. 无偿划拨非货币性资产

政府无偿划拨非货币性资产主要指行政划拨的土地使用权、天然起源的天然林等。这种情况已经趋于消失。

二、政府补助的确认和计量

（一）政府补助的确认

政府补助同时满足下列条件的，才能予以确认：

（1）企业能够满足政府补助所附条件；

（2）企业能够收到政府补助。

（二）政府补助的计量

1. 政府补助为货币性资产的，应当按照收到或应收的金额计算

政府补助通过银行转账等方式拨付的，通常按照实际收到的金额计算。只有存在确凿证据表明该项补助是按照固定的定额标准拨付的，如按照实际销量或储备量与单位补贴定额计算的补助，可以按照应收的金额计量。

2. 政府补助为非货币性资产的，应当按照公允价值计量；公允价值不能可靠取得的，按照名义金额计量

政府补助为非货币性资产的，如该资产附带有关文件、协议、发票、报关单等凭证注明的价值与公允价值差异不大的，应当以有关凭据中注明的价值作为公允价值入账；没有注明价值或注明价值与公允价值差异较大，但有活跃交易市场的，应当根据确凿证据表明的同类或类似市场交易价格作为公允价值计量；如没有注明价值，且没有活跃交易市场、不能可靠取得公允价值的，应当按照名义金额计量，名义金额为1元。

（三）政府补助的核算

1. 与资产相关的政府补助

与资产相关的政府补助是指企业取得的、用于购建或以其他方式形成长期资产的政府补助。

企业取得与资产相关的政府补助，不能全额确认为当期损益，应当确认为递延收益，然后自相关资产可供使用时起，在该项资产使用寿命内平均分配，计入当期营业外收入。这里需要说明两点：（1）递延收益分配的起点是“相关资产可供使用时”，对于应计提折旧或摊销的长期资产，即为资产开始折旧或摊销的时点；（2）递延收益分配的终点是“资产使用寿命结束或资产被处置时（孰早）”。相关资产在使用寿命结束前被处置（出售、转让、报废等），尚未分配的递延收益余额应当一次性转入资产处置当期的收益，不再予以递延。

【例12-24】2011年1月1日，东方有限公司收到国家240万元的政府补助，用于购买一台医疗设备。1月25日，东方有限公司用240万元购买了一台医疗设备（假设不需安装），该设备使用寿命为5年。2012年1月31日，东方有限公司出售了这台设备。东方有限公司的账务处理如下（假设不考虑增值税）。

（1）2011年1月1日实际收到财政拨款，确认政府补助时

借：银行存款　　2 400 000

　　贷：递延收益　　2 400 000

（2）2011年1月25日购入设备时

借：固定资产　　2 400 000

　　贷：银行存款　　2 400 000

（3）在该项固定资产的使用期间，每个月计提折旧和分配递延收益

借：管理费用　　40 000

　　贷：累计折旧　　40 000

借：递延收益　　40 000（2 400 000 ÷ 5 ÷ 12）

　　贷：营业外收入　　40 000

（4）2012年1月31日出售该设备时

借：固定资产清理　　1 920 000

　　累计折旧　　480 000

　　贷：固定资产　　2 400 000

借：递延收益　　1 920 000

　　贷：营业外收入　　1 920 000

2. 与收益相关的政府补助

与收益相关的政府补助，是指除与资产相关的政府补助之外的政府补助。

（1）用于补偿企业以后期间的相关费用或损失的，在取得时先确认为递延收益，然后在确认相关费用的期间计入当期损益（营业外收入）。

【例12-25】东方有限公司2011年1月1日收到一笔用于补偿企业以后五年与治理环境有关的费用500万元，东方有限公司2011年度账务处理如下。

① 2011年1月，东方有限公司收到财政拨付的补贴款时

借：银行存款　　5 000 000

　　贷：递延收益　　5 000 000

② 2011年，摊销递延收益时

借：递延收益　　1 000 000

　　贷：营业外收入　　1 000 000

（2）用于补偿企业已发生的相关费用或损失的，取得时直接计入营业外收入。

【例12-26】东方有限公司收到返还的增值税税额100 000元，会计分录如下：

借：银行存款　　100 000

　　贷：营业外收入　　100 000

3. 与资产和收益均相关的政府补助

政府补助的对象常常是综合性项目，可能既包括设备等长期资产的购置，也包括人工费、购买服务费、管理费等费用化支出的补偿，这种政府补助与资产和收益均相关。

企业取得这类政府补助时，需要将其分解为与资产相关的部分和与收益相关的部分，分别进行会计处理。在实务中，政府常常只补贴整个项目开支的一部分，企业可能确实难以区分某项政府补助中哪些与资产相关、哪些与收益相关，或者对其进行划分不符合重要性原则或成本效益原则。在这种情况下，企业可以将整项政府补助归类为与收益相关的政府补助，视情况不同计入当期损益，或者在项目期内分期确认为当期收益。

【例12-27】东方有限公司2011年12月为其自主研发的高科技项目申报政府补助。申报书有关内容如下：本公司于2011年1月启动该高科技研发项目，预计总投资3 000万元，项目期三年，已投入资金1 000万元。项目还需新增投资2 000万元（其中，研发设备1 000万，试验场地费400万、人员费400万、技术推广200万），计划自筹1 000万元、申请财政拨款1 000万元。

2012年1月1日，主管部门批准了东方有限公司的申报，签订的补贴协议如下：批准东方有限公司申请，共补贴款项1 000万元，分两次拨付。合同签订日拨付总补贴款的

50%，结项验收时拨付剩余的50%（如果不能通过验收，则第二笔款项不予支付）。东方有限公司的账务处理如下。

（1）2012年1月1日，收到50%的拨款时

借：银行存款 5 000 000

贷：递延收益 5 000 000

（2）自2012年1月1日至2014年1月1日，每个资产负债表日，分配递延收益（假设按年分配）

借：递延收益 2 500 000

贷：营业外收入 2 500 000

（3）2014年1月项目完工，并通过验收，收到剩余的政府补助

借：银行存款 5 000 000

贷：营业外收入 5 000 000

企业如何开具红字增值税发票

根据《国家税务总局关于修订〈增值税专用发票使用规定〉的通知》规定：购买方一般纳税人取得专用发票后，发生销货退回、开票有误等情形但不符合作废条件的，或者因销货部分退回及发生销售折让的，购买方应向其主管税务机关填报《开具红字增值税专用发票申请单》(以下简称《申请单》) 申请开具红字增值税专用发票。购买方主管税务机关对《申请单》及相关的增值税专用发票审核无误后，向销售方签发《开具红字增值税专用发票通知单》(以下简称《通知单》)。销售方凭加盖有购买方主管税务机关印章的《通知单》开具红字专用发票。

根据《国家税务总局关于修订增值税专用发票使用规定的补充通知》对发生销货退回、销售折让以及开票有误等情况需要开具红字专用发问题作出了如下补充规定。

（1）因专用发票抵扣联、发票联均无法认证或购买方所购货物不属于增值税扣税项目范围，取得的专用发票未经认证的，由购买方填报《申请单》，并在《申请单》上填写具体原因以及相对应蓝字专用发票的信息，经其主管税务机关审核后出具《通知单》，销售方凭《通知单》开具红字增值税专用发票。

（2）因开票有误购买方拒收增值税专用发票的，销售方需在自开票之日起90日内向主管税务机关填报《申请单》，并在《申请单》上填写具体原因以及相对应蓝字专用发票的信息，同时提供由购买方出具的写明拒收理由、错误具体项目以及正确内容的书面材料，经主管税务机关审核确认后签发《通知单》。销售方凭其主管税务机关签发的《通知单》开具红字专用发票。

（3）因开票有误等原因尚未将专用发票交付购买方的，销售方需在开具有误专用发票的次月内向主管税务机关填报《申请单》，并在《申请单》上填写具体原因以及相对应蓝字专用发票的信息，同时提供写明具体理由、具体错误项目以及正确内容的书面材料，经

主管税务机关审核确认后出具《通知单》。销售方凭《通知单》开具红字专用发票。

（4）发生销货退回或销售折让的，除按照规定开具红字增值税专用发票外，销售方还应在开具红字专用发票后将该笔业务的相应记账凭证复印件报送主管税务机关备案。

案例分析

这是什么折扣?

九州出版公司采用信用销售方式来销售公司产品，该公司声明对那些在规定信用期内提前付款的客户，公司将在销售价格上给予10%的折扣。九州出版公司的处理是，在销售产品时，直接按原定销售价格的90%记入“应收账款”，客户在信用期内提前付款时也按照这个数字冲销“应收账款”。

讨论题：

1. 九州出版公司这样做是否符合会计制度规定?
2. 这样做对企业有什么影响?

分析思路：

1. 商业折扣和现金折扣的处理方法。
2. 对企业费用产生的影响。

能力训练

一、单项选择题

1. 下列项目中，不应确认为收入的是（　）。

   A. 出售原材料取得的收入　　B. 提供劳务取得的收入

   C. 罚款收入　　D. 销售商品取得的收入

2. 下列各项可采用完工百分比法确认收入的是（　）。

   A. 在同一会计期间开始并完成的劳务

   B. 跨越一个会计年度才能完成，且交易结果能够可靠估计的劳务

   C. 一次就能完成的劳务

   D. 跨越一个会计年度才能完成，且交易结果不能可靠估计的劳务

3. 企业取得与收益相关的政府补助，用于补偿已发生相关费用的，直接计入补偿当期的（　）。

   A. 资本公积　　B. 营业外收入　　C. 其他业务收入　　D. 主营业务收入

4. 企业2011年1月售出的产品2011年3月被退回时，其冲减的销售收入应在退回当期计入（　）科目的借方。

   A. 营业外收入　　B. 营业外支出　　C. 利润分配　　D. 主营业务收入

5. 某企业2010年3月份发生的费用有：计提车间用固定资产折旧10万元，发生车间

管理人员薪酬40万元，支付广告费用30万元，计提短期借款利息20万元，计提车船使用税10万元。则该企业当期的期间费用总额为（　　）万元。

A. 50　B. 60　C. 100　D. 110

6. 甲工业企业销售产品每件230元，若客户购买达到100件及以上的，可得到20元/件的商业折扣。某客户2009年12月10日购买该企业产品100件，按规定现金折扣条件为2/10，1/20，n/30。适用的增值税税率为17%。该企业于12月16日收到该笔款项时，应给予客户的现金折扣为（　　）元。（假定计算现金折扣时不考虑增值税）

A. 714　B. 0　C. 210　D. 420

7. 在采用收取手续费方式委托代销商品时，委托方确认销售商品收入的时点是（　　）。

A. 委托方收到代销清单时　B. 委托方销售商品时

C. 委托方发出商品时　D. 受托方销售商品时

8. 某企业于2010年9月接受一项产品安装任务，安装期5个月，合同总收入40万元，年度预收款项12万元，余款在安装完成时收回，预计总成本为30万元。2010年末请专业测量师测量，产品安装程度为60%。该企业2010年度应确认的收入为（　　）。

A. 12万元　B. 24万元　C. 18万元　D. 30万元

9. 随同产品出售且单独计价的包装物，应于包装物发出时结转其成本，计入（　　）科目。

A. 销售费用　B. 其他业务成本　C. 管理费用　D. 营业外支出

10. 下列各项中，不属于企业期间费用的有（　　）。

A. 制造费用　B. 管理费用　C. 销售费用　D. 财务费用

二、多项选择题

1. 下列各项中，属于收入确认条件的有（　　）。

A. 企业已将商品所有权上的主要风险和报酬转移给购货方

B. 企业既没有保留通常与所有权相联系的继续管理权，也没有对已售出的商品实施有效控制

C. 相关的经济利益很可能流入企业

D. 相关的已发生或将发生的成本的金额能够可靠地计量

2. 对于企业已经发出但尚未确认销售收入的商品，在发出时可能涉及的科目有（　　）。

A. 生产成本　B. 主营业务成本　C. 发出商品　D. 库存商品

3. 有关政府补助的表述正确的有（　　）。

A. 与收益相关的政府补助，用于补偿企业以后期间的相关费用或损失的，取得时确认为递延收益，在确认相关费用的期间计入当期损益（营业外收入）

B. 与收益相关的政府补助，用于补偿企业已发生的相关费用或损失的，取得时直接计入当期损益（营业外收入）

C. 政府补助为非货币性资产的，应当按照公允价值计量

D. 公允价值不能可靠取得的，按照名义金额计量

4. 下列各项中，属于企业期间费用的有（　）。

A. 业务招待费　　B. 发生的现金折扣　　C. 广告费　　D. 发生的商业折扣

5. 在完工百分比法中，确定完工比例的方法有（　）。

A. 按专业测量师测量的结果确定

B. 按提供的劳务量占应提供劳务总量的比例确定

C. 按劳务各期耗时长短来确定

D. 按已发生成本占估计总成本的比例来确定

6. 下列各项中，应计入“其他业务成本”的有（　）。

A. 出借包装物成本的摊销

B. 出租包装物成本的摊销

C. 随同产品出售单独计价的包装物成本

D. 随同产品出售不单独计价的包装物成本

7. 下列各项中，不应确认为销售费用的有（　）。

A. 厂部管理人员的工资　　B. 车间固定资产计提的折旧

C. 公司开办费　　D. 预计产品质量保证损失

8. 收入是企业日常活动形成的，下列各项属于收入的有（　）。

A. 销售原材料收入　　B. 销售固定资产收入

C. 销售无形资产收入　　D. 经营租出固定资产收入

9. 下列应交的各种税费，应在“营业税金及附加”科目核算的有（　）。

A. 消费税　　B. 增值税　　C. 资源税　　D. 教育费附加

10. 下列项目中，销售企业不应当作为财务费用处理的有（　）。

A. 购货方获得的商业折扣　　B. 购货方获得的销售折让

C. 购货方获得的现金折扣　　D. 购货方发生的退货

三、判断题

1. 只要劳务的开始和完成分属不同的会计年度，就应按完工百分比法确认收入。（　）

2. 在收取手续费方式代销产品的情况下，应当在收到代销单位的代销清单时确认收入。（　）

3. 企业取得的政府补助也属于企业的收入。（　）

4. 企业为客户提供的现金折扣应在实际发生时冲减当期收入。（　）

5. 销售折让在实际发生时，应计入当期“财务费用”。（　）

6. 企业出售原材料取得的款项扣除其成本及相关费用后的净额，应当计入营业外收入或营业外支出。（　）

7. 管理费用、制造费用、销售费用都属于企业的期间费用。（　）

8. 企业向银行或其他金融机构借入的各种款项所发生的利息均应计入“财务费用”。（　）

9. 2011年11月1日，A公司收到政府补助7 000元，用于补偿A公司已经发生的管理

部门相关费用和损失，甲公司应冲减管理费用。(　　)

10. 如果合同或协议规定一次性收取使用费，且提供后续服务的，应在合同或协议规定的有效期内分期确认收入。(　　)

四、业务题

1. 甲企业和乙企业均为增值税一般纳税人，适用的增值税税率为17%，甲企业委托乙企业代销商品200件，该商品的成本为150元/件。合同约定，乙企业按200元/件（不含税）的价格代销，甲企业按不含税销售额的10%向乙企业支付手续费。月末甲企业收到乙企业的代销清单，乙企业本月销售该商品200件，乙企业向甲企业结清代销款。

要求：

（1）编制甲企业有关会计分录。

（2）编制乙企业有关会计分录。

2. 甲公司为增值税一般纳税人，适用的增值税税率为17%。2010年3月1日，向乙公司销售某商品1 000件，该商品的成本为每件1 500元，标价为每件2 000元，由于成批销售给予乙公司10%的商业折扣。为了及早收回货款，甲公司在合同中规定的现金折扣条件为：2/10，n/20。甲公司已开出增值税专用发票，商品已交付给乙公司（假定计算现金折扣时考虑增值税）。

要求：

（1）编制甲公司销售商品时的会计分录。

（2）根据以下假定，分别编制甲公司收到款项时的会计分录。

① 乙公司在3月8日付款，甲公司收到款项并存入银行。

② 乙公司在3月25日付款，甲公司收到款项并存入银行。

3. 甲公司为乙公司开发一套软件，签订了一份的劳务合同，合同总收入为400万元，预计总成本为360万。该开发工作于2010年1月1日开工，预计到2011年12月31日完工。

2010年1月1日，甲公司预收乙公司支付的项目款170万元并存入银行。2010年12月31日，甲公司为该开发工程累计发生劳务成本162万元，预计还将发生劳务成本198万元。至2011年12月31日，甲公司为该项目累计实际发生劳务成本340万元。该工程完工，乙公司将剩余合同款交付甲公司。

要求：做出甲公司的账务处理。（答案中的金额单位用万元表示）

4. 某企业2012年3月份发生的业务如下。

（1）发生无形资产研究费用10万元，以银行存款支付。

（2）计提车间管理人员工资5万元。

（3）以银行存款支付业务招待费3万元。

（4）以银行存款支付产品广告费5万元。

（5）计算本月应交纳的城市维护建设税0.5万元。

（6）计提短期借款利息0.1万元。

要求：编制以上经济业务的会计分录，并计算该企业3月份发生的期间费用总额。

第十三章　利润

学习目标与要求

通过对本章的学习，了解利润的概念和构成内容；熟悉利润的计算方法和利润分配的程序；理解递延所得税和所得税费用的计算；掌握利润及利润分配的核算方法。

第一节　利润的构成

一、利润的构成

利润是指企业在一定会计期间的经营成果。利润包括收入减去费用后的净额、直接计入当期利润的利得和损失等。

直接计入当期利润的利得和损失，是指应当计入当期损益、会导致所有者权益发生增减变动的、与所有者投入资本或者向所有者分配利润无关的利得或者损失。

利润相关计算公式如下：

（一）营业利润

营业利润=营业收入–营业成本–营业税金及附加–销售费用–管理费用–财务费用–资产减值损失+公允价值变动收益（–公允价值变动损失）+投资收益（–投资损失）

其中，营业收入是指企业经营业务所确认的收入总额，包括主营业务收入和其他业务收入。

营业成本是指企业经营业务所发生的实际成本总额，包括主营业务成本和其他业务成本。

资产减值损失是指企业计提各项资产减值准备所形成的损失。

公允价值变动收益（或损失）是指企业交易性金融资产等公允价值变动形成的应计入当期损益的利得（或损失）。

投资收益（或损失）是指企业以各种方式对外投资所取得的收益（或发生的损失）。

（二）利润总额

利润总额=营业利润+营业外收入–营业外支出

其中，营业外收入是指企业发生的与其日常活动无直接关系的各项利得。营业外支出是指企业发生的与其日常活动无直接关系的各项损失。

（三）净利润

净利润=利润总额–所得税费用

其中，所得税费用是指企业确认的应从当期利润总额中扣除的所得税费用。

二、营业外收支的核算

（一）营业外收入

营业外收入是指企业发生的与其日常活动无直接关系的各项利得，主要包括非流动资产处置利得、盘盈利得、罚没利得、捐赠利得、确实无法支付的应付款项等。

其中，非流动资产处置利得包括固定资产处置利得和无形资产出售利得。

盘盈利得，主要指在现金等清查盘点中盘盈的现金等无法查明原因时，报经批准后计入营业外收入的金额。

罚没利得，指企业取得的各项罚款，在弥补由于对方违反合同所造成的损失后的罚款净收益。

捐赠利得，指企业接受捐赠产生的利得。

企业应通过“营业外收入”科目核算营业外收入的取得及结转情况。企业确认营业外收入，借记“固定资产清理”、“银行存款”、“待处理财产损溢”、“应付账款”等科目，贷记“营业外收入”科目。期末，应将“营业外收入”科目余额转入“本年利润”科目，借记“营业外收入”科目，贷记“本年利润”科目。

【例13-1】对方因违反合约向东方有限公司支付违约金100 000元，款项存入银行。依照表13-1和表13-2，应做如下账务处理：

借：银行存款　　　　100 000

　　贷：营业外收入　　　　100 000

表13-1　收款收据

2011年3月5日

交款人（单位）	丁公司									
摘要	合同违约罚款									
金额（大写）	壹拾万元整	百	十	万	千	百	十	元	角	分
		¥	1	0	0	0	0	0	0	0

主管：　　　　会计：　　　　出纳：王兰

表13-2　中国工商银行进账单（收账通知）　3

2012年3月5日

付款人	全称	丁公司	收款人	全称	东方有限责任公司								
	账号	123456789012347		账号	1122345688								
	开户银行	工商银行开发区支行		开户银行	工商银行开发区支行								
金额	人民币（大写）	壹拾万元整	千	百	十	万	千	百	十	元	角	分	
				¥	1	0	0	0	0	0	0	0	
票据种类		转账支票	中国工商银行A市开发区支行 2012.03.05 转讫										
票据张数		1											
单位主管　会计　复核　记账			出票人开户银行签章　2012年3月5日										

【例13-2】承上例，期末，东方有限公司将本期营业外收入100 000元转入本年利润。

借：营业外收入　　100 000

　　贷：本年利润　　100 000

（二）营业外支出

营业外支出是指企业发生的与其日常活动无直接关系的各项损失，主要包括非流动资产处置损失、盘亏损失、罚款支出、公益性捐赠支出和非常损失等。

其中，非流动资产处置损失包括固定资产处置损失和无形资产出售损失。

盘亏损失主要指对于财产清查盘点中盘亏的资产，在查明原因处理时按确定的损失计入营业外支出的金额。

罚款支出是指企业由于违反税法、经济合同等而支付的各种滞纳金和罚款。

公益性捐赠支出是指企业对外进行公益性捐赠发生的支出。

非常损失是指企业对于因客观因素（如自然灾害等）造成的损失，在扣除保险公司赔偿后应计入营业外支出的净损失。

企业应通过“营业外支出”科目，核算营业外支出的发生及结转情况。企业发生营业外支出时，借记“营业外支出”科目，贷记“固定资产清理”、“待处理财产损溢”、“库存现金”、“银行存款”等科目。期末，应将“营业外支出”科目余额转入“本年利润”科目，借记“本年利润”科目，贷记“营业外支出”科目。

【例13-3】东方有限公司向福利院捐款50 000元，以银行存款支付。东方有限公司应做如下账务处理：

借：营业外支出　　50 000

　　贷：银行存款　　50 000

【例13-4】东方有限公司出售一项专利权，售价80 000元，该专利权原值100 000元，已摊销10 000元，负担的营业税4 000元。东方有限公司应做如下账务处理：

借：银行存款　　80 000

　　累计摊销　　10 000

　　营业外支出　　14 000

　　贷：无形资产　　100 000

　　　　应交税费——应交营业税　　4 000

【例13-5】期末，东方有限公司将本期营业外支出100 000元转入本年利润。

借：本年利润　　100 000

　　贷：营业外支出　　100 000

第二节　所得税费用

企业所得税是对我国企业和经营单位的生产经营所得与其他所得征收的一种税。企业应当根据应纳税所得额的一定比例计算上交的税金。

一、当期所得税的计算

企业应交所得税的计算公式为：

应交所得税=应纳税所得额×所得税税率

应纳税所得额是在企业税前会计利润（即利润总额）的基础上调整确定的，计算公式为：

应纳税所得额=税前会计利润+纳税调整增加额-纳税调整减少额

纳税调整增加额主要包括：税法规定允许扣除项目中，企业已计入当期费用但超过税法规定扣除标准的金额（如超过税法规定标准的职工福利费、工会经费、职工教育经费、业务招待费、公益性捐赠支出、广告费和业务宣传费等），以及企业已计入当期损失但税法规定不允许扣除项目的金额（如税收滞纳金、罚金、罚款等）。

纳税调整减少额主要包括：按税法规定允许弥补的亏损和准予免税的项目，如前五年内未弥补亏损和国债利息收入等。

【例13-6】东方有限公司2011年度按企业会计准则计算的税前会计利润为1 990万元，所得税税率为25%。经查，东方有限公司当年营业外支出中有10万元为税款滞纳罚金。假定东方有限公司全年无其他纳税调整因素。计算东方有限公司2011年当期应交所得税。

应纳税所得额=1 990+10=2 000（万元）

当期应交所得税额=2 000×25%=500（万元）

【例13-7】东方有限公司2012年度利润总额为315万元；经查，国债利息收入为15万元；违约罚款20万元。假定东方有限公司无其他纳税调整项目，适用的所得税税率为25%。计算东方有限公司2012年当期应交所得税。

应纳税所得额=315-15+20=320（万元）

当期应交所得税额=320×25%=80（万元）

【例13-8】东方有限公司2013年发生亏损200万元，2014年实现税前会计利润800万元，其中包括国债利息收入50万元，超过税法规定标准的业务招待费支出20万元，所得税率为25%。计算东方有限公司2014年当期应交所得税。

应纳税所得额=800-200-50+20=570（万元）

当期应交所得税额=570×25%=142.5（万元）

二、递延所得税费用（或收益）的计算

递延所得税费用（或收益），是指按照企业会计准则规定应予确认的递延所得税资产和递延所得税负债在期末应有的金额相对于原已确认金额之间的差额，即递延所得税资产及递延所得税负债的当期发生额，但不包括计入所有者权益的交易或事项的所得税影响。用公式表示即为：

递延所得税费用（或收益）=当期递延所得税负债的增加额+当期递延所得税资产的减少额

-当期递延所得税负债的减少额-当期递延所得税资产的增加额

【例13-9】东方有限公司2011年递延所得税资产年初数为20万元，年末数为30万元，递延所得税负债年初数为10万元，年末数为30万元。计算东方有限公司的递延所得税。

递延所得税费用=（30−10）−（30−20）=20−10=10（万元）

三、所得税费用的账务处理

企业应根据会计准则的规定，对当期所得税加以调整计算后，据以确认应从当期利润总额中扣除的所得税费用。

所得税费用=当期所得税+递延所得税费用（−递延所得税收益）

企业应通过“所得税费用”科目，核算企业所得税费用的确认及其结转情况。期末，应将“所得税费用”科目的余额转入“本年利润”科目，借记“本年利润”科目，贷记“所得税费用”科目。

【例13-10】东方有限公司2010年确定的应纳税所得额为800万元，所得税率为25%，递延所得税负债年初数为300 000元，年末数为400 000元，递延所得税资产年初数为150 000元，年末数为200 000元。假定无其他纳税调整事项。东方有限公司的账务处理如下：

当期应交所得税=8 000 000×25%=2 000 000（元）

递延所得税费用=（400 000−300 000）−（200 000−150 000）=50 000（元）

所得税费用=2 000 000+50 000=2 050 000（元）

东方有限公司依照表13-3，应做如下账务处理：

借：所得税费用	2 050 000
递延所得税资产	50 000
贷：应交税费——应交所得税	2 000 000
递延所得税负债	100 000

表13-3　所得税费用计算表

2010年度　　　　单位：元

项目		金额	备注
利润总额		8 000 000.00	
纳税调整项	调整增加	0.00	
	调整减少	0.00	
当期应税所得额		8 000 000.00	假设本公司于2010年12月1日成立
所得税率		25%	
递延所得税费用		50 000.00	
全年所得税费用		2 050 000.00	
1−11月已结转（预缴）所得税		——	
期末应结转所得税费用		2 050 000.00	

第三节 本年利润

一、结转本年利润的方法

会计期末结转本年利润的方法有表结法和账结法两种。

（一）表结法

表结法下，各损益类科目每月月末只需结计出本月发生额和月末累计余额，不结转到“本年利润”科目，只有在年末时才将全年累计余额结转入“本年利润”科目。但每月月末要将损益类科目的本月发生额合计数填入利润表的本月数栏，同时将本月末累计余额填入利润表的本年累计数栏，通过利润表计算反映各期的利润（或亏损）。表结法下，年中损益类科目无须结转入“本年利润”科目，从而减少了转账环节和工作量，同时又不影响利润表的编制及有关损益指标的利用。

（二）账结法

账结法下，每月月末均需编制转账凭证，将各损益类科目的余额转入“本年利润”科目。结转后“本年利润”科目的本月合计数反映当月实现的利润或发生的亏损，“本年利润”科目的本年累计数反映本年累计实现的利润或发生的亏损。账结法在各月均可通过“本年利润”科目提供当月及本年累计的利润（或亏损）额，但增加了转账环节和工作量。

二、结转本年利润的账务处理

企业应设置“本年利润”科目，核算企业当期实现的净利润（或发生的净亏损）。期末企业应将各损益类科目的金额转入“本年利润”科目，结转后“本年利润”科目如为贷方余额，表示当年实现的净利润；如为借方余额，表示当年发生的净亏损。

年度终了，应将本年收入和支出相抵后结出的本年实现的净利润，转入“利润分配”科目，借记本科目，贷记“利润分配——未分配利润”科目，如为净亏损则做相反的会计分录。结转后本科目应无余额。

【例13-11】东方有限公司2011年有关损益类科目的年末余额如下（该企业采用表结法年末一次结转损益类科目，所得税税率为25%）。

科目名称	结账前余额
主营业务收入	1 680 000元（贷）
其他业务收入	80 000元（贷）
投资收益	170 000元（贷）
营业外收入	70 000元（贷）
主营业务成本	1 220 000元（借）
其他业务成本	50 000元（借）
营业税金及附加	80 000元（借）
销售费用	70 000元（借）
管理费用	70 000元（借）

财务费用 20 000元（借）

公允价值变动损益 70 000元（借）

资产减值损失 100 000元（借）

营业外支出 40 000元（借）

东方有限公司2011年末结转本年利润的账务处理如下。

（1）将各损益类科目年末余额结转入“本年利润”科目。

① 结转各项收入、利得类科目

借：主营业务收入 1 680 000

其他业务收入 80 000

投资收益 170 000

营业外收入 70 000

贷：本年利润 2 000 000

② 结转各项费用、损失类科目

借：本年利润 1 720 000

贷：主营业务成本 1 220 000

其他业务成本 50 000

营业税金及附加 80 000

销售费用 70 000

管理费用 70 000

财务费用 20 000

资产减值损失 100 000

公允价值变动损益 70 000

营业外支出 40 000

（2）经过上述结转后，“本年利润”科目的贷方发生额合计2 000 000元减去借方发生额合计1 720 000元即为税前会计利润280 000元。假设无纳税调整事项，应纳税所得额为280 000元，则应交所得税额=280 000×25%=70 000（元）。

① 确认所得税费用

借：所得税费用 70 000

贷：应交税费——应交所得税 70 000

② 将所得税费用结转入“本年利润”科目

借：本年利润 70 000

贷：所得税费用 70 000

（3）将“本年利润”科目年末余额210 000（2 000 000–1 720 000–70 000）元转入“利润分配——未分配利润”科目

借：本年利润 210 000

贷：利润分配——未分配利润 210 000

第四节　利润分配

一、利润分配的顺序

利润分配是指企业根据国家有关规定和企业章程、投资者协议等，对企业当年可供分配的利润所进行的分配。

可供分配的利润=当年实现的净利润+年初未分配利润（或–年初未弥补亏损）+其他转入

利润分配的顺序依次是:（1）提取法定盈余公积；（2）提取任意盈余公积；（3）向投资者分配利润。

未分配利润是经过弥补亏损、提取法定盈余公积、提取任意盈余公积和向投资者分配利润等利润分配之后剩余的利润，它是企业留待以后年度进行分配的历年结存的利润。

二、利润分配的核算

企业应通过“利润分配”科目，核算企业利润的分配（或亏损的弥补）和历年分配（或弥补）后的未分配利润（或未弥补亏损）。该科目应分别设置“提取法定盈余公积”、“提取任意盈余公积”、“应付现金股利或利润”、“盈余公积补亏”、“未分配利润”等进行明细核算。企业未分配利润通过“利润分配——未分配利润”明细科目进行核算。年度终了，企业应将全年实现的净利润或发生的净亏损，自“本年利润”科目转入“利润分配——未分配利润”科目，并将“利润分配”科目所属其他明细科目的余额，转入“未分配利润”明细科目。结转后，“利润分配——未分配利润”科目如为贷方余额，表示累积未分配的利润数额；如为借方余额，则表示累积未弥补的亏损数额。

【例13-12】承例13-11，东方有限公司分别按净利润的10%、5%、20%计提法定盈余公积、任意盈余公积，并向投资者分配股利。依照表13-4，东方有限公司应做如下账务处理。

提取法定盈余公积、任意盈余公积，宣告发放现金股利时，

借：利润分配——提取法定盈余公积　　21 000
　　　　　　——提取任意盈余公积　　10 500
　　　　　　——应付现金股利　　42 000
　贷：盈余公积——法定盈余公积　　21 000
　　　　　　——任意盈余公积　　10 500
　　　应付股利　　42 000

同时，

借：利润分配——未分配利润　　73 500
　贷：利润分配——提取法定盈余公积　　21 000
　　　　　　——提取任意盈余公积　　10 500
　　　　　　——应付现金股利　　42 000

结转后，"利润分配——未分配利润"明细科目的余额在贷方，此贷方余额136 500元（本年利润210 000元减提取法定盈余公积21 000元，减提取任意盈余公积10 500元，减支付现金股利42 000元）即为东方有限公司本年年末的累计未分配利润。

表13-4 利润分配项目计算表

2011年12月31日　　　　　　　　单位：元

项目		比例	金额	备注
利润总额			280 000.00	
减：所得税			70 000.00	
本年净利润			210 000.00	
分配去向	计提法定盈余公积	10%	21 000.00	
	计提任意盈余公积	5%	10 500.00	
	分配给投资者利润	20%	42 000.00	
	小计		73 500.00	
未分配利润			136 500.00	

会计主管：　　　　　　　　复核：　　　　　　　　制表：

企业所得税扣除项目应注意的问题

一、工资薪金支出

企业发生的合理的工资薪金支出，准予扣除。工资薪金是指企业每一纳税年度支付给在本企业任职或者受雇的员工的所有现金或非现金形式的劳动报酬，包括基本工资、奖金、津贴、补贴、年终加薪、加班工资，以及与任职或者受雇有关的其他支出。

二、职工福利费、工会经费、职工教育经费

企业发生的职工福利费、工会经费、职工教育经费按标准扣除，超过标准的只能按标准扣除，未超过扣除标准的按实际数扣除。

（1）企业发生的职工福利费支出，不超过工资薪金总额14%的部分准予扣除。

（2）企业拨缴的工会经费，不超过工资薪金总额2%的部分准予扣除。

（3）除国务院财政、税务主管部门或者省级人民政府规定外，企业发生的职工教育经费支出，不超过工资薪金总额2.5%的部分准予扣除，超过部分准予结转以后纳税年度扣除。

三、保险费

（1）企业参加财产保险，按照规定缴纳的保险费，准予扣除。这里财产保险是企业为其自身的财产所缴纳的保险，而为职工或者投资者个人支付财产保险不得扣除，应并入工资薪金。

（2）企业依照国务院有关主管部门或者省级人民政府规定的范围和标准为职工缴纳

的“五险一金”，即基本养老保险费、基本医疗保险费、失业保险费、工伤保险费、生育保险费等基本社会保险费和住房公积金，准予扣除。

（3）企业为投资者或者职工支付的补充养老保险费、补充医疗保险费，在国务院财政、税务主管部门规定的范围和标准内，准予扣除。

（4）企业为投资者或者职工支付的商业保险费，不得扣除。企业依照国家有关规定为特殊工种职工支付的人身安全保险费和符合国务院财政、税务主管部门规定可以扣除的商业保险费准予扣除。

四、利息费用

企业在生产、经营活动中发生的利息费用，按下列规定扣除。

（一）非金融企业向金融企业借款的利息支出、金融企业的各项存款利息支出和同业拆借利息支出、企业经批准发行债券的利息支出可据实扣除。

（二）非金融企业向非金融企业借款的利息支出，不超过按照金融企业同期同类贷款利率计算的数额的部分可据实扣除，超过部分不许扣除。

五、业务招待费

企业发生的与生产经营活动有关的业务招待费支出，按照发生额的60%扣除，但最高不得超过当年销售（营业）收入的5‰。

六、广告费和业务宣传费

企业发生的符合条件的广告费和业务宣传费支出，除国务院财政、税务主管部门另有规定外，不超过当年销售（营业）收入15%的部分，准予扣除；超过部分，准予在以后纳税年度结转扣除。

七、公益性捐赠支出

企业发生的公益性捐赠支出，不超过年度利润总额的12%的部分，准予扣除。这里要注意的是：（1）这里指企业按照会计准则规定计算的会计上的利润总额；（2）企业通过公益性社会团体或者县级以上人民政府及其部门，用于规定的公益事业的捐赠；（3）取得相应的合法凭证。

案例分析

他应当开酒吧吗？

甲公司精简机构，对于职员王某来说有三条路可供他选择：（1）继续在原单位供职，年收入12 000元；（2）下岗，收入打对折，但某快餐厅愿以每月600元的工资待遇请他帮佣；（3）辞职，搞个体经营。

结果他决定自己投资20 000元，开办一家酒吧。下面是该酒吧开业一个月的经营情况。

1. 预付半年房租3 000元。

2. 购入各种饮料6 000元，本月份耗用其中的2/3。

3. 支付雇员工资1 500元。

4. 支付水电费500元。

5. 获取营业收入10 000元。

讨论题：

王某的选择是否正确？为什么？

分析思路：

计算酒吧的利润并与原企业工资收入进行比较。

能力训练

一、单项选择题

1. 某企业本期营业收入1 000万元，营业成本800万元，管理费用为15万元，销售费用20万元，资产减值损失35万元，投资收益为30万元（贷方），营业外收入10万元，营业外支出5万元，所得税费用为30万元。假定不考虑其他因素，该企业本期营业利润为（　）万元。

   A. 65　B. 95　C. 100　D. 160

2. 某企业2010年发生亏损100万元，2011年实现税前会计利润600万元，其中包括国债利息收入50万元；在营业外支出中有税收滞纳金罚款70万元；所得税率为25%，则企业2011年的应纳税所得额为（　）万元。

   A. 500　B. 520　C. 600　D. 620

3. 企业支付的罚款应当计入（　）。

   A. 管理费用　B. 营业外支出　C. 销售费用　D. 营业外收入

4. 下列各项，不影响“所得税费用”的有（　）。

   A. 当期应交所得税　B. 递延所得税收益
   C. 递延所得税费用　D. 代扣的职工个人所得税

5. 下列交易或事项，不应确认为营业外收入的是（　）。

   A. 捐赠利得　B. 罚没利得
   C. 出租固定资产的收益　D. 出售无形资产收益

二、多项选择题

1. 下列各项，影响当期利润表中利润总额的有（　）。

   A. 现金盘盈　B. 确认所得税费用
   C. 对外捐赠固定资产　D. 发生业务招待费

2. 下列各项，应计入营业外支出的有（　）。

   A. 固定资产盘亏　B. 无法查明原因的现金盘亏
   C. 无法支付的应付款　D. 罚款支出

3. 下列各项中，影响营业利润项目的有（　）。

A. 营业成本　　　B. 其他业务收入

C. 营业外收入　　D. 投资收益

4. 下列会计科目，年末应无余额的有（　）。

A. 主营业务收入　　B. 营业外收入　　C. 本年利润　　D. 利润分配

5. 下列各项中，需调整增加企业应纳税所得额的项目有（　）。

A. 已计入投资收益的国库券利息收入

B. 已超过税法规定扣除标准，但已计入当期费用的业务招待费

C. 已计入当期损失的各种税收滞纳金

D. 未超标的业务招待费支出

三、判断题

1. 年度终了，只有在企业盈利的情况下，才应将“本年利润”科目的本年累计余额转入“利润分配——未分配利润”科目。（　）

2. 投资收益、资产减值损失和营业外收入都会影响企业的营业利润。（　）

3. 企业的所得税费用一定等于企业的利润总额乘以所得税税率。（　）

4. 年末结账后，本年利润账户一定没有余额。（　）

5. 企业本年实现利润总额100万元，发生业务招待费50万元，税务部门核定的业务招待费税前扣除标准是60万元，假定无其他纳税调整事项，企业在计算本年应纳税所得额时，对于业务招待费的部分应做纳税调减处理。（　）

四、业务题

1. 乙公司2010年有关损益类科目的年末余额如下（该企业采用表结法年末一次结转损益类科目，所得税税率为25%）。

科目名称	结账前余额
主营业务收入	6 000 000元（贷）
其他业务收入	700 000元（贷）
公允价值变动损益	150 000元（贷）
投资收益	600 000元（贷）
营业外收入	50 000元（贷）
主营业务成本	4 000 000元（借）
其他业务成本	400 000元（借）
营业税金及附加	80 000元（借）
销售费用	500 000元（借）
管理费用	770 000元（借）
财务费用	200 000元（借）
资产减值损失	100 000元（借）
营业外支出	250 000元（借）

要求：

（1）根据资料将损益类科目转入“本年利润”科目。

（2）计算公司当年应纳所得税并编制确认及结转所得税费用的会计分录。

（3）结转本年利润。

2. 天成公司年终结账前有关损益类科目的年末余额如下。

收入科目	结账前期末余额	费用科目	结账前期末余额
主营业务收入	400 000	主营业务成本	300 000
其他业务收入	100 000	其他业务成本	70 000
投资收益	68 000	营业税金及附加	10 000
营业外收入	13 000	销售费用	5 000
		管理费用	10 000
		财务费用	3 400
		营业外支出	2 600

其他资料：

（1）公司营业外支出中有600元为罚款支出；

（2）本年国债利息收入3 000元已入账。

要求：

（1）根据表中所给资料，将表中损益类科目转入“本年利润”科目。

（2）计算公司当年应纳所得税并编制确认及结转所得税费用的会计分录（所得税税率为25%，除上述事项外，无其他纳税调整因素）。

（3）计算当年净利润。

3. C公司2012年度的有关资料如下。

（1）年初未分配利润为5 000万元，本年实现的净利润为3 000万元。

（2）按税后净利润的10%提取法定盈余公积。

（3）提取任意盈余公积300万元。

（4）向投资者宣告分配现金股利600万元。

要求：（以万元为单位）

（1）编制C公司结转本年利润的会计分录。

（2）编制C公司提取法定盈余公积的会计分录。

（3）编制C公司提取任意盈余公积的会计分录。

（4）编制C公司向投资者宣告分配现金股利的会计分录。

（5）编制结转利润分配各明细账的会计分录。

第十四章　财务报告

学习目标与要求

通过对本章的学习，了解财务报告的概念、构成和作用；明确财务报告的编制要求；掌握资产负债表、利润表、现金流量表及所有者权益变动表的结构、组成项目及各项目的填制方法。

第一节　财务报告概述

一、财务报告

财务报告是指企业对外提供的反映企业某一特定日期的财务状况和某一会计期间的经营成果、现金流量等会计信息的文件。财务报告包括财务报表和其他应当在财务报告中披露的相关信息与资料。

通过编制财务报告，企业能够将一定时期分散地反映在凭证、账簿中的会计信息系统、全面地提供给报告使用者。例如，对于企业的投资者而言，可以通过财务报告获得有用信息，进而判断投资风险，估计投资回报，选择投资方案；对于债权人而言，可以通过财务报告判断企业的偿债能力，对企业进行信用评级，制定信贷决策；对于国家经济管理部门而言，可以通过财务报告了解经济资源配置状况与效益，评价企业的财务状况与经营成果对所在行业的影响，从而进行有效的管理；另外，还可为企业经营管理者评价经营业绩、改善经营管理提供会计信息等。

二、财务报表

财务报表是对企业财务状况、经营成果和现金流量的结构性表述。为使报表使用者充分了解企业的财务状况、经营成果和现金流量，企业应当定期编制并对外报送财务报表。

（一）财务报表的构成

财务报表分为年度财务报表和中期财务报表。中期是指短于一个完整的会计年度的报告期间。中期财务报表包括半年度、季度和月度财务报表。

一套完整的财务报表或年度报表至少应当包括资产负债表、利润表、现金流量表、所有者权益（或股东权益）变动表、附注。中期财务报表至少应当包括资产负债表、利润表、现金流量表、附注。

中期资产负债表、利润表和现金流量表应当是完整报表，其格式和内容应当与年度财务报表相一致。

（二）财务报表的编制要求

财务报表是企业外部使用者了解企业内部信息资料的重要渠道。企业必须保证财务报表提供的信息质量，以充分发挥其在经济管理中的作用。企业在编制财务报表时，应当根据真实的交易、事项以及完整、准确的账簿记录等资料，按照《企业会计准则——基本准则》和其他各项会计准则的规定进行确认与计量，并在此基础上编制财务报表。

根据《企业会计准则第30号——财务报表列报》的规定，财务报表列报的基本要求如下。

1. 列报基础

企业应当以持续经营为基础编制财务报表。以持续经营为基础编制财务报表不再合理的，企业应当采用其他基础编制财务报表，并在附注中披露这一事实。

2. 列报的一致性

财务报表项目的列报应当在各个会计期间保持一致，不得随意变更。但是出现下列情况时，可以改变财务报表项目的列报：一是会计准则要求改变财务报表项目的列报；二是企业经营业务的性质发生重大变化后，变更财务报表项目的列报能够提供更可靠、更相关的会计信息。

3. 重要性和项目列报

重要性是指财务报表某项目的省略或错报会影响使用者据此作出经济决策的，该项目具有重要性。重要性应当根据企业所处环境，从项目的性质和金额大小两方面予以判断。

根据重要性原则，财务报表项目应遵循下列几点进行单独列报。（1）性质或功能不同的项目，应当在财务报表中单独列报，但不具有重要性的项目除外。（2）性质或功能类似的项目，其所属类别具有重要性的，应当按其类别在财务报表中单独列报。

4. 财务报表中各项目金额不得相互抵销

财务报表中的资产项目和负债项目的金额、收入项目和费用项目的金额不得相互抵销。但下列情况不属于项目之间相互抵销：资产项目按扣除减值准备后的净额列示，不属于抵销；非日常活动产生的损益，以收入扣减费用后的净额列示，不属于抵销。

5. 比较信息的列报

当期财务报表的列报，至少应当提供所有列报项目上一可比会计期间的比较数据，以及与理解当期财务报表相关的说明，即财务报表除列报本期数据以外，还要列报前期可比的数据。

第二节　资产负债表

一、资产负债表概述

（一）资产负债表性质

资产负债表是反映企业在某一特定日期财务状况的会计报表。它是从相对静止的角度来说明企业在某一特定时点的财务状况，如12月31日的资产负债表反映的是企业在12月31日所拥有或控制的经济资源、所承担的现时义务及所有者享有的剩余权益。

资产负债表是根据“资产=负债+所有者权益”这一会计等式而编制的。在编制时，根据资产、负债、所有者权益之间的相互关系，按照一定的分类标准和顺序，把企业特定日期的资产、负债和所有者权益各项目予以适当排列，并对一些数据整合后编制而成的。

（二）资产负债表的结构

资产负债表一般有表首、正表两部分。其中，表首需列出报表的名称、编制单位、编制日期、报表编号、货币名称、计量单位等。正表是资产负债表的主体，列示了用于说明企业财务状况的各个项目。

资产负债表正表的格式一般有两种：报告式资产负债表和账户式资产负债表。我国《企业会计准则》规定，企业采用账户式资产负债表。

账户式资产负债表是左右结构，左边列示资产，右边列示负债和所有者权益。左边资产内部各个项目按照各项资产的流动性的大小或变现能力的强弱进行排列。流动性越大、变现能力越强的资产往前排；反之，流动性越小、变现能力越弱的资产往后排。右边负债和所有者权益两项按照求偿权的顺序进行排列。负债列于所有者权益之前。资产负债表的基本格式如下。

表14-1　资产负债表

会企01表

编制单位：　　　　年　月　日　　　　单位：元

资产	期末余额	年初余额	负债和所有者权益（或股东权益）	期末余额	年初余额
流动资产：			流动负债：		
货币资金			短期借款		
交易性金融资产			交易性金融负债		
应收票据			应付票据		
应收账款			应付账款		
预付款项			预收款项		
应收利息			应付职工薪酬		
应收股利			应交税费		
其他应收款			应付利息		

（续）

资产	期末余额	年初余额	负债和所有者权益（或股东权益）	期末余额	年初余额
存货			应付股利		
一年内到期的非流动资产			其他应付款		
其他流动资产			一年内到期的非流动负债		
流动资产合计			其他流动负债		
非流动资产：			流动负债合计		
可供出售金融资产			非流动负债：		
持有至到期投资			长期借款		
长期应收款			应付债券		
长期股权投资			长期应付款		
投资性房地产			专项应付款		
固定资产			预计负债		
在建工程			递延所得税负债		
工程物资			其他非流动负债		
固定资产清理			非流动负债合计		
生产性生物资产			负债合计		
油气资产			所有者权益（或股东权益）：		
无形资产			实收资本（或股本）		
开发支出			资本公积		
商誉			减：库存股		
长期待摊费用			盈余公积		
递延所得税资产			未分配利润		
其他非流动资产			所有者权益（或股东权益）合计		
非流动资产合计					
资产总计			负债和所有者权益（或股东权益）总计		

二、资产负债表的编制方法

（一）“年初余额”栏的填列方法

资产负债表“年初余额”栏内各项数字，应根据上年末资产负债表“期末余额”栏内所列数字填列。如果上年度资产负债表规定的各个项目的名称和内容与本年度不一致，则应对上年年末资产负债表各项目的名称和数字按照本年度的规定进行调整，填入表中“年初余额”栏内。

（二）“期末余额”栏的填列方法

资产负债表的“期末余额”栏内各项数字，其填列方法如下。

1. 根据总账科目的余额直接填列

资产负债表中的有些项目，可直接根据有关总账科目的余额直接填列，如“短期借款”、“应付票据”、“应付职工薪酬”等项目。

2. 根据总账科目的余额计算填列

需计算填列的项目包括“货币资金”、“存货”等。

货币资金=库存现金+银行存款+其他货币资金

存货=在途物资或材料采购+原材料+库存商品+周转材料+发出商品+生产成本

+委托加工物资+委托代销商品+受托代销商品−受托代销商品款

−存货跌价准备+（或−）材料（产品）成本差异或商品进销差价

3. 根据有关明细科目的余额计算填列

资产负债表中的有些项目，需要根据明细科目余额填列，如“应收账款”、“预付款项”、“应付账款”和“预收款项”。

【例14-1】A公司2010年12月31日有关账户期末余额如下表14-2所示。

表14-2　有关账户期末余额　　单位：元

总账名称	总账余额	明细账名称	明细账借方余额	明细账贷方余额
应收账款	400（借）	B公司	1 000	
		C公司		600
预付账款	300（借）	E公司	800	
		F公司		500
应付账款	500（贷）	G公司	1 500	
		H公司		2 000
预收账款	600（贷）	J公司	700	
		K公司		1 300
坏账准备	7（贷）	应收账款		4
		预付款项		3

要求：根据以上资料列式计算资产负债表中“应收账款”、“预付款项”、“应付账款”和“预收款项”项目的数额。

A公司根据前述各资产项目的填列方法可得：

应收账款=1 000+700−4=1 696（元）

预付款项=800+1 500−3=2 297（元）

应付账款=2 000+500=2 500（元）

预收款项=1 300+600=1 900（元）

4. 根据总账科目和明细科目的余额分析计算填列

资产负债表的有些项目，需要依据总账科目和明细科目两者的余额分析填列，如“长期借款”项目，应根据“长期借款”总账科目余额扣除“长期借款”科目所属的明细科目中将在资产负债表日起一年内到期，且企业不能自主地将清偿义务展期的长期借款后的金额填列。除此以外，这类项目还有“应付债券”、“长期应付款”等。

【例14-2】A公司2010年12月31日长期借款的期末余额为1 390 000元，其中将于一年内到期的长期借款为300 000元。

A公司在填列资产负债表中“长期借款”项目时，只能填写1 090 000元（1 390 000−300 000），而将于一年内到期的“长期借款”300 000元计入流动负债项目下的“一年内到期的非流动负债”项目。

5. 根据有关科目余额减去其备抵科目余额后的净额填列

资产负债表中的“应收账款”、“长期股权投资”等项目，应根据“应收账款”、“长期股权投资”等账户的期末余额减去“坏账准备”、“长期股权投资减值准备”等账户余额后的净额填列；“固定资产”项目，应根据“固定资产”账户期末余额减去“累计折旧”、“固定资产减值准备”账户余额后的净额填列；“无形资产”项目，应根据“无形资产”账户期末余额减去“累计摊销”、“无形资产减值准备”账户余额后的净额填列。

三、资产负债表的编制实例

【例14-3】东方有限责任公司为一般纳税人，增值税税率为17%，所得税税率为25%。有关资料如下：

1. 2010年1月1日东方有限责任公司科目余额表如表14-3所示。

表14-3 科目余额表

编制单位：东方有限责任公司　　2010年1月1日　　单位：元

科目名称	借方余额	科目名称	贷方余额
库存现金	6 000	坏账准备	3 000
银行存款	1 161 000	累计折旧	1 000 000
其他货币资金	100 000	累计摊销	120 000
交易性金融资产	400 000	短期借款	600 000
应收票据	292 000	应付票据	400 000
应收账款	600 000	应付账款	367 600
预付账款	81 000	其他应付款	111 200
其他应收款	10 000	应付职工薪酬	200 000
材料采购	120 000	应付利息	20 000
原材料	1 240 000	应交税费	60 000
周转材料	100 000	长期借款	2 780 000
库存商品	5 400 000	其中：一年内到期借款	600 000
材料成本差异	12 400	实收资本	7 000 000
委托加工物资	65 600	资本公积	456 000
长期股权投资	500 000	盈余公积	624 000
固定资产	3 000 000	利润分配	
在建工程	160 000	（未分配利润）	106 200
无形资产	600 000		
合计	13 848 000	合计	13 848 000

2. 东方有限责任公司2010年度发生如下经济业务（原材料采用计划成本法进行日常核算）。

（1）销售产品一批，售价3 600 000元，增值税612 000元，该批产品的实际成本2 400 000元，货款已收存银行。

（2）企业将短期持有的股票以300 000元的价格出售，该股票的成本为240 000元。

（3）从银行借入5年期借款1 200 000元，该项借款用于生产经营用。

（4）购入原材料一批，用银行存款支付货款20万元，增值税34 000元，材料未到。

（5）两台车床使用期满予以报废，两台车床的原值200 000元，已提折旧196 000元，以库存现金支付清理费用600元，取得残值收入1 600元已收存银行。

（6）购入原材料一批，增值税专用发票注明材料买价1 600 000元，增值税272 000元。该批材料已验收入库，计划成本为1 584 160元。货款尚未支付。

（7）基本生产车间为生产产品领用原材料，该材料的计划成本为1 040 000元。

（8）购入不需安装的生产用设备2台，价款180 000元，支付的增值税30 600元，另付运杂费2 000元。所有款项均以银行存款支付，设备已交付使用。

（9）企业一张面值为252 000元的不带息的商业承兑汇票到期，该票款已存入本公司开户行。

（10）车间出售剩余材料4 680元（含增值税），已收到现金。该材料计划成本为3 000元。

（11）用银行存款支付到期的商业承兑汇票的票款100 000元。

（12）出售一台不需用的设备，该设备原值160 000元，已提折旧40 000元，出售收入130 000元，已收存银行。（不考虑相关税费）

（13）分配应支付的职工工资4 600 000元。其中，应付生产工人工资3 300 000元，应付车间管理人员工资600 000元，应付行政管理人员工资700 000元。

（14）提取职工福利费644 000。其中，生产工人福利费462 000元，车间管理人员福利费用84 000元，行政管理人员福利费用98 000元。

（15）销售产品一批，售价4 400 000元（不含增值税），该批产品实际成本2 920 000元，产品已发出，货款尚未收到。

（16）收回西江公司所欠的货款5 600 000元。

（17）用银行存款支付本公司产品的广告费180 000元。

（18）归还短期借款本息共379 440元，其中本金360 000元，利息19 440元（该利息已预提）。

（19）通过银行支付工资4 600 000元。

（20）被投资单位宣告发放现金股利，本公司可得50 000元。本公司对该单位的投资采用成本法核算。

（21）计提固定资产折旧150 000元。其中行政管理部门固定资产应提折旧30 000元，车间固定资产应提折旧120 000元。

（22）摊销企业自用的无形资产60 000元。

（23）结转本期领用原材料应分摊的材料成本差异。若本期材料成本差异率为1%。

（24）结转本期完工产品成本5 616 400元。（假设本期期初、期末均无在产品）

（25）提取本年借款利息252 954元。其中，短期借款利息12 960元，长期借款利息239 994元（银行要求长期借款分期付息）。

（26）以银行存款偿还长期借款本息共636 180，其中本金600 000元，已提利息36 180元。

（27）本期应纳城市维护建设税为52 000元，教育费附加为31 200元。

（28）本期用银行存款交纳增值税1 020 000元，城市维护建设税52 000元，教育费附加31 200元。

（29）本年末应收账款余额为148 000元，计提坏账准备的比例为5‰。

（30）将各损益类科目结转至“本年利润”账户。

（31）公司计算并结转应交纳的所得税349 019元。（假设资产、负债的账面价值与其计税基础之间没有产生暂时性差异）

（32）按净利润的10%计提法定盈余公积金。

（33）向投资者分配利润100 000元。

（34）将本年利润的余额转入“未分配利润”明细科目。

（35）将利润分配各明细科目的余额转入“未分配利润”明细科目。

（36）用银行存款支付所得税。

3. 根据上述资料编制东方有限责任公司2010年度经济业务的会计分录。

（1）借：银行存款　　4 212 000
　　贷：主营业务收入　　3 600 000
　　　　应交税费——应交增值税（销项税额）　　612 000
　借：主营业务成本　　2 400 000
　　贷：库存商品　　2 400 000

（2）借：银行存款　　300 000
　　贷：交易性金融资产　　240 000
　　　　投资收益　　60 000

（3）借：银行存款　　1 200 000
　　贷：长期借款　　1 200 000

（4）借：材料采购　　200 000
　　　应交税费——应交增值税（进项税额）　　34 000
　　贷：银行存款　　234 000

（5）借：固定资产清理　　4 000
　　　累计折旧　　196 000
　　贷：固定资产　　200 000

借：固定资产清理 600
　　贷：库存现金 600
借：银行存款 1 600
　　贷：固定资产清理 1 600
借：营业外支出 3 000
　　贷：固定资产清理 3 000
（6）借：材料采购 1 600 000
　　应交税费——应交增值税（进项税额） 272 000
　　贷：应付账款 1 872 000
借：原材料 1 584 160
　　贷：材料采购 1 584 160
借：材料成本差异 15 840
　　贷：材料采购 15 840
（7）借：生产成本 1 040 000
　　贷：原材料 1 040 000
（8）借：固定资产 182 000
　　应交税费——应交增值税（进项税额） 30 600
　　贷：银行存款 212 600
（9）借：银行存款 252 000
　　贷：应收票据 252 000
（10）借：库存现金 4 680
　　贷：其他业务收入 4 000
　　　　应交税费——应交增值税（销项税额） 680
借：其他业务成本 3 000
　　贷：原材料 3 000
（11）借：应付票据 100 000
　　贷：银行存款 100 000
（12）借：固定资产清理 120 000
　　累计折旧 40 000
　　贷：固定资产 160 000
借：银行存款 130 000
　　贷：固定资产清理 130 000
借：固定资产清理 10 000
　　贷：营业外收入 10 000
（13）借：生产成本 3 300 000
　　制造费用 600 000
　　管理费用 700 000
　　贷：应付职工薪酬 4 600 000

(14) 借：生产成本　　462 000
　　制造费用　　84 000
　　管理费用　　98 000
　　贷：应付职工薪酬　　644 000

(15) 借：应收账款　　5 148 000
　　贷：主营业务收入　　4 400 000
　　　　应交税费——应交增值税（销项税额）　　748 000
　　借：主营业务成本　　2 920 000
　　贷：库存商品　　2 920 000

(16) 借：银行存款　　5 600 000
　　贷：应收账款　　5 600 000

(17) 借：销售费用　　180 000
　　贷：银行存款　　180 000

(18) 借：短期借款　　360 000
　　应付利息　　19 440
　　贷：银行存款　　379 440

(19) 借：应付职工薪酬　　4 600 000
　　贷：银行存款　　4 600 000

(20) 借：应收股利　　50 000
　　贷：投资收益　　50 000

(21) 借：制造费用　　120 000
　　管理费用　　30 000
　　贷：累计折旧　　150 000

(22) 借：管理费用　　60 000
　　贷：累计摊销　　60 000

(23) 借：生产成本　　10 400
　　其他业务成本　　30
　　贷：材料成本差异　　10 430

(24) 借：生产成本　　804 000
　　贷：制造费用　　804 000
　　借：库存商品　　5 616 400
　　贷：生产成本　　5 616 400

(25) 借：财务费用　　252 954
　　贷：应付利息　　252 954

(26) 借：长期借款　　600 000
　　应付利息　　36 180
　　贷：银行存款　　636 180

（27）借：营业税金及附加　83 200
　　贷：应交税费——应交城市维护建设税　52 000
　　　　　　　　——应交教育费附加　31 200

（28）借：应交税费——应交增值税（已交税金）　1 020 000
　　　　　　　　——应交城市维护建设税　52 000
　　　　　　　　——应交教育费附加　31 200
　　贷：银行存款　1 103 200

（29）借：坏账准备　2 260
　　贷：资产减值损失　2 260

（30）借：主营业务收入　8 000 000
　　　　其他业务收入　4 000
　　　　营业外收入　10 000
　　　　投资收益　110 000
　　贷：本年利润　8 124 000
　　借：本年利润　6 727 924
　　　　资产减值损失　2 260
　　贷：主营业务成本　5 320 000
　　　　营业税金及附加　83 200
　　　　其他业务成本　3 030
　　　　营业外支出　3 000
　　　　管理费用　888 000
　　　　销售费用　180 000
　　　　财务费用　252 954

（31）借：所得税费用　349 019
　　贷：应交税费——应交所得税　349 019
　　借：本年利润　349 019
　　贷：所得税费用　349 019

（32）借：利润分配——提取法定盈余公积　104 705.7
　　贷：盈余公积——法定盈余公积　104 705.7

（33）借：利润分配——应付利润　100 000
　　贷：应付股利　100 000

（34）借：本年利润　1 047 057
　　贷：利润分配——未分配利润　1 047 057

（35）借：利润分配——未分配利润　204 705.7
　　贷：利润分配——提取法定盈余公积　104 705.7
　　　　　　　　——应付利润　100 000

（36）借：应交税费——应交所得税　　349 019
　　贷：银行存款　　349 019

4. 根据上述资料编制东方有限责任公司2010年12月31日科目余额表，见表14-4。

表14-4　科目余额表

编制单位：东方有限责任公司　　2010年12月31日　　单位：元

科目名称	借方余额	科目名称	贷方余额
库存现金	10 080	坏账准备	740
银行存款	5 062 161	累计折旧	914 000
其他货币资金	100 000	累计摊销	180 000
交易性金融资产	160 000	短期借款	240 000
应收票据	40 000	应付票据	300 000
应收账款	148 000	应付账款	2 239 600
预付账款	81 000	其他应付款	111 200
应收股利	50 000	应付职工薪酬	844 000
其他应收款	10 000	应付利息	217 334
材料采购	320 000	应付股利	100 000
原材料	1 781 160	应交税费	64 080
周转材料	100 000	长期借款	3 380 000
库存商品	5 696 400	其中：一年内到期借款	
材料成本差异	17 810	实收资本	7 000 000
委托加工物资	65 600	资本公积	456 000
长期股权投资	500 000	盈余公积	728 705.70
固定资产	2 822 000	利润分配	
在建工程	160 000	（未分配利润）	948 551.30
无形资产	600 000		
合计	17 724 211	合计	17 724 211

5. 编制东方有限责任公司2010年12月31日的资产负债表，见表14-5。

表14-5　资产负债表

会企01表

编制单位：东方有限责任公司　　2010年12月31日　　单位：元

资产	期末余额	年初余额	负债和所有者权益（或股东权益）	期末余额	年初余额
流动资产：			流动负债：		
货币资金	5 172 241	1 267 000	短期借款	240 000	600 000
交易性金融资产	160 000	400 000	交易性金融负债		
应收票据	40 000	292 000	应付票据	300 000	400 000
应收账款	147 260	597 000	应付账款	2 239 600	367 600

（续）

资产	期末余额	年初余额	负债和所有者权益（或股东权益）	期末余额	年初余额
预付款项	81 000	81 000	预收款项		
应收利息			应付职工薪酬	844 000	200 000
应收股利	50 000		应交税费	64 080	60 000
其他应收款	10 000	10 000	应付利息	217 334	20 000
存货	7 980 970	6 938 000	应付股利	100 000	
一年内到期的非流动资产			其他应付款	111 200	111 200
其他流动资产			一年内到期的非流动负债		600 000
流动资产合计	13 641 471	9 585 000	其他流动负债		
非流动资产：			**流动负债合计**	4 116 214	2 358 800
可供出售金融资产			**非流动负债：**		
持有至到期投资			长期借款	3 380 000	2 180 000
长期应收款			应付债券		
长期股权投资	500 000	500 000	长期应付款		
投资性房地产			专项应付款		
固定资产	1 908 000	2 000 000	预计负债		
在建工程	160 000	160 000	递延所得税负债		
工程物资			其他非流动负债		
固定资产清理			**非流动负债合计**	3 380 000	2 180 000
生产性生物资产			**负债合计**	7 496 214	4 538 800
油气资产			**所有者权益（或股东权益）：**		
无形资产	420 000	480 000	实收资本（或股本）	7 000 000	7 000 000
开发支出			资本公积	456 000	456 000
商誉			减：库存股		
长期待摊费用			盈余公积	728 705.7	624 000
递延所得税资产			未分配利润	948 551.3	106 200
其他非流动资产			**所有者权益（或股东权益）合计**	9 133 257	8 186 200
非流动资产合计	2 988 000	3 140 000			
资产总计	16 629 471	12 725 000	**负债和所有者权益（或股东权益）总计**	16 629 471	12 725 000

第三节　利润表

一、利润表概述

（一）利润表的性质

利润表是反映企业在一定会计期间经营成果的报表。例如，企业编制的年度利润表，反映企业自1月1日至12月31日这一期间的收入、费用、投资收益、营业外收支及利润等情况。该表有助于评价企业的经营成果、获利能力，评价企业管理人员的工作绩效等。

（二）利润表结构

利润表一般有表首、正表两部分。其中表首需列出报表名称、编制单位、编制日期、报表编号、货币名称、计量单位等；正表是利润表的主体，反映形成经营成果的各个项目和计算过程。

利润表正表的格式一般有两种：多步式和单步式。我国《企业会计准则》规定，企业的利润表采用多步式。

多步式结构的利润表基本格式如下。

表14-6　利润表

会企02表

编制单位：　　　　　　　　　　年　月　　　　　　　　　　单位：元

项目	本期金额	上期金额
一、营业收入		
减：营业成本		
营业税金及附加		
销售费用		
管理费用		
财务费用		
资产减值损失		
加：公允价值变动收益（损失以“–”号填列）		
投资收益（损失以“–”号填列）		
其中：对联营企业和合营企业的投资收益		
二、营业利润（亏损以“–”号填列）		
加：营业外收入		
减：营业外支出		
其中：非流动资产处置损失		
三、利润总额（亏损总额以“–”号填列）		
减：所得税费用		
四、净利润（净亏损以“–”号填列）		
五、每股收益：		
（一）基本每股收益		
（二）稀释每股收益		

二、利润表的编制方法

（一）利润表的编制要求

利润表“本期金额”栏内各项数字一般应根据损益类科目的发生额分析填列。

利润表“上期金额”栏内各项数字，应根据上年该期利润表“本期金额”栏内所列数字填列。如果上年该期利润表规定的各个项目的名称和内容同本期不相一致，应对上年该期利润表各项目的名称和数字按本期规定进行调整，填入利润表“上期金额”栏内。

（二）利润表各项目的填列方法

1. 营业收入

“营业收入”项目，反映企业经营主要业务和其他业务所确认的收入总额。本项目应根据“主营业务收入”和“其他业务收入”科目的发生额分析填列。

2. 营业成本

“营业成本”项目，反映企业经营主要业务和其他业务所发生的成本总额。本项目应根据“主营业务成本”和“其他业务成本”科目的发生额分析填列。

3. 营业税金及附加

“营业税金及附加”项目，反映企业经营业务应负担的消费税、营业税、城市建设维护税、资源税、土地增值税和教育费附加等相关税费。本项目应根据“营业税金及附加”科目的发生额分析填列。

4. 销售费用

“销售费用”项目，反映企业在销售商品和材料、提供劳务的过程中发生的各种费用，包括保险费、包装费、展览费和广告费等以及为销售本企业商品而专设的销售机构的职工薪酬、业务费等经营费用。本项目应根据“销售费用”科目的发生额分析填列。

5. 管理费用

“管理费用”项目，反映企业为组织和管理生产经营发生的管理费用。本项目应根据“管理费用”的发生额分析填列。

6. 财务费用

“财务费用”项目，反映企业为筹集生产经营所需资金等而发生的筹资费用。本项目应根据“财务费用”科目的发生额分析填列。

7. 资产减值损失

“资产减值损失”项目，反映企业计提各项资产减值准备所形成的损失。本项目应根据“资产减值损失”科目的发生额分析填列。

8. 公允价值变动收益

“公允价值变动收益”项目，反映企业交易性金融资产、交易性金融负债，以及采用公允价值模式计量的投资性房地产等公允价值变动形成的应计入当期损益的利得。本项目应根据“公允价值变动损益”科目的发生额分析填列，如为净损失，本项目以“-”号填列。

9. 投资收益

“投资收益”项目，反映企业由于对外投资所取得的收益。本项目应根据“投资收益”科目的发生额分析填列。如为投资损失，本项目以“-”号填列。

10. 营业利润

“营业利润”项目，反映企业实现的营业利润。如为亏损，本项目以“-”号填列。

11. 营业外收入

“营业外收入”项目，反映企业发生的与经营业务无直接关系的各项收入。本项目应根据“营业外收入”科目的发生额分析填列。

12. 营业外支出

“营业外支出”项目，反映企业发生的与经营业务无直接关系的各项支出。本项目应根据“营业外支出”科目的发生额分析填列。

13. 利润总额

“利润总额”项目，反映企业实现的利润。如为亏损，本项目以“-”号填列。

14. 所得税费用

“所得税费用”项目，反映企业应从当期利润总额中扣除的所得税费用。本项目应根据“所得税费用”科目的发生额分析填列。

15. 净利润

“净利润”项目，反映企业实现的净利润。如为亏损，本项目以“-”号填列。

16. 基本每股收益

“基本每股收益”项目，反映企业按照归属于普通股股东的当期净利润，除以发行在外普通股的加权平均数计算的基本每股收益。

17. 稀释每股收益

“稀释每股收益”项目，反映企业存在稀释性潜在普通股时，分别调整归属于普通股股东的当期净利润和发行在外普通股的加权平均数后据以计算的稀释每股收益。

三、利润表的编制实例

【例14-4】根据例14-3的资料，东方有限责任公司2010年度损益类科目累计发生额如下表14-7所示。

表14-7　损益类账户发生额

编制单位：东方有限责任公司　　　　2010年　　　　单位：元

科目名称	借方发生额	贷方发生额	科目名称	借方发生额	贷方发生额
主营业务收入		8 000 000	其他业务成本	3 030	
主营业务成本	5 320 000		投资损益		110 000
营业税金及附加	83 200		营业外收入		10 000
销售费用	180 000		营业外支出	3 000	
管理费用	888 000		资产减值损失		2 260
财务费用	252 954		所得税费用	349 019	
其他业务收入		4 000			

要求：根据上述资料，编制东方有限责任公司2010年度利润表（见表14-8）。

其中营业收入和营业成本的计算方法入下：

营业收入=主营业务收入+其他业务收入=8 000 000+4 000=8 004 000（元）

营业成本=主营业务成本+其他业务成本=5 320 000+3 030=5 323 030（元）

表14-8　利润表

会企02表

编制单位：东方有限责任公司　　　　2010年　　　　单位：元

项目	本期金额	上期金额
一、营业收入	8 004 000	略
减：营业成本	5 323 030	
营业税金及附加	83 200	
销售费用	180 000	
管理费用	888 000	
财务费用	252 954	
资产减值损失	–2 260	
加：公允价值变动收益（损失以“–”号填列）		
投资收益（损失以“–”号填列）	110 000	
其中：对联营企业和合营企业的投资收益		
二、营业利润（亏损以“–”号填列）	1 389 076	
加：营业外收入	10 000	
减：营业外支出	3 000	
其中：非流动资产处置损失	3 000	
三、利润总额（亏损总额以“–”号填列）	1 396 076	
减：所得税费用	349 019	
四、净利润（净亏损以“–”号填列）	1 047 057	
五、每股收益：		
（一）基本每股收益		
（二）稀释每股收益		

第四节　现金流量表

一、现金流量表概述

（一）现金流量表的概念

现金流量表是反映企业一定会计期间现金和现金等价物流入与流出的报表。通过该表使用者可以了解和评价企业获取现金与现金等价物的能力，并据以预测企业未来现金流量。

20世纪70年代西方发达国家普遍出现了经济滞胀，许多公司出现了严重的资金紧缺问题，背上了沉重的债务负担，甚至因此而破产。在这种情况下，许多企业及投资人、债权人开始关注与经营决策相关的现金流量的信息，于是产生了现金流量表。

现金流量表有以下几个方面的作用：一是有助于企业掌握现金流动的信息，搞好资金调度，最大限度地提高资金的使用效率；二是有助于企业的投资者和债权人了解企业资金的增值能力；三是有助于分析了解企业净利润的质量，从现金流量的角度判断企业的发展前景等。

（二）现金流量表的编制基础

现金流量表的编制基础是现金及现金等价物。只有当期实际收到现金或现金等价物时，才能列作本期的收入；只有当期实际支付了现金或现金等价物时，才能列作本期的支出。因此，列入现金流量表的项目均是当期实际收入或实际付出现金及现金等价物的项目。

1. 现金

现金是指企业库存现金以及可以随时用于支付的存款，包括库存现金、可以随时用于支付的银行存款和其他货币资金。不能随时用于支付的存款不属于现金。

2. 现金等价物

现金等价物是指企业持有的期限短、流动性强、易于转换为已知金额现金、价值变动风险很小的投资。其中，“期限短”一般是指从购买日起3个月内到期。例如，可在证券市场上流通的3个月内到期的短期债券等。

（三）现金流量的分类

现金流量表应当按照经营活动、投资活动和筹资活动的现金流量分为三大项目列示。

1. 经营活动

经营活动是指企业投资活动和筹资活动以外的所有交易与事项。对于工商企业而言，主要包括销售商品、提供劳务、经营租赁、购买商品、接受劳务、支付职工薪酬和交纳税款等。

2. 投资活动

投资活动是指企业长期资产的购建和不包括在现金等价物范围内的投资及其处置活动，主要包括取得和收回投资、购建和处置固定资产、无形资产及其他资产等。

3. 筹资活动

筹资活动是指导致企业资本及债务规模和构成发生变化的活动，主要包括借款、接受投资、发行债券和股票、偿还债务、支付利润等。

对于企业日常活动之外特殊的、不经常发生的特殊项目，如自然灾害损失、保险赔款等，应当根据其性质，分别归并到经营活动、投资活动和筹资活动现金流量的类别中单独列报。

二、现金流量表的编制方法

现金流量表的基本部分采用直接法进行编制。所谓直接法，是指通过现金收入和现金支出的主要类别列示经营活动产生的现金流量。采用直接法编制经营活动的现金流量时，一般以利润表中的营业收入为起算点，调整与经营活动有关的增减变动，然后计算出经营活动的现金流量。

（一）经营活动产生的现金流量有关项目的编制

1. 销售商品、提供劳务收到的现金

本项目反映企业销售商品、提供劳务实际收到的现金（包括销售收入和应向购买者收取的增值税销项税额），包括本期销售商品、提供劳务收到的现金，以及前期销售商品、提供劳务本期收到的现金和本期预收的款项，减去本期退回本期销售的商品和前期销售本期退回的商品支付的现金。企业销售材料和代购代销业务收到的现金，也在本项目反映。

2. 收到的税费返还

本项目反映企业收到返还的各种税费，如收到返还的增值税、消费税、营业税、所得税和教育费附加等。

3. 收到的其他与经营活动有关的现金

本项目反映企业除上述各项目外，收到的其他与经营活动有关的现金流入，如罚款收入、流动资产损失中由个人赔偿的现金收入。其他与经营活动有关的现金流入，如果价值较大的，应单列项目反映。

4. 购买商品、接受劳务支付的现金

本项目反映企业购买材料、商品、接受劳务实际支付的现金，具体包括本期购入材料、商品、接受劳务支付的现金（包括增值税进项税额），以及本期支付前期购入商品、接受劳务的未付款项和本期预付款项。本期发生的购货退回收到的现金应从本项目内减去。

5. 支付给职工以及为职工支付的现金

本项目反映企业支付给职工，以及为职工支付的现金，包括本期实际支付给职工的工资、奖金、各种津贴和补贴等，以及为职工支付的其他费用。本项目不包括支付给离退休人员的各项费用和在建工程人员的工资。支付的在建工程人员的工资，在“购建固定资产、无形资产和其他长期资产所支付的现金”项目中反映。企业支付给离退休人员的各项费用（包括支付的统筹退休金以及未参加统筹的退休人员的费用），在“支付的其他与经营活动有关的现金”项目中反映。

企业为职工支付的医疗、养老、失业、工伤、生育等社会保险基金、补充养老保险、住房公积金、支付给职工的住房困难补助，以及企业支付给职工或为职工支付的其他福利费用等，应根据职工的工作性质和服务对象，分别在本项目和“购建固定资产、无形资产和其他长期资产所支付的现金”项目中反映。

6. 支付的各项税费

本项目反映企业按规定支付的各项税费，包括本期发生并支付的税费，以及本期支付以前各期发生的税费和预交的税金，如支付的教育费附加、印花税、房产税、土地增值税、车船使用税、营业税、增值税、所得税等。不包括计入固定资产价值、实际支付的耕地占用税等。也不包括本期退回的增值税、所得税。本期退回的增值税、所得税等，在“收到的税费返还”项目中反映。

7. 支付的其他与经营活动有关的现金

本项目反映企业除上述各项目外，支付的其他与经营活动有关的现金流出，如罚款支出、支付的差旅费、业务招待费、保险费、经营租赁支付的现金等。其他与经营活动有关的现金，如果金额较大的，应单列项目反映。

（二）投资活动产生的现金流量有关项目的编制

1. 收回投资收到的现金

本项目反映企业出售、转让或到期收回除现金等价物以外的交易性金融资产、持有至到期投资、可供出售金融资产、长期股权投资、投资性房地产而收到的现金。不包括债权性投资收回的利息、收回的非现金资产，以及处置子公司及其他营业单位收到的现金净额。

2. 取得投资收益收到的现金

本项目反映企业因股权性投资和债权性投资而取得的现金股利、利息，以及从子公司、联营企业或合营企业分回利润而收到的现金。股票股利不在本项目中反映。

3. 处置固定资产、无形资产和其他长期资产收回的现金净额

本项目反映企业处置固定资产、无形资产和其他长期资产所取得的现金，减去为处置这些资产而支付的有关费用后的净额。由于自然灾害等原因所造成的固定资产等长期资产损失而收到的保险赔偿收入，在本项目中反映。如果处置固定资产、无形资产和其他长期资产所收回的现金净额为负数，则应作为投资活动产生的现金流量，在“支付的其他与投资活动有关的现金”项目中反映。

4. 处置子公司及其他营业单位收到的现金净额

本项目反映企业处置子公司及其他营业单位所取得的现金减去子公司或其他营业单位持有的现金和现金等价物以及相关处置费用后的净额。

5. 收到的其他与投资活动有关的现金

本项目反映企业除了上述各项以外，收到的其他与投资活动有关的现金。其他现金流入如价值较大的，应单列项目反映。

6. 购建固定资产、无形资产和其他长期资产支付的现金

本项目反映企业购买、建造固定资产，取得无形资产和其他长期资产支付的现金，包括购买机器设备所支付的现金及增值税款、建造工程支付的现金、支付在建工程人员的工资等现金支出，不包括为购建固定资产、无形资产和其他长期资产而发生的借款利息资本化的部分，以及融资租入固定资产支付的租赁费。借款利息和融资租入固定资产支付的租赁费，在筹资活动产生的现金流量中反映。

7. 投资支付的现金

本项目反映企业进行权益性投资和债权性投资所支付的现金，包括企业取得的除现金等价物以外的交易性金融资产、持有至到期投资、可供出售金融资产、长期股权投资而支付的现金，以及支付的佣金、手续费等附加费用。

企业购买股票和债券时，实际支付的价款中包含的已宣告但尚未领取的现金股利或已到付息期但尚未领取的债券利息，应在“支付的其他与投资活动有关的现金”项目中反映；收回购买股票和债券时支付的已宣告但尚未领取的现金股利或已到付息期但尚未领取的债券利息，应在“收到的其他与投资活动有关的现金”项目中反映。

8. 取得子公司及其他营业单位支付的现金净额

本项目反映企业取得子公司及其他营业单位购买出价中以现金支付的部分，减去子公司或其他营业单位持有的现金和现金等价物后的净额。企业购买子公司及其他营业单位是整体交易，子公司和其他营业单位除有固定资产与存货外，还可能持有现金和现金等价物，这样，整体购买子公司或其他营业单位时，就应以购买价中以现金支付的部分减去子公司或其他营业单位持有的现金和现金等价物后的净额反映。

9. 支付的其他与投资活动有关的现金

本项目反映企业除了上述各项以外，支付的其他与投资活动有关的现金。其他与投资活动有关的现金，如果价值较大的应单列项目反映。

（三）筹资活动产生的现金流量有关项目的编制

1. 吸收投资收到的现金

本项目反映企业收到的投资者投入的现金，包括以发行股票、债券等方式筹集资金实际收到的款项净额（发行收入减去支付的佣金等发行费用后的净额）。以发行股票、债券等方式筹集资金而由企业直接支付的审计、咨询等费用，不在本项目中反映，而在“支付的其他与筹资活动有关的现金”项目中反映。

2. 取得借款收到的现金

本项目反映企业举借各种短期、长期借款而收到的现金。

3. 收到的其他与筹资活动有关的现金

本项目反映企业除上述各项目外，收到的其他与筹资活动有关的现金，如接受现金捐赠等。其他与筹资活动有关的现金，如果价值较大的，应单列项目反映。

4. 偿还债务支付的现金

本项目反映企业以现金偿还债务的本金，包括偿还金融企业的借款本金、偿还债券本金等。企业偿还的借款利息、债券利息，在“分配股利、利润或偿付利息支付的现金”项目中反映，不在本项目中反映。

5. 分配股利、利润或偿付利息支付的现金

本项目反映企业实际支付的现金股利，支付给其他投资单位的利润或用现金支付的借款利息、债券利息等。为购建固定资产、无形资产和其他长期资产而发生的借款利息资本化部分，也在本项目中反映。

6. 支付的其他与筹资活动有关的现金

本项目反映企业除上述各项目外，支付的其他与筹资活动有关的现金，如捐赠现金支出、融资租入固定资产支付的租赁费等，以发行股票、债券等方式筹集资金而由企业直接支付的审计、咨询等费用，也在本项目反映。其他与筹资活动有关的现金，如果价

值较大的，应单列项目反映。

7. 汇率变动对现金及现金等价物的影响

本项目反映企业外币现金流量及境外子公司的现金流量折算为人民币时，所采用的现金流量发生日的即期汇率或按照系统合理的方法确定的、与现金流量发生日即期汇率近似的汇率折算的人民币金额与“现金及现金等价物净增加额”中外币现金净增加额按期末汇率折算的人民币金额之间的差额。

三、现金流量表编制实例

【例14-5】现根据例14-3至例14-4的资料，采用工作底稿法为东方有限责任公司编制现金流量表。具体步骤如下。

1. 将数据过入工作底稿

将资产负债表期初、期末数和利润表的本期发生数过入工作底稿的有关栏目。

2. 对当期业务进行分析并编制调整分录

编制调整分录时，要以利润表项目为基础，从“营业收入”开始，结合有关的账簿资料，对利润表和资产负债表项目逐一进行调整。调整分录如下。

（1）分析调整营业收入

借：经营活动现金流量——销售商品收到的现金	10 068 680	
贷：营业收入		8 004 000
应收票据		252 000
应收账款		452 000
应交税费		1 360 680

利润表中的营业收入是按权责发生制反映的，现应转换为现金制。为此，应调整应收账款和应收票据的增减变动。本例应收票据减少252 000元，应收账款减少452 000元均应增加经营活动产生的现金流量。

（2）分析调整营业成本

借：营业成本	5 323 030	
应付票据	100 000	
存货	1 042 970	
应交税费	306 000	
贷：应付账款		1 872 000
经营活动现金流量——购买商品支付的现金		4 900 000

应付票据减少100 000元和存货增加1 042 970元，表明本期用于购买存货的现金支出增加；应付账款增加1 872 000元，表明本期购买存货没有支出现金1 872 000元。

（3）分析调整营业税金及附加

借：营业税金及附加	83 200	
贷：应交税费		83 200

（4）分析调整销售费用

借：销售费用　180 000

　　贷：经营活动现金流量——支付的其他与经营活动有关的现金　180 000

本例中利润表中所列销售费用与按现金制确认数相同。

（5）分析调整管理费用

借：管理费用　888 000

　　贷：经营活动现金流量——支付的其他与经营活动有关的现金　888 000

管理费用中包含着不涉及现金支出的项目，此笔分录先将管理费用全额转入“经营活动现金流量——支付的其他与经营活动有关的现金”中，至于不涉及现金支出的项目，以后再分别进行调整。

（6）分析调整财务费用

借：财务费用　252 954

　　贷：应付利息　252 954

（7）分析调整资产减值损失

借：坏账准备　2 260

　　贷：资产减值损失　2 260

本期计提的坏账准备只影响净利润，不影响本期的现金流量。

（8）分析调整投资收益

借：投资活动现金流量——收回投资所收到的现金　300 000

　　应收股利　50 000

　　贷：投资收益　110 000

　　　　交易性金融资产　240 000

本例中投资收益包括两部分：一是出售交易性金融资产获利60 000元，二是被投资单位宣告发放现金股利，本公司可得50 000元，但这50 000元只影响净利润，不影响本期的现金流量。

（9）分析调整营业外收入

借：投资活动现金流量——处置固定资产所收回的现金净额　130 000

　　累计折旧　40 000

　　贷：营业外收入　10 000

　　　　固定资产　160 000

本例中营业外收入10 000元是处置固定资产利得，处置固定资产收到的现金应列入投资活动现金流量。

（10）分析调整营业外支出

借：营业外支出　3 000

　　投资活动现金流量——处置固定资产所收回的现金净额　1 000

　　累计折旧　196 000

　　贷：固定资产　200 000

本例中营业外支出3 000元是处置固定资产的损失，处置过程中所取得的现金应减去为处置这些资产而支付的有关费用后的净额列入投资活动现金流量中。

（11）分析调整所得税费用

借：所得税费用　349 019

　　贷：应交税费　349 019

利润表中的所得税费用与应交税费对应。

（12）结转净利润

借：净利润　1 047 057

　　贷：未分配利润　1 047 057

（13）分析调整固定资产

借：固定资产　182 000

　　应交税费　30 600

　　贷：投资活动现金流量——购建固定资产所支付的现金　212 600

本期固定资产的增加是因为购入设备所致，应列入投资活动现金流量。本期处置固定资产已在分录（9）、（10）中调整。

（14）分析调整累计折旧

借：经营活动现金流量——购买商品支付的现金　120 000

　　经营活动现金流量——支付的其他与经营活动有关的现金　30 000

　　贷：累计折旧　150 000

本期计提的折旧150 000元中，其中计入管理费用的30 000元，计入制造费用的120 000元。在调整管理费用和营业成本时，已一并计入经营活动支出的现金流量中，因计提旧与现金流量无关，现进行补充调整。

（15）分析调整累计摊销

借：经营活动现金流量——支付的其他与经营活动有关的现金　60 000

　　贷：累计摊销　60 000

无形资产摊销时已计入管理费用，现进行补充调整，理由同第（14）笔分录。

（16）分析调整短期借款

借：短期借款　360 000

　　贷：筹资活动现金流量——偿还债务所支付现金　360 000

偿还短期借款支付的现金应列入筹资活动的现金流量。

（17）分析调整应付职工薪酬

借：经营活动现金流量——购买商品、接受劳务支付的现金　546 000

　　——支付的其他与经营活动有关的现金　98 000

　　贷：应付职工薪酬　644 000

本期计提的职工福利644 000元，已分别计入生产成本、制造费用和管理费用，现需要进行补充调整，理由同第（14）笔分录。另外，本期支付的职工工资应列入“经营活动现金流量——支付给职工以及为职工支付的现金”中，调整分录如下：

借：经营活动现金流量——购买商品、接受劳务支付的现金　3 900 000

——支付的其他与经营活动有关的现金　700 000

贷：经营活动现金流量——支付给职工以及为职工支付的现金　4 600 000

（18）分析调整应交税费

借：应交税费　1 452 219

贷：经营活动现金流量——支付的各项税费　1 452 219

本期支付的各项税费包括已交增值税1 020 000元、城市维护建设税52 000元、教育费附加31 200元和所得税349 019元。

（19）分析调整应付利息

借：应付利息　55 620

贷：筹资活动现金流量——分配股利、利润或偿付利息支付的现金　55 620

本期支付的利息包括偿还短期借款时支付的利息19 440元和偿还长期借款时支付的利息36 180元。

（20）分析调整应付股利

借：未分配利润　100 000

贷：应付股利　100 000

本期应付股利没有产生现金的流出，所以与现金流量无关。

（21）分析调整长期借款

借：筹资活动现金流量——取得借款所收到的现金　1 200 000

贷：筹资活动现金流量——偿还债务所支付现金　600 000

长期借款　600 000

本期长期借款包括两部分：一是从银行借入1 200 000元，二是偿还借款600 000元。

（22）分析调整盈余公积

借：未分配利润　104 705.7

贷：盈余公积　104 705.7

计提盈余公积没有现金流出，与现金流量无关。

（23）最后调整现金净变化额

借：现金　3 905 241

贷：现金净增加额　3 905 241

3. 将调整分录分别过入现金流量表工作底稿的相应部分。过入后的数据见表14-9。

表14-9　现金流量表工作底稿

项目	期初数	调整分录		期末数
		借方	贷方	
一、资产负债表项目				
借方项目				
货币资金	1 267 000	（23）3 905 241		5 172 241

（续）

项目	期初数	调整分录		期末数
		借方	贷方	
交易性金融资产	400 000		（8）240 000	160 000
应收票据	292 000		（1）252 000	40 000
应收账款	600 000		（1）452 000	148 000
预付账款	81 000			81 000
应收股利		（8）50 000		50 000
其他应收款	10 000			10 000
存货	6 938 000	（2）1 042 970		7 980 970
长期股权投资	500 000			500 000
固定资产	3 000 000	（13）182 000	（9）160 000 （10）200 000	2 822 000
在建工程	160 000			160 000
无形资产	600 000			600 000
递延所得税资产				
借方项目合计	13 848 000			17 724 211
贷方项目				
坏账准备	3 000	（7）2 260		740
累计折旧	1 000 000	（9）40 000 （10）196 000	（14）150 000	914 000
累计摊销	120 000		（15）60 000	180 000
短期借款	600 000	（16）360 000		240 000
应付票据	400 000	（2）100 000		300 000
应付账款	367 600		（2）1 872 000	2 239 600
其他应付款	111 200			111 200
应付职工薪酬	200 000		（17）644 000	844 000
应交税费	60 000	（2）306 000 （13）30 600 （18）1 452 219	（1）1 360 680 （3）83 200 （11）349 019	64 080
应付利息	20 000	（19）55 620	（6）252 954	217 334
应付股利			（20）100 000	100 000
长期借款	2 780 000		（21）600 000	3 380 000
实收资本	7 000 000			7 000 000
资本公积	456 000			456 000
盈余公积	624 000		（22）104 705.7	728 705.70
未分配利润	106 200	（20）100 000 （22）104 705.7	（12）1 047 057	948 551.30
贷方项目合计	13 848 000			17 724 211

（续）

二、利润表项目	调整分录		本期数
	借方	贷方	
营业收入		（1）8 004 000	8 004 000
营业成本	（2）5 323 030		5 323 030
营业税金及附加	（3）83 200		83 200
销售费用	（4）180 000		180 000
管理费用	（5）888 000		888 000
财务费用	（6）252 954		252 954
资产减值损失		（7）2 260	−2 260
投资收益		（8）110 000	110 000
营业外收入		（9）10 000	10 000
营业外支出	（10）3 000		3 000
所得税费用	（11）349 019		349 019
净利润	（12）1 047 057		1 047 057

三、现金流量表项目	调整分录		本期数
	借方	贷方	
（一）经营活动产生现金流量			
销售商品、提供劳务收到的现金	（1）10 068 680		10 068 680
收到税费返还			
现金流入小计			10 068 680
购买商品、接受劳务支付的现金	（14）120 000 （17）546 000 （17）3 900 000	（2）4 900 000	334 000
支付给职工以及为职工支付的现金		（17）4 600 000	4 600 000
支付的各项税费		（18）1 452 219	1 452 219
支付的与其他与经营活动有关的现金	（14）30 000 （15）60 000 （17）98 000 （17）700 000	（4）180 000 （5）888 000	180 000
现金流出小计			6 566 219
经营活动产生现金净额			3 502 461
（二）投资活动产生的现金流量			
收回投资所收到的现金	（8）300 000		300 000
取得投资收益所收到的现金			
处置固定资产所收回的现金净额	（9）130 000 （10）1 000		131 000
现金流入小计			431 000
购建固定资产所支付的现金		（13）212 600	212 600
现金流出小计			212 600
投资活动产生的现金流量净额			218 400
（三）筹资活动产生的现金流量			
取得借款所收到的现金	（21）1 200 000		1 200 000
现金流入小计			1 200 000

（续）

偿还债务所支付现金		（16）360 000 （21）600 000	960 000
分配股利、利润或偿付利息支付的现金		（19）55 620	55 620
现金流出小计			1 015 620
筹资活动的产生现金净额			184 380
（四）现金及现金等价物净增加额		（23）3 905 241	3 905 241
调整分录借贷合计	33 207 555.7	33 207 555.7	

4. 核对调整分录，借方、贷方合计数均已经相等，资产负债表期初数加减调整分录中的借贷金额以后，也已等于期末数。

5. 根据工作底稿中的现金流量表项目部分编制正式的现金流量表。见表14-10所示。

表14-10　现金流量表

会企03表

编制单位：东方有限责任公司　　　　2010年　　　　单位：元

项目	本期金额	上期金额
一、经营活动产生的现金流量		略
销售商品、提供劳务收到的现金	10 068 680	
收到的税费返还		
收到其他与经营活动有关的现金		
经营活动现金流入小计	10 068 680	
购买商品、接受劳务支付的现金	334 000	
支付给职工以及为职工支付的现金	4 600 000	
支付的各项税费	1 452 219	
支付其他与经营活动有关的现金	180 000	
经营活动现金流出小计	6 566 219	
经营活动产生的现金流量净额	3 502 461	
二、投资活动产生的现金流量		
收回投资收到的现金	300 000	
取得投资收益收到的现金		
处置固定资产、无形资产和其他长期资产收回的现金净额	131 000	
处置子公司及其他营业单位收到的现金净额		
收到其他与投资活动有关的现金		
投资活动现金流入小计	431 000	
购建固定资产、无形资产和其他长期资产支付的现金	212 600	
投资支付的现金		
取得子公司及其他营业单位支付的现金净额		
支付其他与投资活动有关的现金		
投资活动现金流出小计	212 600	
投资活动产生的现金流量净额	218 400	
三、筹资活动产生的现金流量		
吸收投资收到的现金		
取得借款收到的现金	1 200 000	
收到其他与筹资活动有关的现金		

（续）

项目	本期金额	上期金额
筹资活动现金流入小计	1 200 000	
偿还债务支付的现金	960 000	
分配股利、利润或偿付利息支付的现金	55 620	
支付其他与筹资活动有关的现金		
筹资活动现金流出小计	1 015 620	
筹资活动产生的现金流量净额	184 380	
四、汇率变动对现金及现金等价物的影响		
五、现金及现金等价物净增加额	3 905 241	
加：期初现金及现金等价物余额	1 267 000	
六、期末现金及现金等价物余额	5 172 241	

第五节　所有者权益变动表

一、所有者权益变动表概述

所有者权益变动表是指反映构成所有者权益的各组成部分当期的增减变动情况的报表。当期损益、直接计入所有者权益的利得和损失以及与所有者（或股东，下同）的资本交易导致的所有者权益的变动，应当分别列示。

二、所有者权益变动表的编制方法

1. 本年金额

所有者权益变动表中的“本年金额”是根据本年的“实收资本（或股本）”、“资本公积”、“盈余公积”、“利润分配”、“库存股”和“以前年度损益调整”等科目的发生额分析填列的。“上年金额”根据上年度所有者权益变动表中的“本年金额”栏内所列数字填列，若项目名称和内容不同，则按本年度的规定进行调整，填入表中。

2. 上年年末余额

该项目，反映企业上年资产负债表中实收资本（或股本）、资本公积、库存股、盈余公积、未分配利润的年末余额。

3. “会计政策变更”和“前期差错更正”项目

这两个项目分别反映企业由于处理会计政策变更与会计差错更正时，产生的累积影响数对所有者权益项目的影响情况。

4. “本年增减变动金额”中的各个项目

这些项目反映企业由于本年产生的净利润和发生的可直接计入所有者权益的利得与损失，而导致的所有者权益各项目的变动情况。

（1）“净利润”项目反映当年实现的净利润或净亏损，列在“未分配利润”栏中。

（2）“直接计入所有者权益的利得和损失”项目，反映企业当期直接计入所有者权

益的利得和损失。其中，

“可供出售金融资产公允价值变动净额”项目，反映企业持有的可供出售金融资产当期因公允价值变动而引起的资本公积变动的金额，列入“资本公积”栏中；

“权益法下被投资单位其他所有者权益变动的影响”项目，反映企业的长期股权投资在采用权益法核算时，被投资单位因当期净损益以外的其他所有者权益变动而引起的资本公积变动的金额，列入“资本公积”栏中；

“与计入所有者权益项目相关的所得税影响”项目，反映企业根据规定应计入所有者权益项目的当期所得税影响金额，列入“资本公积”栏中。

（3）“所有者投入和减少资本”中的各个项目，反映企业由于接受投资或减少资本而导致的所有者权益各项目的变动情况。其中，

“所有者投入资本”项目，反映企业因接受投资人的投资而引起的实收资本（或股本）、资本公积增加的金额，列入“实收资本（或股本）”、“资本公积”栏中；

“股份支付计入所有者权益的金额”项目，反映企业处于等待期中的权益结算的股份支付当年计入资本公积的金额，列入“资本公积”栏中。

（4）“利润分配”中的各个项目

这些项目反映企业分配本年净利润的情况，如提取盈余公积、向所有者（或股东）分配利润而导致的所有者权益各项目间的变动情况等。

（5）“所有者权益内部结转”中的各个项目

这些项目反映企业由于所有者权益内部资本公积或盈余公积转增资本、盈余公积弥补亏损等业务，而导致所有者权益内部各项目间的变动情况。

三、所有者权益变动表的编制实例

【例14-6】根据例14-3和例14-4东方有限责任公司的相关资料，东方有限责任公司2010年末所有者权益项目及净利润分配情况如下，见表14-11和表14-12。

表14-11　所有者权益项目

单位：元

所有者权益项目	2010年12月31日	2009年12月31日
实收资本（或股本）	7 000 000	7 000 000
资本公积	456 000	456 000
盈余公积	728 705.7	624 000
未分配利润	948 551.3	106 200
合计	9 133 257	8 186 200

表14-12　净利润分配情况

单位：元

项目	2010年	2009年
净利润	1 047 057	
提取法定盈余公积	104 705.7	
应付利润	100 000	
未分配利润	842 351.3	106 200

根据上述资料编制东方有限责任公司2010年的所有者权益变动表，见表14-13。

表14-13　所有者权益变动表

会企04表

编制单位：东方有限责任公司　　2010年　　单位：元

项目	本年金额						上年金额					
	实收资本（或股本）	资本公积	减：库存股	盈余公积	未分配利润	所有者权益合计	实收资本(或股本)	资本公积	减：库存股	盈余公积	未分配利润	所有者权益合计
一、上年年末余额	7 000 000	456 000		624 000	106 200	8 186 200						
加：会计政策变更												
前期差错更正												
二、本年年初余额	7 000 000	456 000		624 000	106 200	8 186 200						
三、本年增减变动金额（减少以“–”号填列）												
（一）净利润					1 047 057	1 047 057						
（二）直接计入所有者权益的利得和损失												
1. 可供出售金融资产公允价值变动净额												
2. 权益法下被投资单位其他所有者权益变动的影响												
3. 与计入所有者权益项目相关的所得税影响												
4. 其他												
上述（一）和（二）小计					1 047 057	1 047 057						

（续）

项目	本年金额						上年金额					
	实收资本（或股本）	资本公积	减：库存股	盈余公积	未分配利润	所有者权益合计	实收资本(或股本)	资本公积	减：库存股	盈余公积	未分配利润	所有者权益合计
（三）所有者投入和减少资本												
1. 所有者投入资本												
2. 股份支付计入所有者权益的金额												
3. 其他												
（四）利润分配												
1. 提取盈余公积				104 705.7	–104 705.7	0						
2. 对所有者（或股东）的分配					–100 000	–100 000						
3. 其他												
（五）所有者权益内部结转												
1. 资本公积转增资本（或股本）												
2. 盈余公积转增资本（或股本）												
3. 盈余公积弥补亏损												
4. 其他												
四、本年年末余额	7 000 000	456 000		728 705.7	948 551.3	9 133 257						

第六节　财务报表附注

一、财务报表附注概述

财务报表附注是对在资产负债表、利润表、现金流量表和所有者权益变动表等报表中列示项目的文字描述或明细资料，以及对未能在这些报表中列示项目的说明等。

财务报表附注是财务报表不可或缺的组成部分，报表使用者为了了解企业的财务状况、经营成果和现金流量，应当全面阅读附注。因此，附注相对于报表而言，同样具有重要性。

二、财务报表附注的内容

根据《企业会计准则》规定，财务报表附注应当按照一定的结构进行系统合理的排列和分类，有顺序地披露信息。企业会计准则解释规定附注中至少披露下列内容。

（一）企业的基本情况

1. 企业注册地、组织形式和总部地址。

2. 企业的业务性质和主要经营活动。

3. 母公司以及集团最终母公司的名称。

4. 财务报告的批准报出者和财务报告批准报出日。

（二）财务报表的编制基础

说明企业的持续经营情况，即财务报表是在持续经营基础上还是非持续经营基础上编制的。

（三）遵循企业会计准则的声明

企业应当明确说明编制的财务报表符合企业会计准则体系的要求，真实、完整地反映了企业的财务状况、经营成果和现金流量等有关信息。

（四）重要会计政策和会计估计

企业应当披露重要的会计政策和会计估计，不重要的会计政策和会计估计可以不披露。在披露重要会计政策和会计估计时，应当披露财务报表项目的计量基础和会计政策的确定依据，以及会计估计中所采用的关键假设和不确定因素的确定依据。

（五）会计政策和会计估计变更以及差错更正的说明

企业应当按照《企业会计准则第28号——会计政策、会计估计变更和差错更正》及其应用指南的规定进行披露。

（六）报表重要项目的说明

企业应当尽可能以列表形式披露重要报表项目的构成或当期增减变动情况。对重要报表项目的明细说明，应当按照资产负债表、利润表、现金流量表、所有者权益变动表的顺序以及报表项目列示的顺序进行披露，并以文字和数字描述相结合的方式进行披露，报表重要项目的明细金额合计，也应当与报表项目金额相衔接。

【例14-7】应收账款的披露格式见表14-14和表14-15。

（1）应收账款按账龄结构列示

表14-14　应收账款账龄结构

账龄结构	期末账面余额	年初账面余额
1年以内（含1年）		
1—2年（含2年）		
2—3年（含3年）		
3年以上		
合计		

（2）应收账款按客户类别列示

表14-15　应收账款客户明细

客户类别	期末账面余额	年初账面余额
客户1		
……		
其他客户		
合计		

报表主要包括以下重要项目：（1）交易性金融资产，（2）应收款项，（3）存货，（4）长期股权投资，（5）投资性房地产，（6）固定资产，（7）无形资产，（8）职工薪酬，（9）应交税费，（10）短期借款和长期借款，（11）应付债券，（12）长期应付款，（13）营业收入，（14）公允价值变动损益，（15）投资收益，（16）减值损失，（17）营业外收入，（18）营业外支出，（19）所得税，（20）政府补助，（21）借款费用等。

（七）其他需要说明的重要事项

案例分析

H集团因虚假财务报告受罚

H集团创办于1992年，现主要以IT、塑料建材、铸钢铸件为三大支柱产业。为了满足企业的发展需要，提高市场竞争能力，2003年集团开始进军资本市场，收购了上市公司×软件股份有限公司，从而成为一家上市企业。这几年该公司已经向规模化和集约化的方向迈进，发展势头可谓强劲。可是在2008年6月20日和9月2日，H集团分别收到了中华人民共和国财政部发出的《财政部行政处罚事项告知书》和《财政部行政处罚决定书》。

起因是H集团在2006年间发生如下行为。一是公司2006年在未向北京某科技发展公司提供软件开发服务的情况下，虚计收入人民币650万元。二是公司及下属的浙江的仓储物流有限公司2006年通过虚构预付账款的方式，签发无真实贸易背景的银行承兑汇票人民币16 750万元，经背书后由公司原控股股东H集团贴现并返还人民币9 033万元。

2006年年末，H集团仍占用人民币7 717万元。但是上述内容并没有在H集团于2007年4月28日公布的《2006年年度报告》中反映出来，所以构成了虚假陈述财务报告的行为。为此，财政部决定给予该公司通报并罚款10万元。

讨论题：

1. H集团的行为对报表有哪些影响？

2. 在分析收入时应注意哪些问题？

分析思路：

1. （1）在利润的分析中，收入是影响利润的主要因素。收入的多少可以反映一个企业的获利能力和生存能力。华盛达在未提供相关服务的情况下，虚计收入人民币650万元，虚增利润，人为抬高公司的业务和效益。

（2）在现金流上，通过虚假业务，套取现金9 033万元，至2006年末仍占用7 717万元。使投资者误以为该企业现金充足。

2. 收入项目包括主营业务收入、其他业务收入、投资收益等；收入的造假表现形式主要为虚增收入或隐瞒收入。例如，修改收入确认的条件；改变收入的计量标准或者违反收入的会计核算原则，虚构交易或事项等。

分析上市公司各月收入情况时，要着重分析11、12月的利润占利润总额的比例，如果11、12月的利润占利润总额的比重过大的话，就需要关注11、12月份是否有大额的业务、是否有盈利较大的业务，并且我们要特别关注这些业务的交易手续、凭证是否齐全，是否是虚假的、编造的等。

能力训练

A公司为增值税一般纳税人，增值税税率为17%，所得税税率为25%。2010年1月1日有关科目余额表如下。

科目余额表　　单位：元

科目名称	借方余额	贷方余额	科目名称	借方余额	贷方余额
库存现金	2 000		短期借款		300 000
银行存款	120 000		应付票据		20 000
其他货币资金	124 000		应付账款		9 500
应收票据	240 000		实收资本		2 000 000
应收账款	300 000		盈余公积		100 000
坏账准备		900	利润分配		
原材料	50 000		（未分配利润）		16 600
库存商品	615 000				
固定资产	1 000 000				
累计折旧		4 000			
合计	2 451 000	4 900	合计		2 446 100

该公司2010年发生的经济业务如下。

（1）从银行借入3年期借款400 000元，该项借款用于生产经营用。

（2）用银行存款支付到期的商业承兑汇票1万元。

（3）购入原材料一批，用银行存款支付货款10万元，增值税17 000元，材料未到。（采用实际成本法）

（4）销售产品一批，售价300 000元（不含增值税），该批产品实际成本180 000元，产品已发出，货款未收到。

（5）购入不需安装的生产用设备1台，价款85 000元，支付的增值税14 450元，运杂费1 000元。以银行存款支付，设备已交付使用。

（6）销售产品一批，售价70 000元，增值税11 900元，产品的实际成本42 000元，货款已收妥。

（7）计提行政管理部门固定资产折旧费用10 000元。

（8）计提本年长期借款利息40 000元。（该借款属于分期付息，一次还本。）

（9）本年末应收账款余额为651 000元，按3‰计提坏账准备。

（10）将各损益科目结转至本年利润。

（11）计算并结转应交所得税（假设没有调整项目）。

（12）将本年利润转入利润分配。

（13）按净利润的10%计提法定盈余公积金，按净利润的20%分配普通股现金股利。

（14）将“利润分配”各明细科目的余额转入“利润分配——未分配利润”明细科目。

要求：

（1）根据以上资料编制2010年有关业务的会计分录。

（2）根据以上资料编制2010年末资产负债表。

（3）根据以上资料编制2010年度利润表。

（4）根据以上资料编制2010年度现金流量表。

（5）根据以上资料编制2010年度所有者权益变动表。

参考文献

1 财政部会计司编写组编．企业会计准则讲解2008．北京：人民出版社，2008

2 财政部会计资格评价中心编．初级会计实务．北京：中国财政经济出版社，2009

3 企业会计准则编审委员会编．最新企业会计准则讲解与运用．上海：立信会计出版社，2006

4 刘喜波，焦桂芳编著．财务会计．北京：机械工业出版社，2007

教辅产品及教师会员申请表

申请教师姓名			
所在学校		所在院系	
联系电话		电子邮件地址	
通信地址			
教授课程名称		学生人数	
您的授课对象	本科□　研究生□　MBA□　EMBA□　高职高专□　其他□		
教材名称		作者	
书号		订购册数	
您对该教材的评价			
您教授的其他课程名称		学生人数	
准备选用或正在使用的教材（教材名称　出版社）			
您的研究方向		是否对教材翻译或改编有兴趣？	是□　否□
您是否对编写教材感兴趣？		是□　否□	
您推荐的教材是：________________			
推荐理由：________________			

为确保教辅资料仅为教师获得，请将此申请表加盖院系公章后传真或寄回给我们，谢谢！

教师签名：

院/系办公室公章

地　　址：北京市崇文区龙潭路甲3号翔龙大厦B06室
北京普华文化发展有限公司
邮　　编：100061
传　　真：（010）67120121
咨询热线：（010）67133495　67133495-818/200
网　　址：http://www.ptpress.com.cn
邮购电话：（010）67129872-818
编辑信箱：puhuabook837@126.com